新视野：
欧美大学亲历

NEW HORIZONS
EXPERIENCE IN EUROPEAN AND
AMERICAN UNIVERSITIES
2017

主　编 ◎ 张连城　郎丽华

副主编 ◎ 赵灵翡

首都经济贸易大学出版社

Capital University of Economics and Business Press

·北京·

图书在版编目（CIP）数据

新视野:欧美大学亲历.2017/张连城,郎丽华主编. －－北京:
首都经济贸易大学出版社,2018.6

ISBN 978－7－5638－2754－1

Ⅰ.①新…　Ⅱ.①张…②郎…　Ⅲ.①留学教育—概况—欧洲
②留学教育—概况—美国　Ⅳ.①G649.508②G649.712.8

中国版本图书馆 CIP 数据核字（2018）第 000627 号

新视野:欧美大学亲历(2017)

主　　编　张连城　郎丽华

副主编　赵灵翡

Xin Shiye:Oumei Daxue Qinli

责任编辑　陈雪莲　彭　芳

封面设计　砚祥志远·激光照排
　　　　　TEL: 010-65976003

出版发行　首都经济贸易大学出版社

地　　址　北京市朝阳区红庙（邮编 100026）

电　　话　（010）65976483　65065761　65071505（传真）

网　　址　http://www.sjmcb.com

E－mail　publish@cueb.edu.cn

经　　销　全国新华书店

照　　排　北京砚祥志远激光照排技术有限公司

印　　刷　北京玺诚印务有限公司

开　　本　710 毫米×1000 毫米　1/16

字　　数　326 千字

印　　张　18.5

版　　次　2018 年 6 月第 1 版　2018 年 6 月第 1 次印刷

书　　号　ISBN 978－7－5638－2754－1/G·408

定　　价　58.00 元

理解世界，感知中国

巴黎时光机让我打开心扉，看清自己

身处国际化的班级，思维在挑战中不断开拓

告别克莱蒙，一年过往立现眼前

在法国，多样的课外活动让我们更容易理解彼此

在布雷斯特，与老师亲密沟通

在法国兼职实习，这里带给我另一段美好回忆

在克莱蒙，我们在同学家开 Party

在法国与同学们的交流完全不局限在课堂

在克莱蒙为首经贸代言，倍感荣耀

在学校的宣传片里，我代表中国，代表首经贸，传递蓬勃生机

中文博大精深，魅力无限

作为华人代表参加舞龙，让中国年走向世界

在圣地亚哥，我们一起参观中途岛号航空母舰博物馆

GU, 我们还会再见

教授午餐会是每周丰富活动中的一个亮点

乔治城大学每天都安排了口语强化课，小班讨论

圣地亚哥中心码头上的"世纪之吻"

在 UCSD，我们给 homestay 主人送温馨的小礼物

在 UCSD，和寄宿家庭的老夫妇合影

在 UCSD 的课堂上，我们努力探索心中的新天地

在乔治城，我们和当地企业讨论创业项目

在乔治城参观访问房利美

在乔治城大学古老的教学楼前合影

第戎开放包容的环境有利于不同国度、不同背景的同学相互沟通

博士生在加拿大参加学年交流项目

感受不同文化，体验北欧风情

小组讨论是每天的必备内容

有老师的帮助，适应芬兰的学习生活是件很简单的事

学习法语，对于深入了解这里的社会文化有着重要的意义

在巴黎，我们与各国同学在一起

在德国，除了课堂，还有舞台上的精彩

在法国第戎，研究生们一起参与活动

在法国学习，实践活动是必不可少的内容

在芬兰，我们找圣诞老人村

在国际文化节上，几个姑娘 show 了一把厨艺

在课堂上，一张海报展示出逻辑思维和性格特点

冰天雪地的芬兰，热情如火的内心

19

即将开始法国图卢兹三年的学习，我憧憬无限

经济学院同学在肯尼亚开展慈善创业项目

美国伊利诺伊大学芝加哥分校的毕业活动

在图卢兹，中外同学一起聚餐

在图卢兹的第一个春节，我们将浓浓的中国年味摆上餐桌

芝加哥一年的学习，给与我更宽广的视野

目 录

学期/学年交流项目

保研直通车项目

双学位项目

　　双学位项目是在与国外合作大学学分互认的基础上进行的。首都经济贸易大学和合作学校双方互认参加该项目的学生在两校所修学分，在此基础上满足双方学校各自的学位授予条件的学生，可以在规定的学制时间内，申请国内外两个学位。截至 2018 年 5 月，经济学院共派出112 名本科生和研究生参加了与合作学校的双学士和双硕士学位项目，并有近90 名学生已经申请获得了双学位。

人生旅途——忆法国

签证材料准备阶段共持续了将近三个月，这期间不仅要收集本科和研究生阶段的成绩单，还要与法国高教署约定预面签，之后才能去中智法签递交各种材料，这个过程实在是很漫长，总是出现意料之外的问题，所幸在老师和同学的帮助下，我们最终还是拿到了签证。然而由于圣诞和新年大使馆放假以及被大使馆抽查材料，我错过了开学，只能改签机票之后再飞往法国。这一折腾又是半个月，而我去法国的心情更为迫切了。

犹记得，一个人拖着两个 28 寸的箱子独自走在首都机场候机大厅，那惶恐又兴奋的心情，仿佛就发生在昨天一样。作为一个一直活动在华北平原上的姑娘，我的地理活动范围实在是小的很，以前最远也只是到过江苏连云港。现在，一路自己办理登机手续，托运行李，找到候机大厅。虽然是子夜 1 点的飞机，我却并不觉得困。

2016 年 1 月 16 日早上 5 点，到达巴黎戴高乐机场，或许因为时差，找换乘的候机大厅费了很长时间。在巴黎短暂停留之后，我们坐上了飞往克莱蒙费朗的小飞机。这架同样是由法航运营的飞机实在是小的可怜，每一排只有四名乘客，在飞机起飞和降落的时候，我特别担心这摇晃的小飞机能不能安全抵达目的地，在忐忑的心情中，飞机终于降落在克莱蒙费朗。

到达第二天，我们就要上课。上午，我们首先见到了负责我们项目的海尔格（Helga）老师，作为一个在法国生活的德国人，她依然保留着德国人严谨认真的作风。在她的跨文化管理（Multi - cultural Management）的课程中，不断的小测和课堂提问以及细致的学案，都体现着这一点。

开始的几周，除了熟悉克莱蒙费朗这个不大的城市的地理情况，我的时间都被办银行卡、办电话卡、办保险、办居留证占据了。在办理各种证件的过程中，法国的预约文化给了我很深的感触，不同于国内的银行机构，随时去随时就可以办理业务，这里的银行需要进行预约，并具体到某一个固定的时间，这样才会有人接待。所幸房东帮我们办好了预约的事情，我们要做的就是准时出现在银行。但是，语言又是另一大难关。想象中，法国人都可以说一口流利的英语，但事实却是大相径庭。除了我们的房东与老师外，银行和电话卡机构的服务人员大都不会说英语，他们遇到我们这样法语水平较差的客户，业务办理起来也是困难重重。所幸，在一番周折之后,电话卡和银行卡都顺利地办了下来。

然而对于办理居留卡,我却遇到了各种波折,在不算很顺利地收到了移民署寄来的各种资料后,我预约了两项体检的时间。但我在两项体检中,都出现了问题,分别进行了复检。在拍胸片的体检中,负责任的护士怀疑我内脏有阴影。在重新预约之后,一开始为我检查的护士又因为怀孕把我托付给了完全不会英语的另一位医生,那位医生在复查过程中,全程用谷歌将法语翻译成中文和我交流。而在尿检的过程中,我又遇到了问题,那些复杂的医学词汇,在中国我也没有听说过,这一切最终以我领到了买药的单子而结束。耗时两个月,我终于拥有了法国的长期居留证(OFFI)。

但各种困难并没有结束,而是刚刚开始。之前安排好的课程中有很大一部分采用全法语授课,对我们这种连法语初学者水平都没有达到的人来说,真的是像听天书一样。通过一次次的沟通,我们的导师海尔格(Tutor Helga)最终帮我们解决了这些问题,用其他一些课程替代那些全法语授课的课程。

学校很小,学生也不多,除了两座相连通的楼之外,还有一座平房用作教室,除此之外,学校只有一个小型停车场,这就是学校所有的硬件设施了。不同于中国的大学,法国的大学都是没有宿舍的。就连法国学生,也要在学校附近租房子,因此法国有很多一室一厅的 Studio 和 T1 提供给年轻人居住。这对于过惯了宿舍集体生活的我来说,简直是难以想象的事情。然而不一样的事情不仅包含这些,还包括学校的作息制度。学校早上 8 点半开始上课,时间虽是比国内晚一些,但是对于克莱蒙费朗这样纬度相当于哈尔滨的城市来说,冬天 8 点天亮是很正常的事情。所以,欧洲至今实行着夏令时和冬令时的制度,引导人们充分利用白昼时间。学校每堂课都会持续一个半小时,这与国内一节课 50 分钟或者 45 分钟几乎要相差一倍。因此在上课过程中,我常常会出现开小差的情况。课间休息通常叫作 Coffee Break,在长达半小时的休息时间,无论老师还是同学往往都会去咖啡机买上一杯 0.4 欧的咖啡,一扫困乏。但是也有很多人会聚集在学校前面的空地上抽烟,法国烟草文化源远流长,无论男女老少抽烟的很多。但令人佩服的一点是,大家都能遵守不在室内吸烟的规定。

第一学期,我一共有八门课,分别是跨文化管理、国际经济学、国际市场营销、国际战略管理、国际金融工具、研究方法、欧洲通识、法语课。在课堂上,商学院的教学模式是案例分析和小组讨论,而商学院的精华就是案例研究了。不同于美式教学,这里的每堂课之前老师都会分发各种课堂上需要用的材料,课下自由时间比较多。但是小组讨论的任务量却一点也不少。在战略管理这门课上,我们需要做两个案例分析,还需要参加针对课堂内容的测验。在第一个案例分析中,我们需要结合老师当前讲的内容进行分析,之后进行小组展示。在第二个案例分析中,则要灵活运用这个学期所学到的内容,全方位地分析一个企业的战略进程。当时,我们的案例是易贝(eBay),在这个研究案例的过程,对老师所讲的内容也更加融会贯通了。而课堂上各种即时的案例分析更是十分考验我们的语言能力与演讲能力。在有限的时间内,查找资料、总结内容、分工合作考验着我们能否具有成为一名合格管理者的能力。在国内的课堂上,通常都是老师讲课,学生听讲,课后完成作业,有积极性的同学或许会预习。然而在法国,课堂参与度十分高,学生可以在任何时候打断老师的讲解,提出自己的问题,老师也会及时询问学生是否有困惑。在针对新的知识举例子的时候,学生可以从生活中的事情出发,举出例子,还记得有位同学针对门对门(Door to Door)营销方式,举出了他家换窗户的例子,营销者挨家挨户询问需不需要换窗户。通过学生的例子,老师也能见识到一些不常见的事情,所谓教学相长可能就是这个样子吧。

第二学期在一系列乌龙事件中开始了。首先是课程表上没有课程的问题,其次是上学期一起上课,刚刚熟络起来的同学大都休学了,后来我才知道这也是 PGE 项目的特色,空档年(gap year)制度,学生可以休学一年去实习或者到其他国家交流,更好地丰富自身经历,再进行最后一年的学习,在进行毕业论文的过程中更好地学以致用。然而对于我课程表上没有课程的问题,在与海尔格的一番交涉之后,才发现原来是由于通知书没有寄到中国而没有注册的乌龙事件。当终于在学校系统上看到课程表的时候,我的内心充满了拒绝,因为每天都是满课,意味着每天都是要从 8 点半一直上课到下午 5 点,有时还可能因为法语课需要上到晚上 7 点。更糟糕的是,这学期所学的与上学期的更是换汤不换药,老师相同,课程名字都是接近的。与同学交流之后,才发现我们也可以选择英语授课的专业方向,在得到了授课老师的允许以及系主任的帮助之后,我们开始了商务智能(Business Intelligence)的学习。

第二学期也是当地学生研究生阶段学习的最后一年,他们往往采取半工半读的方式进行学习,一边实习一边进行学校的课程。但我们则每天都需要出现在学校里。商务智能主要学习数据挖掘、数据分析、数据展示方面的相关内容。更有意思的是通识课,由于选择英语授课的人数较少,所以我们的班集体只有十人左右,小组作业更容易有默契。这学期的小组作业,我强迫自己加入不一样国籍的小组中。我分别和喀麦隆小伙、哥伦比亚大哥、法国大美女组成小组,进行作业。研讨会的课程中,我们学习了火星探索的课程,研究了探索火星的可行性,写出了宣言和守则,同时用乐高积木设计了我们心中火星城市的雏形。这些讨论不仅开阔了我们的视野,同时加深了跨文化的伙伴之间默契协作的能力。口试(grand oral)则是另一项非常重要的考试了,我们需要在两三百个涉及管理的问题中抽取三个,从中选定一个,进行半小时的准备后,在评审团前进行15分钟的发言,之后回答评审团的问题。15分钟的发言需要运用所学知识,组织语言,有理有据,有逻辑。这对我来说不是一件容易的事情,在有限的时间,查找资料,组织草稿,即时发言已经不容易了,而我们需要在评审团面前表现出从容的姿态,控制好语速与发言时间,更是不易。虽然我抽到的是关于互联网企业的核心竞争力的问题,但我在回答中出现了跑题。所幸评审团的老师们及时帮我回归了正题,加上我在讨论中表现尚可,才最终让我通过口试。

作为一个拥有多项世界文化遗产的国家,法国无疑是很多人心中的旅游胜地。作为欧洲大陆国家,同时加入了申根国(即拥有长期居留证可以免签证在申根国地区旅游),法国也为我们的欧洲大陆之旅提供了很大的便利。在历史文化名城里昂,我们畅游了老街区,白莱果广场上路易十六威风凛凛的骑马雕像,富维耶山上神圣的圣母大教堂,孕育了革命思想的罗纳河与雷恩河,无不给我们留下了深刻的印象。巴黎作为国际化大都市之一,与我想象中很不一样,中国的国际化大都市往往走着美国式的道路,以摩天大楼展现现代的商业文明。而巴黎却有着另一番风味,作为一个历史悠久的古都,当你走在那些灰暗潮湿的小路上,真的会有穿梭回到中世纪的感觉。城市内的楼房大都保持着几个世纪前的原貌,为了保护铁塔的观赏性,附近的楼房全都低于铁塔。从这一点来说,法国人对于文化的保护超乎了我的想象,不得不佩服法国人对巴黎的保护。在巴黎老城区,只见装修房子的,从来没有见到大兴土木重新建造房屋的。另一个不得不提的城市,就是我们的根据地克莱蒙费朗了,作为法国排名第20大城市,曾经的奥佛涅大区首府,克莱蒙费朗却是小的可爱,城区内只有一个市中心,两座大商场。到了晚上8点之后,街道上都很少见到行人,整个城市弥漫着一种安静祥和的气息。作为一座人口不多的城市,克莱蒙费朗的人文气息却一点也不少,火山熔岩建成的大教堂,世界文化遗产港口圣母大教堂,物理学家帕斯卡的故乡,这些标签都给这座小城增添了人文色彩。城市引以为傲的另一大亮点就是米其林轮胎的总部了。作为米其林,一家世界级大企业的总部所在地,城市里常常能见到西装革履的商业精英们。

一年的留学生活,很快就过去了。在国外,我不仅学习到了专业方面的知识,更是开阔了自身的眼界,有幸结识了许多友好的老师和同学们,看到了各种不同的人生姿态。我想,在以后的生活中,无论面对什么困难与压力,我都会想起在法国的日子,在人生地不熟的地方,巨大的文化障碍都可以跨越,还有什么困难是无法解决的呢?

（王晨　经济学院2014级研究生）

千里之行，始于法国

在通过克莱蒙费朗高等商学院的面试之后，我满怀欣喜地开始了我的赴法准备工作。虽然办理签证漫长而曲折，1月2日我还是顺利地踏上了赴法学习之旅。1月3日是新学期开学前的第一天，上午学生会的同学们热情地为我们新学期入学的国际生举行了欢迎仪式，来自世界不同地方的不同学校，我们有着不一样的文化背景，不一样的生活方式，不一样的肤色，但此时此刻在同一个地方，分享着同样的食物，用流畅或略蹩脚的英文沟通，这不得不说是一种奇妙的感觉。我们还与学校的法国同学结对子，国际生都有了自己专属的法语导师。之后学生会的同学们带我们徒步游走于克莱蒙费朗，这个法国第20大城市，这个虽小却别有法式风情的小城，大到教堂、房屋，小到一草一木，在我看来都是那么的新鲜而又神奇，而我将要在这座小城里面度过一年的法国时光。

终于开始正式上课了，在我还未对这个城市有太多了解的时候，新学期已经迫不及待地来到了面前，我也已经准备好迎接它的到来。我的第一节课是国际经济学，优雅、自信的举止，穿戴考究略带法式口音的流畅英文是我对任课老师的第一印象。讲课的过程中，老师非常好奇各个国家的经济大环境以及经济政策，于是我们这些国际生成为她最好的外援。当老师叫到我，让我回答问题时，大家都认真地注视着我，难免让人一开始有一点紧张，不过随着老师问题的不断深入，我的紧张感也在一点点地消除，在一种轻松友好的氛围中我上完了新学期的第一节课。

在我短暂的一年学习当中，遇到的老师教学风格迥异：热情似火的战略管理老师，温文尔雅的文化差异管理老师，严谨认真的研讨会（seminar）老师，不同的教学风格与方式都带给我们前所未有的上课体验。在这里，我真正体会到法国精英教育与自主学习的含义，前者是因为法国教育体系的独特性所体现出的私立高等商学院教育资源分配的优越性，不但需要经过严格的考试筛选，还需要有一定的经济能力才可以就读于高等商学院；后者是指我本人的体验，虽然在国内已经经过了大学独立自主学习的洗礼，但法国的学习经历让我更加体会到自主学习的重要性。例如小组作业，团队合作成为我们在法国日常学习中的主旋律，而在合作当中随着讨论的不断深入，新问题也在不断产生，这时自主学习就起到举足轻重的作用。

除了日常学习外，我们的课余生活也可谓是多姿多彩。不同于国内集中的寒暑假，法国这个号称全欧洲放假最多的国家除了有冬假和春假这样与其他国家类似的固定假期外,二战纪念日这个我们曾经在课本上见过无数次的日子也被法国人民列入了假期的行列。有了一个个这样的小假期,我们便可以打起背包开始我们的欧洲游历。美丽的风景令我们心驰神往,我在一次次的旅行计划中不断成长着,现在已经能够较为迅速地在完成旅游路线的规划。这对于我这样一个在旅行当中不太爱做规划的人来说是一个飞跃性的突破。

体会当地文化自然离不开与当地人沟通交流。还记得我们结伴第一次去学校举办的派对(party),事先告诉我们需要穿着白色上衣,等我到达现场才发现大家的白色上衣真是形式各异,寒冷的冬天依然无法阻止他们穿着短袖热裤,室外的喷火表演更是让大家暂时忘记了寒冷,忘记了那是一个不怎么温暖的冬天。大家在舞池中跳着属于自己的舞步,谈天说地,此时此刻已经没有了地域的隔阂,没有了语言的障碍,我们大家一起将这个美妙的夜晚变成了地球大联欢。

在法国,教堂当然是建筑群的重要组成部分,可见基督教或天主教在法国人心中的地位,他们为了赞美神,为了感恩神赋予他们的一切而设计出精美的艺术品。当自己年幼无知的时候常常会说:我只相信自己。可是随着社会阅历的增加,发现自己越来越渺小,越来越脆弱,并且开始迷失。这时才体会到信仰对于一个人有多么重要。以前有人告诉我:只要虔诚地祈祷,神一定会给你指引。当时我觉得这有些荒谬,但当看见这些艺术品,我相信正是由于他们的虔诚才创作出如此伟大的作品。这些伟大的艺术作品让我深刻地理解到:人只有淡化自我、虔诚地去赞美宇宙中神秘而伟大的力量,才能找到自己内心安宁的自由世界。

巴黎的塞纳河向我解释了什么叫作浪漫,说实话,这条河白天看上去没什么特别的,可是到傍晚的时候,坐船沿河行驶,岸边的场景让我震撼了,河边每隔几米就会有一对情侣或者一个家庭或者一个聚会,他们坐在河边聊天,吃着法棍加香肠,喝着红酒或者啤酒。就这样沿着河边坐满了沉醉在浪漫和幸福中的人,他们还会时不时地向过往邮轮上的乘客兴奋地招手,邮轮上的游客也会礼貌地招手回应,让人感觉整个巴黎的人们都在塞纳河上庆祝美好的生活。

除了美好的学习与日常生活,来到几千千米外异乡的我们,困难自然是难免的。首先,语言便是很大的挑战。由于克莱蒙费朗是一个地处法国中部的中型城市,当地居民会讲英语的人数自然不可与巴黎相提并论,事实证明,我的担心并不多余。刚开始,我甚至很害怕逛超市,我听不懂更加不会说法语,只能默默看着计价器上的数字付款,有什么东西找不到也没有办法问,只能转了一圈又一圈。不过,对我来说,这并不是一件完全意义上的坏事,甚至可以称得上是好事,在环境的逼迫下,我更加坚定了学习法语的信念。除了学校安排组织的法语课程学习之外,我在日常生活中也积极学习法语。从食物与日用品词汇下手,慢慢地,我了解了一些常用的食品词汇,再之后慢慢将其组织成为简单语句与当地人交流,再之后我吃惊地发现我的法语在一点点进步,我发现不知道从什么时候开始我可以慢慢听懂或者是大致猜到对方的含义,这对于我来说意义非凡,从那一刻起我感觉慢慢融入了当地的生活,我知道我不会放弃对法语的学习。除了语言之外,日常生活中难免会遇到麻烦,法国人在个性中隐含着一种不着急,这一点我也是经过一段时间才得以慢慢适应,因为中国更加讲求高效,不过这种慢也是法国文化的一部分,在习惯之后你会发现在悠闲的生活节奏中得到的结果未必不好。

感动于欧洲人的素养和理念,我意识到,其实我能做的远远超过羡慕:我可以把这些无形的好的东西带回去,从我自身做起。虽然我改变不了周围的环境,但至少可以把自己变成那样的人,进而影响身边的亲人、同学、朋友。虽说改变总是困难的,但其实改变远没有想象中那样困难。喜欢法国人的热情,尤其他们的微笑,记不清楚有多少次,与陌生人相视而笑,在一声Bonjour(法语:你好)中擦肩而过。但很高兴我把这个习惯带回了中国,当我微笑着看周围人,周围人似乎也在对我微笑。也喜欢在国外旅行时,拿起地图就会有人问我是否需要帮助的感动,感觉在那样的社会永远不会迷路。正是这份感动让我回国后在火车站鼓起勇气用蹩脚的法语帮助了两位不会英语的欧洲人顺利地搭上火车。更崇尚欧洲人严谨的治学态度,虽然现在的我和治学相去甚远,但我相信这种态度会影响终生。我会用这种"严谨"去对待生活中的每一个人、每一件事……

说起法国文化的彪悍,那是我从接触这门语言就有的感受。随人称而变的动词,那不讲道理的阴阳性,还有那十多种让你头大的时态,就这三个理由就足以让你在开口之前想上好一会儿。看着法国学生内部的交流,我不禁感叹着造物者的伟大与智慧,同时也更加坚定了对法国梦的追逐。那优美的小舌音,以及轻快的发音让我着迷。

再说到法国人,他们的身上散发着一种代表着国家的气质,不仅只是因为法国香水的修饰,更是他们那种来自民族的自豪感与自信。做游戏时,他们为了赢得胜利,就算跌倒也毫不犹豫爬起来继续战斗,男生也不会谦让女生,为了夺得胜利他们可以在地上匍匐、打滚。当我看见他们因为输赢而争得面红耳赤时,便劝慰他们说:"没关系!"可他们却笃定地对我说:"不,输赢对法国人很重要!"他们眼睛里闪过的光让人肃然起敬。法国人不仅是一只骄傲的公鸡,更像一只热衷于战斗的雄鸡,他们身上散发出来的斗志让我惊叹。但是,在他们彪悍的外表下却更有一颗善良、友好的心。他们总是耐心地听我们讲着十分不流畅的法语,认真地教我们正确的发音。这样的相处,让我们在短短的几天里成了朋友,我们也在有形无形间担当了中法两国之间文化交流的使者。

在法国,我问过好几次路,令我感到惊讶的是,每当我小心翼翼地对路人说出 Excuze – Moi 时,面对我的无一例外都是热情洋溢的笑脸。更令我惊讶的还在后头,问路时遇到"不知道"的路人本是一件很正常的事,通常在中国,被问的人说一声不知道就走了,可是在法国有许多被我问到的"不知道"的路人却很热心地帮我找来了"知道"的人指路。更有一些散步的路人直接把我带到了目的地。这种热心令我不知不觉间放松了对他人紧绷的戒备。

法国人的热心还体现在很多方面。一次我跟同学去星巴克咖啡屋。因为背包太重,我就把它放在同学们围坐的咖啡桌上,然后转身去挑咖啡粉。也不知道挑了多久,偶然回头却让我吃了一惊:咖啡桌旁早已没有了同学的影子,取而代之的是一对正在寻找背包主人的老夫妇。看见我走过去,那对老夫妇对我说:"你的包吧?忘了拿了?"我赶紧跟他们说"谢谢"。虽然在法国随处可见这种热心,但我仍然一次又一次被感动。

还有一次,我一个人坐在火车站里面等车,当时我正在包里小心翼翼地整理现金,因为害怕将钱拿出来会引人注意,所以出于安全的考虑,我便将头埋在包里开始整理我的现金。这时,坐在我身边一位看似20多岁的男孩向我打招呼,很礼貌地对我说"注意安全",因为害怕,我忘记说法语,他十分友好地用英语对我说,一个女孩出门在外要小心。我还记得当时一股暖意涌上我的心头,英语给了我这个外国人别样的感动。

感谢学校给予我这样的一次机会。古语说"读万卷书,行万里路"。这次短暂的一年欧洲游学,留给我很多值得珍惜一辈子的东西!

在离开法国的那一天,我翻看了手机中克莱蒙费朗这个小城的夜景,时间仿佛静止,仿佛我并没在这里度过一年的岁月,这种不舍与留恋我会一直珍藏心中,它是我人生当中颇为宝贵的财富。

(吴雪莹 工商管理学院2014级研究生)

我在克莱蒙费朗的那些日子

时间如白驹过隙，仿佛昨日我还深陷准备签证的烦恼和准备出国的喜悦中，而今日就已经归来。再次回到北京，回到首经贸，感觉一切都是如此熟悉与亲切，但自己的心性却又与之前有很大的不同。

最初的最初，我很期待，憧憬国外的生活又有点担心，还记得12月27日我拿到了去法国的签证（VISA），开心地发了朋友圈然后开始准备自己的法国之旅，背单词和一些简单的日常对话，想象着与来机场接我的房东可能的对话内容……

1月1日晚，在室友的陪送下到了机场，然后就是分别的场景，女生总是感性的，看着室友落下的眼泪，我也不知该如何安慰，再见了亲爱的朋友们，再见了北京……

1月2日，我到达了克莱蒙费朗机场，还好人不多，所以一眼就看到了举着牌子的我的房东，这一刻感觉很奇妙，因为以前只在电视或者别人那看到过，没想到这一幕也会发生在我的身上，也会有人举着牌子在接我，他们人很好，也很优雅，感觉比我想象的要年轻多了，不过我在国内背的日常对话一句也没有用到，因为全忘了，到了关键时刻竟一句话也说不出，只后悔出国前没有好好学法语。1月4日，报到日，我们办了登记，国际教育办公室的老师向我们简单介绍了一下各项事宜，然后学生会的同学就带领我们逛了一下学校以及市中心。就这样，我开始了在法国的学习与生活。

首先说说学习方面。

因为是交流项目，所以双方学校都已经安排好了课程，我这学期修的课程是国际市场营销、跨文化管理、金融工具以及跨国公司国际战略，当然，必不可少的是法语和欧洲文化课程。

刚开始还有点不适应，因为国外老师的讲课风格和国内还是有很大不同的，就拿跨文化课程来说，虽然我在国内也选修过这门课，但在这边也还是可以学到很多，国内老师讲跨文化管理大多是讲理论，讲课本上的概念，偶尔拿教材上的一些案例来做一下说明，所以学生很可能把理论掌握了，但一学期结束也很容易忘记。而在克莱蒙费朗高等商学院，在讲课之前老师会分好组，然后把精选的论文发给各个组，先是学生在课下阅读论文然后根据论文做PPT，到了课上，在他们展示PPT时，其余学生不仅需要听，而且老师会发下来一张纸，你需要记录下来他们PPT的主要观点，然后是不足的地方,而这张纸也要收上去作为你平时分的一部分。我认为这样做还是不错的,因为这样大家都会认真听讲,反之在国内很多时候往往只有做 PPT 的人知道自己做了什么,而其他同学很容易不注意听,这样反而是一种浪费时间。

不过这样做会增加老师的任务量,一是老师需要提前备课,筛选合适的论文让大家去读,另外一点是课后作业的批改。比起理论,国外往往更注重实践和案例研究。在跨文化课上,老师会经常印发一些案例,然后学生讨论,发表一下见解,最后老师再总结,发表自己的见解。只有当学生参与进来后,才会主动去思考,最后老师总结时,感悟也才会更深。

在这边最好的一点是你可以接触到各个国家的老师,讲课风格各有不同,例如欧洲文化课的老师,他是一个在法国生活了几十年的美国人,在他的课上,他喜欢让学生围坐成一圈,以便更好地交流,事实证明他是对的。课前,他会给学生们一些材料,布置一些问题,然后学生课下阅读做题,等到课上,大家再讲述自己所读的材料的内容,因为大家手里拿到的材料都不一样,这样每个人都有发言的机会,并且也大体了解了其他同学阅读的内容,之后大家就一些问题进行讨论,讲一下观点以及自己的理由。与其说这是一门欧洲文化课,倒不如说是一场东西方文化的交流与碰撞,因为在老师跟我们讲解欧洲美国文化的同时,我们也会跟他交流中国的文化以及人们生活和工作的现状。除此之外,老师还会找一些纪录片,看完之后让大家讨论一下感想,发表观点。在这个课上,大家都积极主动地发表自己的见解,其实中国学生并不总是沉默的,只要调动起课堂氛围,大家很乐意并且会积极主动地发表自己的见解。

其次是我喜欢的跨国公司国际战略管理课,喜欢这门课是因为在这门课上真的学到了很多。这门课程的老师是位越南人,虽然发音有些奇怪但是讲课确实很棒。还记得上课第一天,他先是把整个学期的课程安排介绍了一下,虽然所有老师似乎都会这么做,但真正把自己的课程安排完全落实并且贯彻如此之好的却是少之又少。这学期除了正常的上课外,安排了两次案例分析课程以及一次圆桌讨论。在这门课上,老师先是把相关的理论讲述一遍,随后就是案例分析,比如以麦当劳、ZARA、沃尔玛和家乐福等为例,老师最好的一点是案例和理论结合得恰到好处,并且把案例分析得很透彻,案例贵在精而不在多。老师会先把理论讲完,然后系统地讲解分析公司战略的一般方法及步骤,之后是让学生实践,即在两次案例分析课上,老师挑选几个国际化的大公司,然后筛选出一些详细的资料分给各个小组,让学生阅读分析,之后再以PPT的形式展示出来,把讲解的内容整理成报告。在做第一次案例分析时,老师给出一个大致的纲领,然后学生按这个大纲把自己要分析的公司系统地讲解出来,其他同学提出问题和建议。在做第二次案例分析之前,老师安排了一次圆桌会议,让各个小组先行阅读资料、查阅与之相关的其他资料,然后小组讨论列出分析方向和提纲,之后老师根据各小组的提纲给出意见,如果大致方向没有问题,各个小组就可以继续进行下一步,最后也以PPT和报告的形式展现出来。虽然在国内也会做很多PPT,但大多数情况是老师布置一个话题,学生在下面做,之后是展示,老师并没有做很多工作,学生也疲于做各科的PPT,最后是有了数量而忽略了质量,并没有学到很多。而在克莱蒙费朗高等商学院,老师会跟进PPT的进展,不断给出修改意见,最后,你会感觉对于自己分析的公司已然了解很深刻。一学期下来,自己对于一些公司国际化所采取的战略、国际化进程已经有了一个清晰的认知。

再说说生活方面。

在来到法国之前,我认为欧洲人都是相似的,法国是一个浪漫的地方,但来到这里之后,发现其实欧洲各个国家的人都是不同的,每个国家各有特点。例如,法国人优雅、绅士、礼貌,还有点内敛;西班牙人多了一点奔放,比较热情,在这里一般下午或晚上才开始热闹起来,而早上十点之前大街上几乎是没有人的;而意大利人则很健谈,这里有着欧洲最初的文明,历史古迹遍布罗马。

说到法国人的优雅,如果你走在法国的街头,你会发现不管是年轻的姑娘还是八九十岁的老太太,几乎各个都打扮精致,衣装得体。这边的老人也是很会享受生活的,闲暇时整理一下自己的花园,约三五好友一起吃饭品酒,抑或去博物馆感受一下艺术的气息,去一些小城堡听听它曾经的故事,进行一些自己喜欢的运动或去别的国家旅行,他们的生活就是如此地丰富多彩。在汽车、火车上,你经常会发现法国人用于打发时间的不是手机,而是书,不管什么年龄、性别,他们会手捧一本书,尽情陶醉在书的世界中。

当然每个国家都有自己国家的问题,例如,去银行开户,就要提前预约,之后是等待,银行会把密码和一些注意事项邮递给你,前后过程大约两周。在法国,几乎做什么你都需要预约,饭店就餐,银行办理业务,CAF申请房补,就医,等等。这是让人感到特别不方便的地方,而且当你准备离开,还需要注销银行卡和电话卡,这前前后后又要差不多一个月,你会不由地感慨这是一个用文件堆积出的国家。

其次比较恼人的是罢工,我想大家都会有一个印象:法国人不喜欢工作。是的,在法国,基本上周末下午你是买不到东西的,因为所有商店都关门了。他们还会经常罢工,一旦有什么令人不满的地方,工会就会立即组织工人进行罢工,很多时候公交和火车也会因为罢工而停运。这在法国是家常便饭,而我也多次因为罢工不得不走着回家。

但生活中还是喜悦更多,同学们经常会组织一些派对(party),大家或者演奏擅长的乐器,或者三五好友畅谈。学校还会举办国际文化节,不同国家的留学生带来自己精心准备的美食与大家一起分享,然后互相了解、认识、交谈,也是很美好的。还记得第一次参加派对,我们一起做了油焖大虾、糖醋牛肉和饺子,他们吃的不亦乐乎,当然我们也很开心。我们各自配备有一位法语"老师",如果生活上有不懂的可以与她们交流。

有时班里会组织郊游,在克莱蒙费朗有一座著名的火山——多姆山,克莱蒙费朗当地的很多建筑都是由火山石建造而成。多姆山的春夏秋冬景色各异,于我而言,我最喜欢多姆山的冬季,尤其是漫山遍野被雪覆盖,尤为美丽。下面是我们法语班的同学一起郊游的图片,此时是4月份,坐去多姆山的专线,从市区出发大约30分钟就到了,然后大家一起爬山,另有两位同学带了自制的饺子,不多会就被大家吃完了,纷纷夸赞中国的饺子很好吃。之后是一个多小时的登山路程,途中同学唱起了歌,大家互相鼓励着登到了山顶,还拍了很多好看的照片。

这 6 个月,不管是学到的知识还是生活中的见闻,对于我来说都是生命中一笔宝贵的财富。我开始思考生活,思考未来,原本迷茫的我渐渐地找到了方向,也多了一份淡然与宁静。

(韩洁　经济学院 2015 级研究生)

我的法国之旅

"Prochain arret Gare SNCF."

熟悉的报站依然在耳边萦绕,在克莱蒙费朗的一年时光却已转瞬即逝。这一年,我成长了许多,变化了许多。

初到克莱蒙费朗,首先感觉到的是法国缓慢的生活节奏,基础设施的完善与发达。举一个例子,在巴黎赶地铁的时候,所有人都是慢条斯理的,好像地铁站中唯一在赶时间的只有我和地铁,印象最深的是我在地铁上看见一位法国女士目送着列车远去,可她却还是在站台上慢悠悠地走着。

当然学校才是生活的重心。我所感受到的中西教育的不同,最明显的便是课堂。中国式学习的特征是灌输式,而在法国的课堂上,照本宣科的少,更多的是一些互动,引导学生进行发散性的思考,课堂上会有很多问题来让学生思考回答,这些问题由简到难逐步引导学生找到最后的答案。举例来说,同样一门商务谈判课,国内、国外学到的东西却不一样。中法两位老师都是很优秀的,差别在于教育方法。同样是商务谈判,国内一学期的课程,我从来没有真正运用过老师教授的技巧,老师在讲台上举了无数谈判的例子、老师亲身经历过的案例,以及讲授在不同情况该如何面对的技巧,而作为学生的我们,在台下聚精会神地听着,记下各种概念、专有名词。但在法国课堂上,老师会给你讲解一个谈判的完整过程,之后会教你每个过程的具体细节以及怎么去付诸实际,最主要的是,在课堂上会有很多的情景模拟和案例分析,老师会提前准备很多生活中的实际例子,让同学进行角色扮演,老师会根据你的语气状态给出一些建议,以此让同学们知道在实践当中应该怎么去做。

克莱蒙费朗的课业并不繁重,因此有很多课余时间可以出去旅游,体验欧洲的生活,这也是手里有申根签证的好处。一年的时间我去了七个国家 20 个城市,每到一处都有新奇的体验:参观荷兰的风车,在风车旁感受安逸的田园生活;站在埃菲尔铁塔的顶端,遥望塞纳河畔,夜晚的巴黎才是最美的;到达欧陆的尽头罗卡角,在那里静静地看着太阳慢慢落入大西洋,余霞映着海平面,那种震撼的感觉永生难忘。

印象最深的是意大利之行,我先后两次去意大利,所以说意大利应该是我体会最深的一个国家。米兰、佛罗伦萨、威尼斯、罗马、那不勒斯、都灵,每一个城市都是历史与现代的结合。令我印象最深的便是位于梵蒂冈的圣彼得大教堂。圣彼得大教堂是由米开朗基罗设计的世界最大的天主教堂。彼得是耶稣的十二门徒之一，死后葬于此地，所以该天主教堂就被命名为圣彼得大教堂。我沿着朝向圣彼得大教堂的协和大道一路前行，沿途都是小店铺，但当我到达圣彼得广场时，豁然开朗，巨大的广场上，一座雄伟的建筑呈现在眼前，在它的面前，人显得那么渺小，神圣的气息扑面而来。虽然我并不信教，但在如此雄伟的建筑面前，一种敬畏感油然而生。带着对它的好奇，我吃完晚饭准备绕着梵蒂冈城走一圈。梵蒂冈城北、西、南3面有高墙，将其内外分隔成不同的世界，一边是罗马热闹的老城区，一边是宗教的圣地——梵蒂冈。那时已接近黄昏，我绕着城墙一边走一边欣赏着圣城在太阳余晖下的光彩。城墙脚下，每个角度都能看到圣彼得大教堂的部分面貌，却难以找到一个角度能够一览全貌，有一种犹抱琵琶半遮面的朦胧感。此时此刻，一种对圣城的敬畏感油然而生。

当然，还有很多值得去的景点以及小村庄，有待后来人亲身去体验。

生活方面，我刚到克莱蒙费朗确实不太适应，一是由于语言，二是这边生活方式和国内确实有一些差别，例如，饭店晚上7点多才开门，周日所有店铺全部关门。像我这种在北京生活惯了的人真的不适应。对我来说主要的问题在于交际方面，我是一个非常外向，喜欢交朋友的男生，但到了这里，很多聊天可能只是尬聊，没有真正融入他们的圈子里。后来我参加了一个当地华人组织的舞龙庆新春的表演，我舞的龙头，机缘之下我认识了很多在那边生活学习的朋友，后来的兼职工作也是通过他们找到的。刚来的时候我一直想要在这边找到一个实习工作，但后来才发现这个有点不太现实，几乎所有实习单位都需要很高的法语水平。所以我便在当地刚开业的一家中餐馆找了一份兼职，最初的想法是我的法语不好，所以找个中餐馆能锻炼自己又不用太高的法语水平，结果出乎我的意料，我身边的同事只有四五个中国人，其余的都是法国人和越南人，我不得不和他们用法语沟通。四个月下来，虽然我感觉依然不太会法语，不过起码比我刚来的时候好上十几倍。

如今结束了一年的交流，又回到了熟悉的北京、熟悉的校园，我希望带着自己这份的经历，更加努力进步，不断完善自己。坐在北京的地铁上，听着报站是那么亲切。

"列车前方到站，首经贸站。"

（李兆明　经济学院2014级本科生）

去吧，改变你的生活

从克莱蒙费朗回到北京，不多不少，八个月的时间，但它改变了我的生活。

一

从北京，到多哈，再到巴黎，最终飞机降落在克莱蒙费朗奥尔纳机场。坐在房东夫妇的车里，我看着这座法国中部小城的景色从车窗外掠过，憧憬着我未来八个月在这里的生活。房东交代了一些注意事项后，就跟我道别离开了。我一个人坐在公寓里，看着空空的房间里我还没来得及拆的行李，站在公寓阳台上看着远处黄昏时的教堂，内心充满对未知生活的憧憬，还有一些担忧。

第二天一大早，房东就来找我，说要带我参观一下克莱蒙费朗的市容。我一路跟在他后面，走过不宽的大街和狭窄的小路，经过各种公园、教堂、小商店，终于来到了一个广场，也是在克莱蒙费朗时我们最常去的地方——Jaude 广场。周六的广场熙熙攘攘，满是休息放松的居民和成群的鸽子，以及来往的有轨电车；广场两边是一排排露天咖啡座、老佛爷百货、卖马卡龙的商店。这些我只在电影里看过的场景，就这样一一展现在我眼前。

就在这个时候，我意识到，这一年我的生活将完全改变。

房东太太开车带我去超市的时候，我发现以前自学的法语完全没有达到和人交流的水平，连说出一个完整的句子都很困难，只能凭着假期里苦记的单词，艰难地表达自己的意思。去餐厅吃饭，也只能举着菜单，跟服务员指出自己想吃的东西。去电力集团办理用电手续就更困难了，幸好接待我的大叔耐心地听完并听懂了我漏洞百出的法语。但也不是每个人都这么热心，例如，第二次帮同学去 EDF 办理业务，在听不懂工作人员超快语速的法语后，我问："Vous parlez anglais?"（您说英语吗？），就得到一个大大的白眼和一声坚定的"Non"。所以奉劝所有去法国的朋友一定要学好法语，要不然真的是寸步难行。

克莱蒙费朗是个小城市，而且也不是旅游胜地，所以当地居民很少说英语，也不爱说英语。这意味着如果你不会说法语，在克莱蒙费朗的衣食住行就会变得很难。为了尽量避免这种尴尬情况，我每天学习从国内带去的法语课本，利用 App 背单词、记短语，从 YouTube 找一些生活化的法语教学视频。这个过程确实很枯燥，但慢慢积累中我发现，在某些场景下，我已经可以用法语和当地人交流了。在这以后，去电影院、餐厅、商场、旅游时去酒店，包括去 CAF 提交办理房补需要的材料，我都能用简单的法语完成一个对话，即使我说得不流利或者出现语法错误，但至少比刚来时要强得多。

不光是语言环境，我的生活习惯也有了很大的改变。法国的商店基本上晚上7 点都关门了，而且周日所有的超市、商店还有餐厅基本上都不营业，例如，我第一次周日去 Jaude 就被空无一人的场景震惊了，所以每次都要赶在周日之前去超市采购一番。虽说法餐扬名世界，但是正宗的法餐也是要花很长时间才能适应的。比如去餐厅要一个 bien cuit（全熟）的牛排，人家会用看怪物的眼神看你。再比如法国人引以为傲的 fromage（奶酪），就成了同行小伙伴最讨厌的法语单词之一。而对于我来说，最发愁的是一日三餐如何解决。离开首经贸的食堂，面对公寓的厨房，我起初还真挺怵的，毕竟之前在家里只会煮泡面和煎鸡蛋。而面对平均每顿饭20 欧左右的现状，我也只能硬着头皮学习做饭了。

经历过最初煮泡面、热盒饭的阶段之后，我开始尝试炒菜。在克莱蒙费朗的市中心有个中国超市，我们放学后常去买点东西，我最常买的是麻婆豆腐和京酱肉丝的酱，当然还有老干妈。除了中国菜，我偶尔也尝试做做咖喱、煎煎牛排。慢慢地，我已经从模仿食谱变成了自由发挥，挤点酱、撒点料就可以很好吃。元宵节那天，我做了一桌拿手菜招待朋友们，并得到一致好评。谁能想到以前没有碰过灶台的我居然在异国他乡激发出了烹饪的潜能呢？

二

克莱蒙费朗高等商学院（ESC Clermont）是个不大的学校，新旧两楼合成一栋建筑，总面积可能是首经贸的百分之一。就是在这栋建筑里，我经历了与以往完全不同的学习生活。

在 ESC 的大部分课程是全英文授课，还有一门法语语言课。虽然以前在首经贸有过英文授课，但毕竟老师和同学都是中国人，所以语言环境完全不同，需要一段时间去调整。我们班的同学大多是法国人，留学生除了我们五个中国人以外，其他人分别来自德国、葡萄牙、哥伦比亚、巴西、罗马尼亚、芬兰等，班级组成可以说是很国际化了。在这样的情况下，英语成了我们交流时使用的唯一语言。而即使是使用同一种语言，你也会听到不同的口音：德国人的英语普遍很好，语速也快，口音偏美式；法国人则完全相反，口音很重，而且时不时将英语和法语搞混。除了语言，他们的态度和思维也可能和中国人有很大区别。例如，德国人对小组作业就十分上心，不论多长的材料，都要完整地给你读一遍；即便是最容易的问题，也要拉着你讨论四五次才罢休，十分符合传说中的"严谨"。去法国之前就听说法国人懒、不爱干活,但其实很多时候,法国同学都十分愿意一起完成作业,只要是分给他们的活就一定会完成,也愿意主动帮助你,并且带着法国人特有的随性,时常告诉你要"Relax"。另外,在一起讨论小组作业的时候,你还能发现亚洲人和欧洲人不同的思维方式。这种不同有时候会让你很头疼,因为很难达成一致,但有时也很有趣。

我比较喜欢的是 ESC 的教学方式,大多时候是小组一起合作。我们有过很多次有意义也很有趣的小组活动,比如我们一起利用老师给的材料,制作一件产品,然后再把它推销出去;也在领英(LinkedIn)上注册了一个虚拟账户,然后制作他/她的营销计划;还一起创立了一个虚拟品牌,开通了博客,定期发文进行宣传。最让我印象深刻的一门课是商务谈判。和以前在首经贸上过的同名课程相比,ESC更注重实践:老师每次都安排不同的主题,将同学分成几个小组,各组及组内成员都分配不同的角色来模拟商务和行政谈判。

在 ESC 的学习,让我在理论和实践方面都有了提高,特别是实践,我掌握了很多以前不具备的知识和能力,也因此明确了自己将来的学习和工作方向。

三

八个月的时间,说长不长,说短也不短。虽然你不能在八个月里完全了解一个国家,也不能完全掌握一门外语,但也不能说这段经历是没有意义的。

伴随着生活和学习上的外部变化,你有意无意间会感觉到内部自身的变化,那种不知何时与你融为一体的变化,就好像它早已成了一种习惯,或是一夜之间又或是潜移默化地,在克莱蒙费朗的生活有了一种习以为常的亲切感。这种改变不仅仅停留在突然就学会的法语小舌音,还有你在坐公交车时得跟司机说的那句"Bonjour",下课后不厌其烦地跟老师说一大段的问候语,放学后去公园玩 Pokémon Go或是直接坐在草坪上,和法国人一样享受悠闲的时光,可能这都叫适应吧。当你适应了那里的生活,适应了与国内六七个小时的时差,适应了一早醒来就看见的克莱蒙费朗蔚蓝的天空,你就想跳出舒适圈,尝试新鲜事物,毕竟这也是留学某种程度上的意义所在。我会从超市买来各种奶酪回家配着法棍面包试吃,我会把鹅肝酱、焗蜗牛、青口薯条列入我的尝试清单,我会和班上的同学谈论他们的文化,互相交流爱好,也会在派对上喝醉然后和陌生人聊天……当你愿意去了解、融入一种文化,你会发现其实别人也愿意了解、学习你的文化。我们每天学英语、学法语,但其实每次都会认识很多学中文的外国人,虽然他们说的中文我完全听不懂,但是你会看到他们的脸上透着热爱,这就证明他们愿意去尝试。

这八个月里,我认识了很多朋友,他们会在我需要发邮件和预约体检的时候帮助我,和我讨论最近看的美剧;会开心地给我介绍他的祖国,好奇中国的一切;也会在我去他家时热情地给我倒酒，一起跟着音乐唱歌；还会跟我吐槽班上难搞的德国学生，在学期的最后一天跟我拥抱，说我是她的"best friend"，会流眼泪说舍不得我们走。同样地，我也认识了很多老师：有顶着爆炸卷发的琼（Jean），有来自克利夫兰说标准美式英语的凯文（Kevin），有在上法语课时给我们吃鹅肉酱的克拉里（Claire），有记不起英语单词就用法语飙脏话的帕斯卡尔（Pascal）。他们中的每一位都那么可爱，对我们耐心又友好。

这八个月里，我参观了埃菲尔铁塔、圣母院、凯旋门、卢浮宫、蓬皮杜中心，也在巴黎地铁上保持警惕、提防小偷；我也经历了一次说走就走的旅行，坐上火车游览了整个瑞士；我在世界最北端的首都雷克雅未克和朋友们度过圣诞节，也因为暴风雪不得不取消一切行程；我还一个人在里昂玩了三天，体验独自旅行的自由和随心所欲。

如果必须要给这次留学赋予什么意义的话，我想就是在法国的学习和生活中，在与不同的人交流的过程中，在一次次的旅行中，我学会独立，学会领导，学会努力，学会表达自己，学会尊重他人和不同的文化。我明白人生不会一直顺利，而是充满未知，要学会乐观接受现实，永远抱有希望。我发现这个世界比我以前认为的要更大，也更复杂，在国外生活也比我以前想象的要更困难。

我自认为是个爱尝试的人，因为我喜欢改变。那为何不试着离开你所熟悉的一切，去克莱蒙费朗找到属于你自己的改变呢？

Vas－y，la！Change ta vie！（去吧，改变你的生活）

（李忠锴　经济学院 2014 级本科生）

大梦初醒,已是归期

虽然早就开始为了去法国交换而做一些准备,例如,雅思的考试、法语的课程……但是等到了结束大二的所有课程,开始在家收拾行李的时候,我才真切地感受到:噢! 我要去克莱蒙费朗了啊。

在这之前,我对于法国了解甚少,对于克莱蒙费朗这个位于中部高原的小城市就更是鲜有耳闻。我又是一个极少出远门的人,所以这一趟交流学习对我来说是充满了未知、好奇,甚至是刺激。我将远离我的家人,一个人去面对一切的未知。

道别了前来机场为我送行的家人和朋友,我转身走进了登机口,没有回头。没有回头,不是因为我毫无留恋,而是因为我走进闸机口的一瞬间,眼泪就掉了下来,我笑着对同行的朋友说:"完了,我哭了啊。"

不得不说,十多个小时的飞行令我有些疲惫。期间,在巴黎戴高乐机场乘摆渡车转机的时候,我还试图一手提一个行李箱,未果。30寸的箱子纹丝未动,我却自己跳起来了。同行的男性朋友帮我们几个女生拎行李,那一次,我才发觉他们如此的强壮。现在想起来我们当时一个个自顾不暇的狼狈模样,觉得别有一番滋味,有一些想笑。

当我坐在法航的飞机上听到"Clermont - Ferrand"的字样,我连忙将视线移到窗外。映入眼帘的是一座连着一座的山,看起来就像一棵接着一棵的西兰花。时不时地,会有云彩的阴影落在山上,一块一块的,偶尔还有一簇一簇的住宅区,橙红色的屋顶和山上的绿树形成了鲜明的色彩对比。一切都充满了一种有别于北京的美感,看上去有一种自然的韵味,可是不得不说,初来乍到的我,那时对于这个城市有一些失望。

落地后,房东找来的司机很快就认出了我们,然而我们那时候的法语水平却难以支持我们与他的过多交流,三个小姑娘像三个小哑巴似的坐上车,对车窗外的一切都充满了好奇。

到了住处,我迫不及待地想要看看自己未来将近一年的容身之所。房子设施完善,家具电器可以说是应有尽有,我们送走了司机,准备收拾一下房间来安放行李。空了许久的房子,需要的清扫工作并不简单,我想那一天晚上,我们三个人可能做了之前从来没有做过的工作。

日子一天天地过着,我们对于克莱蒙费朗的认识也一步步加深。慢慢地,我发现楼后的山可真美,邻居的小花园别有意境,街角的面包房总是可以做出好吃的面包,不远的公园里的天鹅和鸭子们总是不紧不慢地摇摇晃晃着。人们也总是友善的。电梯里的邻居们见面都会相互问好,短短的几秒钟的相遇也不忘唠上几句家常。楼下的那家泰国餐馆的老板每次都会送我们一人一个幸运饼干。不远处那家超市老板的儿子经常与我们玩捉迷藏的游戏,在我离开法国的前一天,他还送了我一瓶他最喜欢喝的果汁。

日久生情,我从来没有如此相信过这个词语的意义。

在这不到一年的时间里,我也学会自己动手,丰衣足食。作为一个资深吃货,我向来秉承着"民以食为天"的信条。可是却奈何我吃不惯法国的食物,经常吃快餐不健康,经常去中餐馆又消费不起,于是我开始尝试自己做饭。

起初,我经常掌握不好火候,切的也是乱七八糟。慢慢地,除了家常的菜,我还可以利用手上现有的食材来创新整合。

在我交流学习的这段时间里,当然重头戏还是在学校的日子。在学校,我认识了许多新的朋友,有法国本地的学生,也有同我们一样的交换生。我们有时会邀请他们到家中一起做寿司吃,他们还会比赛,看谁的筷子用得最好。有时候我们还会一起做各自国家的美食一起分享。还记得有一次聚会上,一个法国的姑娘过生日,到零点的时候,大家分别用自己的母语为她唱生日快乐歌,那天,我体验到了一种别样的友谊带来的感动。

有时候在聚会后,大家一起回家,微醺地走在大街上,所有的人,认识的或者不认识的,都在一起唱歌,一起大笑,那种轻松又肆无忌惮的快乐,难以忘怀。

在那里,女生不会因为身材而烦恼、自卑。每一个人都是那么自信。在国内,我们可能会因为大腿粗而不敢选择浅色裤子,而在她们看来,我喜欢,那就很好啊。还有一个女生,跟我们说起她去新西兰玩,然后偶遇新西兰电视台的记者。她说我那天正好化了好看的妆,觉得自己特别漂亮,很自信地接受了他们的采访。她讲起这个经历时,神采奕奕,眼睛炯炯有神,给我一种特别的感染力。因为在我的周围,太少人可以这样自信地说出这些话来,不得不说,我很是羡慕她,并受到了她的鼓舞。

由于签证的便利,以及地理上的优势,我们经常几人一起外出游玩。由于都是自由行,出门之前,我们都要自己提前订好行程,提前开始关注往返的交通票,在网络上看攻略,初步了解要去的地方。

巴黎是到法国不容错过的城市,它早已成为了"浪漫"的代名词,又或者说,巴黎本身就是浪漫。我们一行四人,三个女生,一个男生,十分享受在巴黎的旅行,但在巴黎的地铁里,我们都十分小心谨慎,提防偷盗行为。我们学会了观察周围人的表现,从而保障自己的安全。

在意大利我得到的教训更为深刻。刚到意大利,我们准备搭乘地铁,谁知我的钱包就被人从包里拿了出来。那人见我们发现,佯装钱包是从地上拾起的,匆匆把已经被打开的钱包还给了我。这就像一个"下马威",此后,我们便提高了警惕,加强了防范,好歹一路上没有造成什么损失。

在外国游玩也十分考验我们的交流能力与户外综合处理事情的能力。在陌生的城市、陌生的国度,我们完全依靠自己的力量来找路、沟通。这对于我来说也是能力的一种提升。

这一学年的交流生活,十分短暂。在回国的路上,我一度不敢相信自己就要回到中国。一年时间,竟是如此匆匆。虽是匆匆,却又令人成长。有时候感觉一切就像一场梦,梦醒时分,就已经到了归期。

(张嘉欣 经济学院 2014 级本科生)

不临深溪，不知地之厚也

转眼已经完成一年的学业，回国一个月了，但回想一年的海外生活，还是令人难掩激动。古人都说"不登高山，不知天之高也；不临深溪，不知地之厚也"。一年前带着重重的行李飞到欧洲大陆去探索未知的新世界，一年之后我想把看到的世界分享给大家。

首先我想先谈谈法国学校教育的方式方法。不同于国内注重学生个人的独自学习，法国更偏向于团体合作的学习模式，或者说，整个欧洲应该都是注重团队合作的学习模式。因为从开学的适应程度来说，我们明显能够看出来其他的欧洲交换学生对于团队学习模式的自然融入，从分工到完成个人工作，再到汇总成果的一气呵成，他们是比亚洲学生更加自然的。这也得益于欧洲的教育体系基本上是类似的。

从我自身来说，我用了大概一个月到两个月的时间来适应新的学习模式。从语言上来说，老师都会把不同国籍的学生交叉开来分组，所以基本上我们都是通过英语来沟通的，而要完成老师交代的任务，我们首先就要交流想法。这对于英语好的同学可能会轻松一些，而对我来说，要听懂并理解组员的想法并及时表达自己的看法有一些难度。尤其是大家都不是以英语为母语，说起英语总会有口音和一些语法错误或者是表达上的错误，这些都加大了交流的难度，所以团体学习中沟通和交流是需要时间的。从学习角度来说，我们都习惯了自己一个人的学习思路和完成作业的节奏。突然变成团体工作的时候，大家要把想法和思路融合在一起写一个计划并做出分工，然后再各自完成自己的部分。但在完成自己部分的时候，总需要和其他部分核对或者有些想法需要其他人配合，这个时候需要用自己的休息时间来讨论或是一起完成，时间支配和自由度上有了很大的限制，但是不可否认的是，这样一来我们对于题目的理解，以及作业内容的宽度、广度都有了极大的提升。

学校生活也是令人印象深刻的部分，法国的学校门口经常能够看见学生和老师一起端着咖啡聊天的场景。老师和学生之间的关系也更像是朋友，学术氛围和生活氛围都格外浓厚。

给我印象最深刻的是开学以后的第一次结课考试，教授提前告诉我们只有一篇文章和四道问题，不用提前准备。八点半开考，我们已经提前想好了考完的逛街计划和午饭计划。然而生活总是充满意外,在法国的第一次考试就震惊了我们。因为这一场考试,我们考了三个半小时。显然在国内这样的一篇文章四个问题,最长也就两个小时,然而我们花了满满三个半小时,答满了三四张答题纸。我们拿到卷子的时候,不,更应该说是像一本小书一样的文章的时候,整个人是懵住的。我从来没有在一天内读完相同厚度的英文小说,更何况是相同厚度的学术文章。拿到试卷的时候心里就是满满的担心,果然我用了两个多小时来读文章,一个多小时来写答案。没有选择填空,没有判断和论述,只是四个要你阐述自己理解的问题,非常开放,也非常让人摸不着头脑。那是人生中第一场不知道自己考的是好是坏的考试。

其次我想谈谈我们在欧洲的生活游历。刚到法国的时候,我们对法国人严苛的工作制度和休假制度非常惊讶和羡慕。他们有着严格的八小时工作制,说好 4 点下班,4 点的时候不管工作有没有完成都会放下手中的活儿回家,有的时候去银行会发现他们 3 点 40 就开始整理一天的工作,不再办公了。周末更是完全不工作,全城几乎都是空的,超市也不营业,一年下来养成了提前买好两天的粮食的习惯。如果你周日窝在床上看美剧突然想吃薯片? 对不起你得忍着,因为大小超市都没有开门。

因为法国的公共假期很多,我们经常会有小假期去旅行。起初的时候对每个国家都充满期待,刚到比利时的时候觉得每一个地方都想照相,路边的卫生间可能都觉得是艺术品。多去了几个国家后,才发现欧洲的建筑其实都大同小异,精致和古老得让人惊叹,同时,也发现再古老的建筑也需要生活气息,最美的不是巴黎圣母院,不是巴黎铁塔,而是路边那些有着古老雕刻的楼宇,窗边挂满红红绿绿的花朵和还没晾干的衣服。这是一场历史和现代的奇妙视觉体验,如果再有机会,我也希望能住在一栋老房子里。

我更喜欢欧洲的人文环境。我在巴黎地铁里遇到过黑人小偷,在意大利地铁遇到过吉卜赛小偷,遇到过种族歧视的坏人,可是我也遇到过善良的引路人,遇到过热心提醒我看好包包的阿姨,遇到过耐心聊天的黑人叔叔。走了一圈才发现,每一个地方都有让人温暖的,也有让人寒心的人。在欧洲,每一件事情都有魔力,你永远不知道下一秒会发生什么。这是一个各种文化交融的地方,各色人种生活的地方,你会了解每一种文化,也能去传播中华文化。

我希望这一年我有转变那些对中国有着固有偏见的人对华人的歧视,也希望给那些对中华文化有兴趣的人一些飞来中国的动力。我也希望有机会再去体验欧洲的教育制度。一年的经验可能只是沧海一粟,但它确实让我有了新的人生方向,走之前只是大学二年级心智还未成熟的姑娘,而一年的异国生活，和同伴们一起解决生活上的困难，一起游历美丽的景色，逐渐有了更大的世界观和更成熟的处世方法。我要感谢学校和学院给我这次机会，让我能够更快速地成长。

（侯悦悦 经济学院 2014 级本科生）

世界在我眼中

八个半月,255 天,14 门课程,10 个国家,这是我所能想到的最简明的概括我在法国的时光的语言,在此之前,我从未认真地设想过,在一个陌生的国度独立生活。

学习

法国学校里的学习与国内有不小的区别。首先,所有的课程都是小班教学,一个班 20 多个学生,老师可以很清楚地掌握每个人的情况。其次,大部分课程其实老师讲的部分很少,一直都在让我们分组做一些小组作业。这种方式其实有利有弊,通过完成有的作业,我们确实在探索、在学习,最后能够有所收获,效果比老师单纯讲课要好。同时,分组的时候老师总是倾向于打乱国籍,这样我们不得不全程用英语交流,这对我的英语口语是一个极大的挑战和促进。但是,也有的作业没有什么意义,老师也只是想省事而已,这样的话倒是轻松但确实没有学会什么东西。

而除了知识上的学习,在与西方老师和同学们的接触过程中,我感触颇深。也许是因为欧洲各个国家的文化彼此交融,人员的流动性也较强,所以大家的包容度比较高。"Don't judge"是我学到的一句很重要的话。每个人有自己独特的经历,看待事物也有不同的角度,每一个人都值得尊重,因此不随意评判他人,是一种非常可贵的品质。除此之外,西方人性情中开放、主动的那一面对我产生了比较大的影响。我从小在非常中式的环境下长大,因此我的性格也相对内敛,在与他人的交往中,也一直保持相对被动的地位。反观我在这边结识的朋友们,有主动邀请我们去家里做客的巴西姑娘,有嚷着让我们做寿司吃的法国小妹,也有天天开派对(party)却理解不了我们生活方式的哥伦比亚小哥们。他们按照自己喜欢的方式生活,无关对错;也主动去靠近想要结识的朋友,从不扭怩。内敛与开放,没有好与不好,但我觉得我的性格中缺乏开放的那一面,总是会考虑太多,以后要让自己勇敢起来,主动起来。

生活

作为曾经一切依赖妈妈的懒人,虽然没到"衣来伸手饭来张口"的地步,但是不得不说生活自理能力很差。我一直以为自己可能这一辈子都学不会做饭,但是离开了家,很多事情都是不得不去尝试的。于是我从一开始外出买饭或者跟别人搭伙,人家做饭我负责刷碗,到后来开始尝试炒意大利面或是煮面条,然后试着做柿子椒炒鸡蛋、土豆丝这些最基础的家常菜,再到后来能够用辣豆瓣酱做麻婆豆腐、炒手撕包菜、做豆腐汤,虽然看起来不算什么,但对于我这种怕火、怕油、动手能力还差的人来说,着实是巨大的进步。

尝试着自己生活之后,我最大的变化大概是不再想着依赖别人。从前,看到蚊子或虫子,第一反应是喊人来帮我打,但远离了家人,一切都要靠自己,遇到问题不能再推给别人或者假装看不见。我还真真切切地感受到了操持一个家的艰难,家务事说起来简单,可做起来烦琐,我每次做饭,炒好第二个菜时第一个菜已经凉了,做的饭总是要么太多要么太少,我的屋子里永远有坏掉的水果和果汁,买的菜在坏掉之前永远吃不完。我现在只能说能够勉强照顾自己,但还远远说不上好。

旅行

在瑞士,我带着身边的朋友重温三年前我曾经走过的风景。曾经,我只是旅行团中的一个旅人,而如今我是一个可以不依靠任何人独立旅行的留学生,同样的地点,感受却大不相同。

在荷兰,我看着在日光下美丽自在的阿姆斯特丹,夜幕降临,却又四处弥漫着大麻的味道。当高贵的郁金香的影子与迷乱的红灯区的气息重合,我很难对这座城市有清晰的定义。但我想,我是喜欢这里的,它是如此的自由,令人神往。不仅是阿姆斯特丹,遗世独立的羊角村,恬静又富有生机的风车村同样让人流连忘返。

在冰岛,当天亮了,金黄的阳光洒满厚厚的积雪,金灿灿的海面闪着粼粼的波光,当太阳渐渐从海平面上升起,我看见了最美丽的朝阳。因此,一切都是值得的,哪怕因为暴风雪我们被困在雷克雅未克,看不了黑沙滩,看不了黄金圈,哪怕物价高昂,每一顿饭都吃得小心翼翼,哪怕没能看到期待已久的极光,我都不会后悔这一次的旅行。这是我到过的地球的最北边,我会用一生去铭记。

在捷克,红色的房顶与绿色的塔尖交错,“千塔之城”的布拉格美得让人心驰神往。老城广场上,不断吹着泡泡的大叔,查理大桥上愉快地拉着手风琴的小哥都点缀着这座美丽的城市。而冬季里,与冰岛全然不同,刺骨的寒冷也同样叫人印象深刻。

在西班牙,马德里永远熙熙攘攘的人群,巴塞罗那迷人的海滩和堆积成山的水果,让我一次次惊叹。我第一次鼓起勇气穿上了比基尼,喜欢上了舌头灵活的西班牙语,这个热情迷人并且物价低廉的国度简直就是欧洲的一股清流。巴黎和整个意大利的治安极差,地铁火车也总是有成群的黑人抢劫,可是西班牙的黑哥哥们一到晚上就背着麻袋成群结队的……开始卖假名牌。起码人家靠劳动养活自己,看着还有点可爱。

当我吃着布鲁塞尔的华夫饼、米兰的冰激凌、法兰克福的猪肘子,这世界仿佛就在我的眼前,曾经离我无比遥远的生活,一一展现在我眼前。此前所有的想象,在书里或从别人的口中看到和听到的世界,我真正走了进去,开阔了视野,写下了我自己的故事。一场异国的旅行实在是一次太好的自我审查。身处全然不同的文化,看到不同的文化现象,感受到不同的三观碰撞,可以帮助我完善自己的思想体系,更好地认识这个多元而美丽的世界。

(李嫄　经济学院 2014 级本科生)

我在法兰西

很久以来，一直想写点什么来纪念一下我在法国不到一年的生活。故事太多，想说的太多，一时不知从何说起。九个月的时间能发生太多事情，却也终究悄悄溜走，留给我的，是我青春旅程中，又一段精彩绝伦的故事。

从准备去法国算起，也有一年多的时间了。记得刚开始想要来法国的时候，这个地方对我来说还十分陌生。对我来说，法国是时尚的巴黎，是远近闻名的埃菲尔铁塔，是浓郁醇香的红酒。然而最后定下来的时候，发现我去的地方跟这些毫不沾边——在法国五角星最西边的小角上，一个军港，名字叫作布雷斯特。

"海边城市"这是我对这个城市的第一个印象。

接下来，开始各种各样烦琐的准备。终于，我登上了飞往法国的飞机。

从未离家这么久过，更没有到这么远的地方呆过这么久，十几个小时的旅途，即将迎来的未知的生活在我心中像发生了化学反应一样，混杂着好奇、激动、恐惧与不安。

终于到了，还好有同学的迎接，我没有特别地手忙脚乱。全新的生活，也就此展开。

城市真的可以说是十分小了，我基本上用一天时间就把这个城市全部走完了。而与想象中的"海边城市"并不一样，印象中的海边城市，都是阳光、沙滩、海浪以及形形色色的到海边享受日光浴的人，而这里，只有军舰、小船以及海岸边上各种各样的集装箱。军港城市果然跟一般的海滨城市不同，海岸边充满着威严。

学校的学习生活倒是跟想象中如出一辙。我们国际生都是分到一个班，所以班里的同学真是来自五湖四海——欧洲、亚洲、非洲、美洲。大家来自不一样的国家，文化不同，背景不同，习俗不同，却也可以一起交流，互相学习，不同文化之间的碰撞真的是十分有趣。

出国学习最主要的目的就是体验不一样的学习和生活习惯。在这一年里，我真切地体验到了在这里学习不一样的地方。在这里，最主要的学习模式就是团队合作（team work）。在国内，我们也经常有各种小组学习、展示，但基本上是期终报告和总结展示。而在法国的学校里，小组展示可以是期终展示，也可以是上课讨论结果的展示，还有阶段性展示。大家各抒己见，求同存异，不管结果如何，都能互相鼓励，继续前行。

有时候我并不喜欢老师的分组方式，但很支持。为了让我们更好地了解各种文化，让不同文化发生激烈的碰撞，得到较好的效果，老师会把不同国籍的同学们分到一组，把相同国籍的同学们分开。而我从这样的分组中，也确实看到了文化上大大小小的差异，"文化差异"再也不是书本上的概念，而是真切的感受。

我之前在一个四个人的小组，小组里面有来自四个国家的同学，分别来自中国、德国、法国和西班牙。经过一学期的磨合和讨论，发现德国的同学像传说中一样认真严谨；而来自中国的我，以及别组的中国同学，也确实更擅长倾听，而不是很擅长发表意见；来自法国的同学，就像大多数法国人一样，不紧不慢；来自西班牙的同学，热情开朗，十分愿意表达自己的想法。

在这样一个小组里，我学习到很多，到后半学期的时候，也可以发表更多的意见，更好地参与其中。就像我在结束了课程的时候，发了一条微博说："Although I always complain about it, it's a pretty nice group!"

在法国上学，有很多假期，所以课余时间当然不能浪费。平时来欧洲旅游办签证就需要费时费力，最后也到不了几个地方，现在有机会来法国交流一年，旅游对我们来说是必不可少的环节。

九个月的时间，我和同学两个人也算是游历了欧洲的大好河山。其实用"大好河山"来形容欧洲的风光，有些欠妥。一提起国内大大小小的城市，想到的总是些山清水秀的怡人风光，抑或是亭台楼阁的心动景致；而提起欧洲的大大小小的国家，想到的就是像油画一般低矮却错落有致的建筑，以及各种童话的故乡；欧洲的风光，与国内那些巍然壮阔的江河山川风景不同，它更多的是历史和宗教的景观。如果用"豪情万丈"来形容国内的风景，那么欧洲的景致，就要用"温文尔雅"来形容。

我去了捷克，在布拉格广场上听钟声响起，在布拉格可爱的红房子间来回穿梭；我去了丹麦，在小美人鱼的雕塑旁留下我们的身影，在安徒生的故居了解这个童话伟人的一生；我去了挪威、瑞典，在冬日的冷风中，体验下午三点的日落；我去了芬兰，在桑拿大国体验暖人身心的桑拿，也留下了错过圣诞老人故乡的遗憾；我去了奥地利，看见了维也纳金色大厅，也终于知道奥地利为何久负"音乐王国"的盛名；我去了西班牙，见到超乎凡人想象的建筑艺术珍品，也体会到了西班牙人的奔放热情。我，一直在路上……

九个月的生活，照了无数张照片，发了无数条朋友圈，跟家人朋友聊了无数，用以纪念我在这边的生活。而现在，能写在纸上的仿佛只有这么多。我多想把每一个令我们发笑的故事，每一个令我们措手不及的事故，都统统记录下来。但纸短情长，第一次九个月不曾回家，第一次在异国他乡过着各种该团圆的节日，第一次在外过生日,第一次……经历了无数个第一次的我,曾经最激烈的心情,就是想家。终于过完了掰着手指头算日子的时光,回过头来又突然舍不得。人啊,终究是矛盾的集合体。

再见,布雷斯特。

再见,法兰西。

很久以后,忆往昔,这也将是我峥嵘岁月里一段辉煌的篇章。

（王紫薇　经济学院 2014 级本科生）

在法国一年的所知所得所想

今天是 2017 年 5 月 30 日——我回国的前一天。现在想想刚刚过去的一年，恍然有一种不真实的感觉。2016 年 8 月 24 日我从法国布雷斯特机场走出来的情景仿佛就发生在昨天，这一年的点点滴滴也好像刚刚过去。我参加的是首都经济贸易大学经济学院与法国布雷斯特高等商学院的双学位合作项目，在布雷斯特商学院参加大三一年的交换学习，大四毕业的时候能够得到两个学校颁发的双学位。其实我现在觉得我所得到的绝不仅仅是一个学位证书而已，在法国的学习与经历带给我的很多东西可以受益一生。

学习

我在首经贸读的是国际经济与贸易专业，在布雷斯特商学院读的是国际商业与管理（International Business and Management）专业，这两个专业并不相同但是也有相通的部分。例如，我们在公司合作项目（Company Cooperate Project）这门课里学到的 PESTEL、SWOT、Five Force's 这些分析工具可以用来分析跨国公司的内部外部环境、投资条件等。所以我觉得国内国外不同专业的学习可以让我多接触一些领域。

其实让我感触最深的是法国的上课方式。首先是学制，在法国，大学只有三年，我们所在的 BIM3（Bachelor International Management 3）是一个毕业班，但是这边的毕业班还是以上课为主实习为辅，平常的课程还是比较多。布雷斯特商学院是一个私立商学院，整个学校大概两三百人。第一学期我们班有 18 人左右，其中 15 个都是来自摩洛哥、西班牙、德国、墨西哥等国家的交流学生。第二学期，有一些交换半年的学生回国了，一些上学期在别的国家交换的法国学生回来了，人数在 26 人左右。跟国内学校相比，法国一个班的人数比较少，有利于提高上课效率。

国内上课偏重于理论，法国这边更加偏重于实践。我们的好多教授都是大公司的管理层，甚至有的拥有自己的贸易公司。有机会的时候他们会带全班去他们的公司参观，给我们讲解管理一个真正公司的具体方法。还有市场营销的老师为了让我们更好地明白视觉市场销售（Visual Marketing），带我们去一个全法国连锁的服装店，请店铺管理人员讲解他们的市场营销方式。还有之前提到的公司合作项目（Cooperate Company Project）这门课，这是唯一一门上下学期都有的课程。老师把班里的同学分成几个小组,然后每个小组需要联系一个真实的公司并与公司签订合作的正规合同,然后运用上课学到的理论去分析公司的实际运营情况。

还有一个方面就是语言,我们上课是全英文的,但是所处大环境是法语的,所以这一年下来我们的英语和法语都有一定的进步,我还跟着别的国家的同学学了几句简单的西班牙语和意大利语。其实语言的进步很不容易察觉到,但是当自己察觉的时候已经获得很大进步了。

生活

生活这部分真的是一言难尽,因为法国的生活环境跟国内太不一样,很多事情真的很让人抓狂。我和王紫薇同学两个人是近两年以来第一批到布雷斯特商学院交流的学生,学校之间的衔接有一些地方不是特别成熟,比如说我们住的房子是我到了这边之后通过中介才找到的,还有长期居留证也没有按时办好。一开始我一个人先过来的时候碰到了很多困难,第一个就是语言问题,法国人很不喜欢说英语,我在国内学的法语也不足以明确表达自己的意思,所以一开始的交流就是一大问题,好在后来我熟练掌握了肢体语言……接踵而来的就是找房子、办房屋补贴、开银行账户、办手机号等。

但是所幸的是一切都在我们跌跌撞撞的尝试中完成了,我们努力学习法语用来交流,找国外的同学帮忙办房屋补贴(虽然没办成),跑十几次银行开银行账户……现在回想一下,这些大大小小的困难都教会了我们独立和自理。在一切都只能靠自己的情况下,遇到困难时想解决困难的办法,虽然过程很难,但也很珍贵。也正是因为这些困难,我们学会独立,也学会相信自己。

相信很多学弟学妹特别关心与外国同学的交流情况。以我个人来看,与外国同学交往并不困难,大部分同学都特别友好也很热情。最重要的是自己千万不要抱有畏惧的心理,其实我之前也有一些害怕的情绪,怕他们觉得我的英语不好,怕生活环境不同而没有共同话题。但是我很快发现,国际班每个人都不是以英语作为母语的,我们也不是英语最差的。只要我们敢说,别人就敢听。没有人会因为英语问题而嘲笑我们,毕竟他们公认中文才是最难的语言。

还有就是共同话题的问题,其实每个人之间的不同就是最好的话题。今天讨论不同国家的不同美食,明天就可以讨论不同国家的不同礼仪,连带着后天的话题就可以是不同国家的不同城市。所以话题不是问题,维持话题才是问题。有时候我们习惯别人问我们回答,这样的话,五句话之内话题就结束了,这时候就需要问一句"What about you?"。一般来说,外国同学开始会说一大堆,这时候就可以面带微笑认真地听了。这样一点也不累。希望大家都能跟外国朋友们热烈地交流起来啊!

还有一个很重要的问题是抱团。中国人喜欢跟中国人在一起玩,中国人不太够的话,亚洲人也可以接受。这真的是一个障碍,因为抱团问题太严重的话会特别影响跟外国同学的交流。平常没课的时候很多同学会在自己家里组织派对,感觉之前对派对(party)的印象有点妖魔化,真正参加了这些派对(party)之后还会觉得有点温馨,因为就是一堆同学喝东西、聊天和玩游戏。这是拓展朋友圈和加深朋友之间了解的特别好的机会。

旅行

这一年我去了好多国家,把欧洲基本上都转了一圈……其实我感觉我旅行的时间有点太多了,但是出来交流学习,旅行是必不可少的一部分,而且我在旅行中真的学到了很多。去一个新的国家,接触不同的风土人情,跟不同国家的人交流,学习不同国家的礼仪,这些都是旅行吸引我们的地方,其中的经历也是我们从旅行中获得的财富。但是不管去哪里,安全都是需要放在首位的,最好跟朋友结伴并且少去不安全的地方。

在法国交流的一年对我来说真的是受益颇多,学到的不仅仅是知识更是经历,看到的不仅仅是国外的环境更是异域的文化,也许这就是交流的真正意义吧。最后我想说的是,法国,包括欧洲的大部分国家,并不是样样优于中国。他们的办事效率、办事程序真的落后我们大中国好几条街,在这边真的每天都在想念支付宝和淘宝。但是更无语的是很多欧洲人对中国的印象比较偏激,他们经常小心翼翼地问我:"中国人是不是每天都要吃猫、狗和猴子?"所以交流学习真的很重要,至少现在已经有十几个人明白绝大部分中国人是不吃小猫和小狗的。

希望这个项目发展的越来越好,更希望学弟学妹们也能好好学习,天天向上,前途光明。

(安凤琦　经济学院 2014 级本科生)

关于法国留学的一些个人感想

时光飞逝,从 2016 年开始准备出国的一系列语言考试和面试到 5 月回国,感觉时间真的是从指缝间匆匆溜走。

出国前,我对于出国材料的准备是一头雾水,繁杂的各式材料都需要去一一办理。最终是在不断询问同学和老师,向各种机构打了无数通电话中慢慢摸清了这其中的步骤。当时对于即将到来的未知生活充满了期待与不安。

我原本以为,对于高中就已经脱离父母独自生活的我,在国外生活应该不会有任何的困难了。但是幻想总是天真的,而现实却是不尽人意的。初到巴黎还没有一星期,就出现了由于房屋设备老化的维修问题。而我和舍友都是刚到巴黎,对于当地的相关租房条例与法律根本不熟悉,加之我们的房东不说也不理解英文,语言沟通有严重障碍,这使我们人财两伤。在吃亏过后,我们才意识到维护权利的重要性,懂得了要用法律来保障我们的权益。以前因为从未切实地经历过类似需要维权的麻烦,所以对于这样的事情总是漠不关心,导致了自我保护意识薄弱。但是在这近一年与房东的"斗智斗勇"中,增强了我的自我保护意识,让我知道了如何才能更好地保护自己。

这一年的独自生活,让我学会并熟练掌握了许多的生活技能,例如,我做的饭更好吃了,以前是擅长做中餐,而现在已经可以烹饪西餐了;对于简单的物品维修,已经非常娴熟了;生病了知道如何正确照顾自己,也知道了在面对各种突发事件时都应当采取哪些正确高效的应对措施。由于文化习俗的不同,国外生活与国内生活就存在很多差异,不管是生活习性、饮食习惯,抑或是思维方式都有很大的不同。而接受这些差异,让自己更加适应,更好地融入大环境中就非常锻炼我们的包容性。通过这一年的生活,我会以更加开放、平等和包容的心态去与人交往。

国外的教育机制与国内有着非常明显的不同。在诺凡希亚商学院(Novancia),我们几乎都是小班授课,每节课基本都会有案例讨论(case study)和小组作业(group work)。在课堂上有不懂的问题可以直接询问,这和在国内有着非常明显的不同。国内的教学方式相对拘谨,也相对严肃。而在国外,课堂上会出现积极的讨论甚至辩论,课堂氛围也相对轻松,教授会不时地询问学生问题。如果有疑问的地方,或者知道问题的答案,只需要积极地说出自己的想法。这样的学术氛围,让我受益匪浅。同学们也非常积极回答问题,积极地提问,这也让我感触很深。他们积极热情地学习,非常激励我,让我也非常希望能够多学一些知识。

另一个与国内不同的是,国外的大多数课程的教授都会布置课后作业。但却并不是像国内那种论文或者偏学术性的课后作业,更多的是案例分析、案例研究,非常灵活,要求有个人的观点在里面。在一些案例作业中,许多问题没有标准答案,更多的是希望能够培养学生独立思考和运用知识的能力。

校园生活的另一部分就是与同学的交往。虽然大家有诸多不同,但是只要求同存异,尊重他人的不同和他人的文化,保持真我,有正确的价值观,就会很容易与他人交朋友。同学们也会非常友好、热心帮助。即使有不同,但是大家都会非常乐意接受这些不同,彼此尊重。

以前我更偏向于一个人旅行。总觉得与他人旅行非常麻烦,会打乱自己的行程。在刚开始到巴黎的时候,我的旅行都是自己预订的,没有邀请朋友一起。但是在旅行过程中,遇到了许多和我一样的人,大家一起交流,聆听他人的想法,最终打破多年的习惯,我与他们一起上路,成了难忘而珍贵的朋友。

旅行的过程也是学习和增长知识的一个过程。我可以学习到不同的知识与文化,增长自己的见识,充实自我。虽然同时也会遇到各种突发事件但非常助人成长。

在所有的旅行中,我都住在了当地房东的家中。在与每一个房东的相处和交谈中能切身地体会到不同文化的差异。佛罗伦萨的房东非常热情,每天会为房客烹饪晚餐,甚至还单独为我煮火锅来吃。而伦敦的房东极其尊重我的隐私,从不主动打扰,但如果我有疑问,会尽心热情地帮助我。这些让我明白了即使不同,但是在交往中,依旧要保留自我,平等对待他人。

在巴黎的地铁上,我曾看见一位衣衫整洁的商人坐在一个流浪汉旁边毫无隔阂地聊天。商人没有因为流浪汉穷困潦倒、衣衫不整而远离他;而流浪汉也非常礼貌,平等的礼貌,这非常触动我。这种景象在国内寥寥无几,至少我从未见到过。这种平等,是扎根在社会中的平等,是沁入人们心中的平等,并不是官方宣传的平等。虽然说这样的现象不能一概而论,无论是在哪个国家的社会,都会有好有坏。但是,在法国社会,拥有这种心态的人占多数,而反之在我们国家,这种情况却是少之又少。

人们总说法国自由平等博爱的精神,可是只有在那个社会里,才可以切实感受到它的精神。这种精神并不是噱头,而是真正根植在法国人心里,几乎是作为无意识行为存在的。

一年的时间转瞬飞逝,但是所有的经历却深刻印在了记忆里。每一帧的回忆都值得珍藏与细细品味。这一年的留学生活,让我褪去了一些稚气,更加成熟,也更加了解自己,这是一份珍贵而又美好的回忆。

（李丽芸　经济学院 2014 级本科生）

谢谢你教会我热情与爱

在意大利拥抱不同

意大利是个好地方,让我开始接受生活中种种的不完美,比如,没有甲板的船,下着雨的岛,走不出的庞贝,还有我不喜欢的意大利菜。当你走在那不勒斯,那些满是涂鸦的街道,抬头就是别人晒的被子床单,治安还特别差,让你刚到第一天,就想回巴黎。

真正的转机是从普罗奇达岛坐船回那不勒斯的路上。当天有个比赛,球队的人一拥上船,吵吵嚷嚷,时不时吹个喇叭。我心想:"意大利人真的太吵了。"快到岸边时,我走到了甲板上看夜景。对面的队员正在哼着歌,我觉得好听,给他们鼓了掌。他们像是突然受到了认可,大声唱起来,边唱边跳,热情的氛围使得我不由得加入他们,围在一起跳舞大笑。原来我曾经厌恶的"吵闹",是那么充满热情。

对,热情。在那一瞬间,我顿时理解了这座城市。它势必要填满每一片空墙的涂鸦;它随处可见的艺人和音乐;它豪放的晾晒;它大的相当于我两个脸的披萨(pizza)……这一切,都是它毫不掩饰的热情和随性。我开始喜欢这座城市,正如我喜欢所有真实、自然的人一样,它巨大的热情感染着我。

生活和生命,本来就不该只有一种我熟悉的样子。而我之前"理所当然"的偏见,现在看来是多么的幼稚。相反,我们应该多从自己的世界中走出来,开放接受未知的一切,在不断的体验和成长中,活得更加立体和真实。

在布拉格学会爱人

旅行即生活。在布拉格,我第一次真切地体验了爱,这是一种前所未有的感觉:快乐又痛苦,跟对方在一起的每一分钟,你都因为真实地做自己而快乐;却又因为你太喜欢对方,甚至希望对方能和你拥有同样的感觉而痛苦。你看着他的眼睛,里面充满了温柔和好奇,你渴望了解他的全部,而在这之后,你渴望更加爱他。

因为在爱中,自己不再是一具空壳,有了强烈的情感,人生的经历顿时变得立体。快乐和痛苦,其实是同一回事。令我惊讶的是,我却没有因为其中的一些等待、哭泣、心痛而从此自暴自弃;相反,我比过去任何时候,都更加渴望去爱和被爱。

在我心里最柔软的那部分,一些美好又细腻的东西,正源源不断地涌出来。

什么是爱？我也在学习。喜爱是人的本能，但是我的爱如果伤害到你、妨碍到你、没有照顾好你，因为爱你百般要求，甚至想要掌控你，因为你无法满足我的幻想而发怒，这样的喜爱是双方的负担。真正的爱，是一种巧妙的平衡，我也在学习。

我想，真正的爱不过是，让我来爱你、保护你、照顾你，我不求你给我同样多的回报，爱着你是我唯一的渴望。

在雅典的好朋友是个戏剧女演员

我不会忘记在雅典的四天。我最好的希腊朋友是个戏剧女演员！我们谈论诗歌、哲学、戏剧，我们谈论各自的生活、可爱的男孩儿、旅行的足迹。她跟我讲了三个故事。括号里是我们两人讨论后的解读。

在一个家庭晚餐中，大家的食物是什么呢，是每个成员无意识为对方造成的罪恶和伤害。甜点，是过去的时间。（习惯伤害爱着自己的人，自以为他们一定会懂。他们分担着你的苦累。而过去的时间之所以是甜的，是因为有所爱之人的陪伴）

在古希腊，人们认为山上住着众神。但人们说，当你心中还不够确定时，不要望向山的那边，不要祈求神的庇护，天神都非常刻薄。（皮不够厚，心不够坚决，就不要轻易上路）

"如果有人问我，我在想什么，我会说——不要去寻找厚实的靴子，而是要去找到那双腿；身旁是繁重的东西，而你的根在成长——但是，没有人问过我在想什么。"（靴子和腿：只有你真正能够掌控一件东西时，它才真正属于你。而繁重和成长的根：上帝将他最艰难和伟大的战役交付给他最坚强的士兵）

在巴黎爱上生活本身

巴黎是我愿意将其称为家的地方。住进巴黎前，我一度觉得"流浪"是一件很美好的事情。而到过巴黎之后，我情愿再也不走了。

有一次，家里的一间小卧室放到了爱彼迎（Airbnb）上出租，住进来一个在南法工作的40多岁的阿姨。我们开着大窗户，抱着小枕头开始聊起天来。

她真的太迷人了。她说到以前在纽约生活，空档年（gap year）跑去纽约大学（NYU）学了18个月英文，自己做兼职，因为纽约大学的学费实在是太贵了，而她爸爸在另一头打电话："你到底啥时候回巴黎？"

当年她的未婚夫就在巴黎等她。当时，如果她继续呆在纽约，可以拿到纽约大学的工商管理学位。但是她爱这个男孩儿，不顾一切回了巴黎。虽然三年后分了手，她说："在做出决定回巴黎的那一刻，那是我最想要的决定，我从来没有后悔过。"

后来她工作就在南法,做的是房地产,时而会回巴黎。"你看,生活多有趣,我根本没有想到我的丈夫居然是个伦敦人。我当时只是回了巴黎。"她说,"就像你来巴黎时,也没有预料到你会喜欢上一个布拉格男孩儿。"

"别人眼中的前程、薪水、学校排名,对我来说都不重要,重要的是,我在我喜欢的地方生活,跟我欣赏的人接触,做我热爱的事情,这让我发自内心地觉得快乐和舒畅。"

只要你自己不后悔。

我一直相信,一个人的脸蛋书写了他人生的故事。她脸上,几乎没有多少皱纹,苹果肌饱满,笑起来更漂亮了。她整个人给我的感觉也是这样:轻盈、舒服,是追逐内心的人的长相。

跟她说话非常舒服。不需要去想要说什么,而是就这样说出来了,两个人都在自然地流露,说着生活中大大小小的一切和感悟。她从家里退房的那一天,我去塞纳河边散步了,没有赶上。她给我留下了她的联系方式。她说:"找到你发自内心热爱的东西,并充满勇气不断尝试。"

在法国,人们跟我说法国人自己其实是非常悲观的。他们相信这个世界所有的人和事情都是不完美的,缺陷和遗憾伴随永生,遇事他们第一反应一定是挑毛病。但也因此有一句话叫"C'est la vie"。生活就是这样啦,接受它的不完美,好好活下去,在真挚的热爱中美好地活下去。

（罗于寒　经济学院2014级本科生）

法国游学攻略

去面试，人力资源姐姐抛出一个谜之微笑，问我："出国最大的收获是什么？"愣住了，却脱口而出："我学会了做饭！"

然后再很认真地看着她们补充，自己的独立生活能力、共情包容性和应变能力都得到了前所未有的提高，看着她们笑得还挺满意，却总觉得自己话还没说干净。

其实心里太清楚，巴黎的这七个多月带给我的改变又何止这几句套话和唏嘘。

因为觉得自己好像突然长大了。敢于去正视自己所有暴露或潜伏的缺点，也懂得背后一直支持自己的那群人有多么难能可贵。知道了不应该再像温室里的花朵靠躲避回绝一切矛盾，知道了应该像成年人一样思考问题，对自己的每句话负责。

因为任何让他人替自己揪心着急的行为都是一种自私和任性，更因为对自己好的人太多，所以更应该在一个人生活的时候坚强。

每个人出国学习和生活一定会有自己的经历和感悟，感谢的话不想再多说，更多的想给将来要来的学弟学妹留下一些有用的建议。

关于巴黎

√既然选择了巴黎，一定要把自己浸泡在里面。26 岁以下的欧盟学生参观欧洲各大博物馆、教堂、宫殿基本都是免费的，巴黎博物馆里的展览基本是不间断的，各式艺术展的信息大家也可以多多留意。

√来交换一定会遇到 1 月—2 月的打折季，第一天就可以看到五折起的商品满天飞。平时也会有打折的活动，推荐一个应用程序（App）叫一分钱，专门整理法国打折信息，非常好用。

√另外，周末的时间也可以利用起来。在巴黎的话，可以选择大巴出行的一日游，比自己坐火车性价比高很多，还能交到很多朋友。详见"新欧洲"网站的穷游活动，在网上一搜就能找到官网，一次一日游 19 欧左右。

√在巴黎找房子的话，确实很难。推荐"新欧洲跳蚤"版块，有很多华人会在网站上写好房源和自己联系方式，但要小心被骗。旅行房租租赁社区爱彼迎（Airbnb）适合短期交流的同学。找一些法国房东租房子也是很有意思的。

√安全问题肯定是很多人会担心的。我可以很开心地拍胸脯说我在巴黎什么东西都没丢过。一个较高的警觉性比一味地惊恐有用得多。

√我比较喜欢在巴黎找一些奇奇怪怪的小店,玛黑区是个特别棒的溜达场所。热巧克力是一定要喝一下的。学校不远的地方就有全法最大最便宜的药妆店。这些攻略大家可以自行查询,总之巴黎的精妙不会让去的人失望。

关于手续

√建议大家在去法国之前把自己要办的手续梳理清楚。简单来说,就是要去银行开户、办长期居留、电话卡、办房补手续,如果有需要的话要自己弄上网的盒子和水电…… 这些手续会很烦琐但就把他们当作是练法语的过程吧! 一定要快速办理长期居留,在14区大学城地下一层办理。推荐"战斗在法国"这个应用程序(App),里面有很多交流的经验帖。

关于学校

√可能大家都知道这样一个事实,我们的诺凡西亚商学院(Novancia Business School)已经被欧洲商学院收购了,这是很棒的一件事。但我想说的是,我所经历的诺凡西亚商学院(Novancia)就已经足够酷炫了。

√学校在巴黎15区,地理位置非常棒,是全球最美的50所商学院之一。外观是橘黄色太阳板,里面也非常现代化,有一个小咖啡厅,那的阿姨一定要法语沟通。建议可以自己把做好的饭拿到学校来,学校有微波炉。

√学校会统一组织两次免费的托业考试,这个考试难度不大,要求的成绩750分很容易得到。

√同学真的都是来自全世界各地,校方会在开学前把所有交换生的联系方式发给大家,脸书(facebook)上也会有大群。诺凡西亚商学院本校学生的交换经历也都特别丰富,可以好好聊一聊。

√这个学校学生不多,但是各种活动很丰富,整体生活节奏比较轻松。课间可以欣赏本校同学在楼下大厅的唱歌和跳舞表演。

√学习方面可就没那么容易了。首先假期不多,其次课程很满,上课基本都是分小组,会去促使(push)你不断地说,也有很多课需要上课做出PPT来即兴演讲。老师留的阅读任务和小组作业会占据很大一部分的时间,不过坚持下来一定能学到东西。

关于日常生活

√巴黎的房租较高，我在 15 区合租一个月是 600 欧，自己的房间 20 平方米，仅供参考。

√家乐福等超市都不错，一些调料需要到中国超市去买，15 区就有一个很不错的小陈氏中国超市。锅可以带一个来，但是真的没必要拿很多吃的来法国。

关于旅游

√虽然交换学习一定是我们来这里最主要的目的，不过满欧洲去转转是必需的。可以留意一些特价机票。圣诞前后的北欧会很美，强烈推荐挪威卑尔根，小镇的夜色无敌美丽。挪威缩影很值得一玩，包含了全世界最美的一段铁路……

说了这么多也许都没什么大用，不过我想把我走过的一些弯路都和大家说清楚了，再去的同学们就会轻松很多。其实我觉得去交换的孩子很幸运，他只要保持一个张大嘴"哇"的状态就好了，过去看清这个世界，而不必承担它过多的残酷。不会有像出国读研那样过分的压力。正是因为时间有限才更应好好珍惜。

要离开巴黎的那几天我特别恍惚，觉得这样的日子怎么这么快就到了头呢？其实现在再想想，如果问我出国最大的收获，我可能还是一样的回答。我不觉得学会了做饭很丢人，因为这个学习的过程是对我前 20 年人生的补课。逼着自己把之前不敢做不会做的事情克服，哪怕最后只完成了这一件事，我都会无比知足。

最后，一定要把感谢说出来。我知道父母一定会是我任性的后盾，可我没想到学院更是我交换时最伸手可及的港湾。谢谢翠姐对我的支持，我就像一个瘫痪儿童一样被你们几个人一起拉起来。我想这次能再站起来，我就不会再倒下了吧。

至少再倒下也有力气自己爬起来了。

或多或少的遗憾组成了我们的交换生活，可要问我要不要换一个结局，要不要把我遇到的事情跳过重来，我一定会拒绝。因为那段被晾凉了摆在角落里很少再翻却一直汹涌于心的回忆，是我最温暖、最撩人的 20 岁青春。

（浦雨　经济学院 2014 级本科生）

假期交流项目

假期国际学习项目是指学生利用寒假、暑假或者小学期制度的实习期,由学院组织学生到合作学校参加一个月的学习,包括3—4门专业课程学习,以及到企业做项目策划。2010年开始,经济学院利用2009年获批的教育部经济学国际化人才培养实验区项目资金,对参加项目的学生资助部分往返机票,并对优秀学生予以奖励。自2009年以来,经济学院已累计派出近400名学生参加该项目。

我记忆中的圣地亚哥

加州明媚耀眼的阳光总是令人怀念,转眼已经回国近一个月,可在圣地亚哥度过的快乐与忧愁时光仿佛像是在昨天发生的一般,历历在目。虽然在圣地亚哥加州分校学习的时间只有短短一个月,但这段经历却令我十分难忘。因为在这一个月中,我不仅仅体验到了国外顶尖大学的授课方式以及知名品牌的市场运作模式,更重要的是这段经历让我对自己未来的规划进行了认真的思考。

先从在国外的游历方面说起吧。在圣地亚哥的短短一个月,最令我印象深刻的是两次校外讲座。一次是参观 Peco Park(圣地亚哥最知名的棒球场),另一次则是拜访圣地亚哥郡政府。坦诚地说,在参观棒球场时我有些不知所措,因为我既不了解棒球这项运动,更不明白美国的体育类市场运营模式,所以有些遗憾,这次的参观并没使我收获许多。当然,这也并不意味着这次参观全无价值。在这次不到两个小时的参观中,我不仅初步了解了棒球运动在美国的重要地位,更是有幸聆听 Peco Park 市场部的工作人员为我们讲解市场营销的工作模式与日常工作内容。这与我在国内课本上学到的有不少差异。相较于国内比较传统的市场营销,Peco Park 的营销策略更加灵活并且贴近消费者的关注方向。例如,他们会设立会员专用通道以及附加更多的会员福利来培养用户的忠实度,但这一点在国内的体育类营销里却比较少见。这样成熟的运作模式以及高效的营销策略让我感到不虚此行。

最令我收获良多的是拜访郡政府的那次讲座。在这次拜访中我解开了许多以前关于美国政府管理体系的疑问。原来美国政府是从市到郡,再到州,最高至联邦的管理体系。而我们此次拜访的也是圣地亚哥郡政府的五位郡长之一。在播放完圣地亚哥郡的纪录片后,郡长向我们介绍了许多有关圣地亚哥经济以及市政方面的建设。在问答讨论环节,我向郡长提出了我的疑惑,圣地亚哥发展了哪种形式的工业建设呢?郡长和蔼地向我们介绍了圣地亚哥较为重要的航天产业以及高新技术产业,例如环保无污染的生物技术等。我认为在坚持环保优先于技术发展这一点上,圣地亚哥郡政府的管理的确值得我们学习。

当然在学校的学习经历是最触动我的。这一个月中,我们进行了三门课程的学习。然而最打动我的一门课是关于全球战略的。当一个公司想要在全球范围内开展他们的业务,那么公司势必要了解以及遵守各地的文化差异。在关于差异方

面我们做了一些论文进行简略的思考研究,下面是我的一小段 assignment:

According to the metaphor between American and China, we can obviously know that people living in America are much more individual than Chinese. Even if they need to cooperate or work as a group, the conduct and the action when they are working are totally different between Americans and Chinese.

For example, when Americans work together in a group, they are inclined to divide the problems into several specific and distinct parts so that everyone in the group just have to be responsible for their own parts. They do not have to focus on other parts of the problems. Like what the American football team has done, the coach are responsible for the command. Some players focus on attack, some of the players pay attention to the defense. People just have to do their own job because of the specific responsibility.

But the way of working in a group is different in China. The group do not have the distinct specialization. We will divide the problems into several parts but most of parts we will finish it together. Compared with Americans, we pay more attention to solve the problems together so that we don't divide the problems into distinct and specific parts.

Another difference I am supposed that Americans would like to execute complex accounting rules and laws both in their business and life. In their opinion, following with the rules and laws is the best way to keep the group working successfully. But in China, except the social rules and laws, morality also plays an important role in keeping our group work doing well.

I am supposed that one of the reasons why there is a huge difference of the metaphor between China and America is because of the Hofstede scores.

As we all know, America is the most individual country in the word. So it is no doubt that they would like to do the work by themselves even if they are working in a group. But Chinese are almost contrary. They are very collective and they would like to pay more attention to the group not only in the business but in their personal life. Therefore, Chinese are willing to solve the problems together instead of doing by themselves.

Another reason is that Chinese can tolerate the uncertainty better than Americans. It is helpful for people to work together because they can accept the uncertain results so that they don't have to divide the problems into specific parts to keep away from the uncertainty.

This kind of difference also reflect on the market issue. We can observe that

American movies have shaped lots of individualistic hero characters to satisfy their consumers and then occupy the movie market.

In China, we would like to watch some movies talking about the honor of the group instead of one hero. When the movie company advertise their movies, they will talk more about the group not only the leading.

这一段文字是我以举例的形式向教授阐述中美公司在集体主义与个人主义上的文化差异。这样的论文撰写不仅使我的英语写作能力得到了极大地提高,更使我进一步了解了文化差异对于一个跨国公司而言是一个多么值得重视的战略问题。我想这对于我以后的出国留学或者进入跨国企业工作都是十分有帮助的。

同样,在生活方面也给我留下了许多美好的小瞬间。接待我住宿的房东是一对来自白俄罗斯的老夫妇。老奶奶十分热情地向我们介绍了当地的许多情况,并且为我们准备了相当丰富的食物。在周末的黄昏,老爷爷与老奶奶还邀请我与他们一起去沙滩散步。伴着落日的余晖,我们沿着西太平洋海岸线向前漫步,我不禁想到阳光正在倾泻而下的北京城。我开始慢慢适应与北京 15 个小时的时差,适应新的生活节奏。

在与老爷爷日常的聊天过程中,我同样学到了很多。我们聊起"二八原则",老爷爷感慨地对我说:我们只有乐于认识来自不同国家的新朋友,不断接触新的事物,才能保持自身客观的判断力,而不是陷入生活的琐碎当中或者思想被单一的看法所禁锢。

老爷爷的话触动了我。在国内,我身边大都是与我家庭背景相似的同学,我们对事物的看法也极相似,在这样的环境下我很难去见识到不同的观点,更不要提遇到与我们有着完全不同生长环境的新朋友了。这的确在某种程度上禁锢了我思考的空间与格局。所以这段住家的时光不仅使我了解了当地人的生活方式,更使我的思想在某种程度上得到启发。

(陈卓 经济学院 2015 级本科生)

千里之外的新世界

　　刚到美国的时候并不容易,从吃饭到生活,真正融入新的环境,需要一段适应的过程。本以为自己学习英语也挺多年了,基本交流应该没什么问题,可是到了这里连点餐都不顺利。以前我们所学的煎蛋(fried eggs)到这里居然是煎半生的蛋,而真正的煎蛋不是中国书本里的那样。还有很多其他表达方式,这些都让我觉得诧异。比如带走并不是 take away 而是 to go,所点的餐,很多名字是根据材料或做法起的。来到这里,我才发现自己还是一张白纸,需要学习的东西还有很多。

　　在美国,上课方式也有许多不同。在中国是老师找学生,而美国却是学生找老师,有问题也大多是在课堂上解决,一下课,老师很快就会离开教室。每天的上课时间并不是很长,从早上 10 点上到下午 3 点,很短的时间却能学到很丰富的内容。

　　美国优美的自然风光和整洁的市容,都给人一种清新自然的很美好的感觉。来到美国,我的感受就是好清新,这里的小城是那么清新:高大粗壮的树木,造型简洁清新的房子,屋墙上、街边盛开的花朵,走在大街上,能闻到花草的香气,能看到海鸥等各种鸟在头上自在地飞翔,能听到小鸟的鸣叫;公园里,小松鼠在小孩子身边蹦蹦跳跳,孩子们光着脚在公园的娱乐设施上玩耍。这一切都让我感到这里的环境真的很好。我租住的公寓里有一个游泳池,房主每周都为游泳池清洁、加温。

　　在美国,秩序观念深入人心。在公园和超市都有为残疾人预留的车位,这里是不允许别人停的,如果占用要受到重罚。公交车上也设立有老弱病残专用的座位,如果有他人占用位子,导致上车的老人没有位子坐,司机就会提醒他让座。

　　美国人很热爱运动,他们身材高大、健壮,在这里随处可见的是骑着自行车锻炼的人,随处可见跑步的人。在中国出来锻炼的基本是老年人,而在这里年轻人居多,而且态度认真,骑自行车的头盔、跑步的行头一样不少,都练得大汗淋漓。海边也经常聚满了冲浪的人,每当阳光不再那么强烈的时候,住在海边的人们就会到海边来吹吹海风,在海里游泳或者冲浪。

　　读暑期学校的好处就是你能体验这个学校的一些学院氛围和当地的生活方式。暑期学校都是全天候的英语语言环境,对我的听说能力是一个很好的锻炼,回到寄宿家庭里,也需要用英语和住家交流,虽然一个月的时间并不是很长,但我的英语得到了很大的提高,一些表达方式也更美国化了。

这个行程究竟给我带来多大的价值? 我现在回头来看,觉得这是一个很好的体验,是很美好的回忆,课程里学了很多,校园生活也很开心。

(郭雯琦　经济学院 2015 级本科生)

最特别的暑假

这大概是我度过的最特别的暑假了吧!

说实在的,上大学都没离开北京,这是离开家最长的时间了,跟平时的假期旅行还是完全不一样的。想起来就觉得怀念,就容易激动,为了让自己不激动,还是理智地分步来说吧。

第一是关于国外的学习。说实话,这一点给我留下的印象最浅,为什么呢? 原因如下:其一就是夏校接触的课程毕竟不是学校的核心课程,偏常识化,对刚刚恶补知识考完期末考试的我来说感觉有点鸡肋。不过重要的是教授人很好,尤其是看起来最严格的女教授,其实也是最和蔼可亲的。虽然课程体验上没什么深刻的印象,但对于国外的学习环境我还是比较喜欢的。国外的学校相比于国内的学校更安静,更独立自我,对于学生的个人性格培养肯定比国内强一点。外国人都喜欢有自己的小世界,可以理解,但对于两种教育环境的利弊不做评论,在我眼里二者各有千秋。中国的学习环境让我有压迫感,但更容易进步。

第二是生活部分。说起这个部分呢,我好像一下子就要变成走亲访友的老婆婆,拉住人家的手喋喋不休。但没办法,使我理智的永远是我不想多说的,丧失理智才是我面对幸福生活的常态。我住在一个管理不严格的寄宿家庭,正好和我自由散漫的个性合拍。房东不瘦,家里的饭菜好,我也不瘦,好吃的就一定多吃,所以食物在生活里的占比还是很重的。但是,美国的食品虽然不像英国那样让闻者伤心见者流泪,却也是单调得让人苦恼,所以这个大部分就没什么好说的了。我和我的室友是同班同学,之前相识于"一二·九"合唱的训练和比赛,算是有一定的感情基础,所以每天满圣地亚哥乱跑是我们俩的主要活动。SD 的公交差强人意,每次的车程都不是很短,在公交车上听摇滚,或者看长得好看的小哥哥小姐姐是我每天的重要消遣方式。室友是个长得好看爱美的女孩子,我便也沾光逛街,顺便听她给我讲讲化妆品的故事,然后看她把一件件东西放到购物篮子里,还一起躲避咄咄逼人的柜姐,在结账时候不忘从柜台拿一瓶可乐和一块 99 美分的黑巧克力威化,看着机器打出长长的账单,然后跟她一起感叹怎么又花了这么多钱呢! 出去吃饭不敢去坐下点单的餐厅,因为不知道小费怎么付;找到一家新的饭店要是能完美流利地点上一餐,就要被对方夸奖是英语大佬;第一次坐城铁不会买票的室友还被坑了五块钱,但马上就忘掉了不高兴,因为来到了时尚谷购物中心(Faison Valley)

……这一切的一切就如此具象地摆在我眼前,所以说对于这一个月的生活我没办法用"总结"二字写出我的感受。这些事情都是鲜活存在的,仿佛就是刚刚发生的,他们无法被压缩到总结里也无法再重来,这些点点滴滴就是我的暑假生活。

在项目还在进行的时候,我们利用空余时间玩了挺多地方。但实话实说,学校安排的那些游历并没有给我带来很深的印象,参观棒球场的印象不及在拉荷亚(La Jolla)海滩扎破脚掌的印象深;听圣地亚哥郡长讲话的印象不如他办公楼里那个用脚踢墙才能触发机关开门的厕所印象深。当然最喜欢的就是去奥尔莱斯,还有第一次以及之后多次在美国使用优步(uber)的体验,都组成了我的怀念。在海洋世界被"激流勇进"吓到腿软的感受依然清晰,但看到的动物秀就有些模糊了。

但我并不感觉懊恼,反而感觉快乐。仔细想想,就算我尽最大的努力考上美国的研究生,来这边读书,住几十个月,也不能重现这一个月带给我的快乐。那时生活和学业的压力会越来越大,我们再看到超市里的瓶装可乐和便宜的化妆品的时候,心里还会有这样的波澜起伏吗?

这一个月带给我的影响可见一斑,但遗憾的是,我并不能确切地说出是什么影响,或者是这次暑期项目的具体意义。并不是所有的东西都有意义,当我试图去总结意义的时候却又偏偏失去了意义。我就是在美国呆了一个多月,我看到的、体验到的都偏离了我原来的生活轨迹,却带给我惊喜。我知道当时报名面试的时候,我就为自己开启一个通向不一样世界的大门,而结果是,我很庆幸自己做了那样的决定。

对于之后的事情,来日方长,我们拭目以待。

(李婧媛　经济学院 2016 级本科生)

UCSD 暑假交流项目感想

在发表我的感想之前,我认为还是应该简略地介绍一下 UCSD 以及校园的所在地。圣地亚哥加州大学(University of California, San Diego,简称 UCSD,又常译为加州大学圣地亚哥分校)是一所位于美国加州的著名公立大学,为美国全国性第一级(Tier1)的大学,属于加州大学系统之一,位于南加州圣地亚哥市的拉荷亚(La Jolla)社区。成立于 1959 年的加州大学圣地亚哥分校拥有 5 万多平方米的校园,虽然建校只有短短的 50 年,但是已经成为美国顶尖的以研究科学为主的研究性公立大学。此间,学校亦被誉为"公立常春藤"之一,同时也是美国重要的学术联盟美国大学联合会(Association of American Universities)的成员。这所曾产生 16 位诺贝尔奖得主,现有九位诺贝尔奖得主任教的大学,是全美重要的学术发展重地。圣地亚哥位于加州西南部,是美国的第六大城市,拥有美国最舒适气候、主题娱乐公园和文化历史建筑,被评为美国最棒的十座城市之一,同时也是美国最安全的城市之一。

在经历了面试、面签以及大大小小的各种会议后,我们终于踏上了去往美国的征程。这是我第一次来美国,多多少少有些兴奋与不安,再加上我们要在美国上一个月的全英文的课,还要住在寄宿家庭里,这种感觉就更强烈了。由于我们中间要转机,而且国航的飞机起飞晚了导致我们错过了下一班飞机,所以我们在机场滞留了几个小时,因此到寄宿家庭时已经是美国时间深夜 2 点多了。不过,好在第二天不用上学,所以,我们最先了解的是美国圣地亚哥的气候、交通以及当地人的生活方式。

我们四个人很幸运地住在了"海景房"(其实离海边也不是很近),圣地亚哥由于临海,所以天气很好,我们在此的一个月几乎每一天都是晴天,人们的生活也很悠闲,我们的寄宿家庭就是其中的典型。女主人平时就做个兼职,做下瑜伽,男主人也是差不多,而他们的孩子,也没有假期作业,平时就看看电视,假期可以去找朋友玩。因此,当地的人们十分友好,我们问路时会耐心地指给我们,有困难时也会帮助我们。而交通,这就是美国值得吐槽的一点了,我们从寄宿家庭走到公交车站要十多分钟的时间,在车站等车要 20 分钟到半个小时的时间,在车上要 40 多分钟,之后还要再走十多分钟才能到上课的教室。在美国,过马路要先按红绿灯柱子上的按钮,等变灯了才能过。这个设计的初衷是好的,然而,实际操作却不是很方便。首先,柱子离斑马线远。第二,有时间差。第三,设备年久失修,不灵敏。当然,美国的交通也有比较好的地方,比如,平时就不怎么堵车。周末,逛商场回来打优步时,司机会放我们爱听的音乐,并且每次都能准时到。而且,和中国不一样的是,这里的车很守规矩,几乎不鸣笛。在路口遇到行人时,一般会降低车速,让行人先行。

再然后就是课程了,我们有三门课以及几次讲座,周末休息。三门课程是组织领导力、产品营销与管理、全球商业战略。组织领导力的黄教授的 MBTI 测试以及每节课后让每个同学的发言总结让我印象深刻,他告诉我们要相信自己以及中美人际关系的不同……产品营销与管理的贝尔奇(Belch)教授,凭借他多年的教学与实践经验以及对中美各种电子产品品牌的了解,深入浅出地讲述了产品市场营销与管理的方方面面。全球商业战略的奥尔森(Olson)教授,是一个幽默风趣的女教授,她主要讲述了中国与美国以及其他国家的文化差异,从而引起我们对全球商业战略的思考。每一位教授都十分认真负责,并不会因为我们是短期学习而懈怠。我们在课上总能学到很多在国内无法接触到的东西,我们要完成课堂作业也要看各种与课堂内容相关的资料与视频,才能写出几千字的英文报告,做出全英文的PPT。尽管每天的全英文授课感觉像在听 VOA,每天的内容都像是在做雅思听力、写作、阅读之类的,但我还是很高兴能来美国,在美国的教室里听美国教授讲课是一种难得的体验。

关于饮食,学校 Price Center 位于学校的中心,有卖中餐的 Panda Express、Burger King、Subway、Rubio's 等几家小餐厅可选择。这几个餐厅我都吃过,但我最喜欢的还是二楼的小面馆,那里所有的特价面我都吃过,而且还点过 UCSD 的乌冬面、螺蛳粉和中国凉粉,味道和中国不同但也很好吃。另外,学校里的自助酸奶也很好吃。我们还在外面吃过几次,然而坐在餐厅里吃既要加税又要给小费,还是不推荐了吧。没吃到 Jack in the Box,我也是有点遗憾,据说又好吃又便宜。还有,美国的冰激凌味道也不错,但是就有点小贵。

关于出游与购物,周末我们也没有虚度,除了完成作业以外,我们还去了 USS Midway 中途岛号航母博物馆(Aircraft Carrier Museum)、巴尔博亚公园(Balboa Park)、老城(Old Town)、拉荷亚海滩(La Jolla Cove)等地游玩,我们还在海港坐了两个小时的船。最近去的就是太平洋海滩(Pacific Beach),在海边走一走,欣赏一下日落也是不错的放松方式。我们还经常去 UTC 和时尚谷购物中心(Fashion Valley)等地去购物,每次都能买到很多心仪的衣服、鞋子和化妆品。甚至,还有一次在美西边境险些丢东西……

在 UCSD,在圣地亚哥留下了太多太多我难以忘记的回忆,这段美好时光将永存我心。

(刘弘一　文化与传播学院 2016 级本科生)

难忘圣地亚哥

在加州大学圣地亚哥分校(UCSD)四周的学习生活,我们不仅学习了组织领导力(Organizational Leadership),产品营销与管理(Product Marketing and Management),全球商业战略(Global Business Strategy)等专业课程,还参观了 Petco Park, San Diego City and County Administration Building 等圣地亚哥的标志性建筑。刚刚适应每天步行 15 分钟后追赶公交车,中午固定时间去亚洲餐馆吃螺蛳粉,下课后去大大小小的商场逛街,以及晚餐时和寄宿家庭的夫妻俩手脚并用地尬聊的生活,就要对圣地亚哥说再见了,心里充满了不舍与眷恋。

加州大学圣地亚哥分校位于南加州圣地亚哥市的拉荷亚社区。校园环境优美,学术氛围浓郁,坐拥全美顶级海滩,其盖泽尔图书馆(Geisel Library)设计非常巧妙,在去圣地亚哥前便有所耳闻。第一天到校园,工作人员带我们办理了学生证,随后便带我们参观了整个校园,在她们热情的介绍下,我们对 UCSD 的历史有了初步了解,GPS 学院院长也非常热情地来迎接我们并和我们合照。初来乍到我们便感受到了 UCSD 老师学生们的热情与亲切。

第二天我们便进入正式课程。组织领导学的老师是出生在厦门却不太擅长中文的教授,他上课的方式非常特别,课堂气氛也很轻松,教授偶尔的小幽默更是让我们捧腹大笑。在他的课上,我们做了性格测试,对自己的性格有了更加全面的认知,教授还为我们提供了如何完善自己性格的诸多建议。在最后一节课上,我们每个人都走上讲台分享我们今后的目标,每个人都对未来有了清晰的规划并且充满信心。教授在最后更是把自己珍藏的徐悲鸿的画作带来学校与我们分享,表达他对中华文化的热爱,使我们心生敬意。在产品营销与管理课上,我们对品牌营销、综合市场以及广告宣传等进行了更深层次的学习。虽然都是专业知识,但教授的讲解非常细致,并列举许多案例以便我们理解。全球商业战略这门课从文化差异入手,通过对各国文化的对比,使我们对这个全面多元的世界看得更加清晰。教授对中国有一定的了解,在小组展示时向我们提了许多关于中国的问题,既是讲授者也是学习者,与我们一同进步。三位教授风格不尽相同,但在授课时都尽自己所能为我们答疑解惑,课程也都是满满的干货,使我受益匪浅。

学校还组织我们参观了当地有名的棒球场 Petco Park,去了趟趴满海豹的拉荷亚海滩(La Jolla cove)以及政府办公大楼(San Diego City and County Administration

Building），让我们对圣地亚哥这个城市有了更加完整的了解。课后的生活更是丰富多彩，中午会期待亚洲餐馆有家乡味道的面条，下课后一起说说笑笑地约着去逛街，回家后还有寄宿家庭为我们准备的丰盛晚餐，让我们真真切切地体会到圣地亚哥的温暖。

从刚刚见面的拘谨到离别时的万般不舍与说不出的感谢，在寄宿家庭家虽然只住了短短一个月，但她们的热情亲切使我很快适应了陌生的环境，给我一种家一般的感觉。因为飞机延误，在圣地亚哥落地已经是凌晨，但住宿家庭的夫妇俩一直在机场等我们，帮我们搬行李，带我们回家，在车上便非常热情地介绍家庭情况，将我们安顿好已经快要天亮，他们却毫无怨言，让我们有什么需求尽管说，有问题尽管问，这让我们非常感动。

住宿家庭家里有六只小狗，一只猫，每天放学去后院挨个打招呼就像是固定仪式一样，和它们玩玩闹闹有趣极了。住宿家庭家里还有沙特阿拉伯的交换生，每天晚饭时我们三个国家的人一起聊天，一起了解对方国家的文化，有听不懂的地方女主人会耐心为我们讲解，甚至用上词典还有肢体语言，每天晚饭的时间都很欢乐，而且对不同国家的习俗有了真实的了解，明白文化不分高低，只是不同，对不同文化要学会尊重与理解。

在一个月的生活里，难免遇到大大小小的问题，但圣地亚哥的人们真的非常热情，只要开口寻求帮助，他们一定尽全力帮助我们。每天上学的路上还有邻居以及路人主动和我们打招呼，点餐时磕磕巴巴的英语也没有引起工作人员的不耐烦，迷路时还有主动上前帮助我们的人。印象最深的还是在车站等车时遇到的亚裔，她非常热情地和我们打招呼，介绍自己，问我们是哪里人，学的什么专业，问我们普通话的"你好"怎么说，还认认真真地学起来，后来机缘巧合等车时竟然又遇到了一起，再聊起来像是认识很久的老朋友，亲切极了。

同行的同学们也给我留下深刻印象。学姐们都很会照顾人，组织我们一起活动，有不懂的问题也主动问教授再转达给我们，还会给我们推荐好吃的东西和好玩的地方。另外，在中国的教育体制里，老师更多的是讲授，我们也习惯了安安静静的课堂，但美国的课堂更鼓励去提问，老师也会一直抛给我们问题，有不少同学积极向老师提问，主动回答老师问题，所谓"三人行，必有我师"，这些同行的同学们其实是我最好的学习榜样。

圣地亚哥有着温度适宜的天气，有着美好的自然环境，有着学习气氛浓郁的UCSD，有着亲切的寄宿家庭，有着热情友好的人们，有着最简单最美好的东西。所有的一切都让人流连忘返，难以忘怀。

（刘梦桥　经济学院 2016 级本科生）

生活在美国

学习在美国

这次赴加州大学圣地亚哥分校（UCSD）的主要任务，就是体验美国的学习氛围，学习三门课程。组织领导力（Organizational Leadership）这门课程教会我们如何管理自己。老教授是一名华裔的心理学专家，通过他带给我们的专业心理测试，我们更加了解了自己的性格特征。最受大家欢迎的就是教我们跨文化商务的奥尔森（Olson）教授了。她在工作生涯中游历了世界上的许多国家，自1992年起，她先后多次来到中国访问、授课。她在授课的过程中善于比较世界各民族文化的特点，对跨文化交际有很深入的研究。我们都很艳羡她广阔的国际视野。

在美国学习，我深刻地体会到了自己英语水平的薄弱和英语表达的苍白无力。每天下课后都有相应的几页论文（paper）或作业（essay）需要写。限于自己有限的英语水平，我的作业可谓是"车轱辘话来回说"，英语还有待加强，不足以适应紧张而有序的美国大学学习生活。

生活在美国

我相信，许多同学选择UCSD这个项目，考虑到的一个重要因素就是寄宿家庭（homestay family）了。我们很幸运，被分配到了Point Loma地区的Bates一家。女主人玛丽（Mary）和我爸爸同岁，却已经从银行退休了。男主人罗布（Rob）曾经是美国海军（Navy）的一员，退役后在美联航担任飞行员的职务，通常是往返航线，中间休息几天，如此循环往复。虽然几天才能见上一面，但二人的关系依然亲密无间。Bates家里有两个孩子。大儿子比我们年长一岁，现在在哥伦比亚大学读工程专业，是个不折不扣的学霸。不过，我们并没有亲眼见到这位学霸哥哥。正是因为他在暑假期间也去其他学校参加了交换项目，家里才有足够的空间迎接新客人的到来。二女儿比我们小一岁，还没有成年，现在正在准备申请大学，已经有了一位男朋友。和我们同时住在Bates家的还有一位德国交换生小弟，爱好冲浪和饮酒，放荡不羁好自由。

聊完了寄宿家庭的基本情况，接下来就该谈一谈初次来到西方国家的我，在寄宿家庭中经历了哪些趣事和文化冲击吧。

第一，从家庭设施上来看，与美国不同的是，中国家庭大多没有洗碗机、衣物烘干机等解放人们双手的设施。在与寄宿家庭主人谈到这个问题时，我反问自己，难道万能的中国制造造不出这些机器吗？难道现在这个时代，还没有一个中国家庭能付得起这些机器的费用吗？答案显然都是否定的。因此，我更多地把它归结到生活习惯的原因。我后来又问了许多中国人，我们会认为洗碗机洗不干净碗、烘干机会对衣物造成损伤等。由此可见，美国人相比中国人更加随性自由一些，而中国人更注重健康。

第二，从相处方式来讲，美国人比中国人更加热情。在这一点上，中国人是需要向美国人学习的。无论你是在大街上问路，还是在商店里购物，无论你与对方是否有利益关系，美国人都会热情地答疑解惑。不用羞愧于自己近乎"terrible（糟糕）"的英语水平，美国友人自会耐心地倾听。每当我因为自己英语不好而向他们道歉的时候，总会收到一句温暖的"It's OK"。

第三，我惊异于美国的秩序之井然。在去美国之前，我去过唯一的外国是新加坡。在那里，我就被红绿灯前早早停下的汽车所震惊了。这次去美国，每天坐公交上下学，意味着有更多的机会接触美国百姓们的日常生活。走在路上，汽车不出意外地让行；乘坐公交车时，大多数男士看到我在他后面，都会将一只手平伸，请我先走。我在中国习惯了拥挤而无序的公共环境，在美国被人这么一让，反倒有些尴尬和不自在。而在中国，大家一拥而上，争先恐后，很少有男士让女士先走。我一直在感叹，中国虽然在这几十年经历了翻天覆地的变化，但在国民素质方面，我们还有很长的路要走。

玩乐在美国

在去圣地亚哥之前，我并没有寄太大的希望于这个不怎么出名的沿海城市。毕竟，海不都是大同小异的吗？为什么一定要来圣地亚哥看海呢？圣地亚哥给了我答案。在卡布里罗纪念碑，我平生第一次见到什么是真正的"海天相接"。大海是悠远而深邃的湛蓝色，天空仿佛被墨汁似的大海渲染了，没有一丝云彩。在拉荷亚（La Jolla）海滩，我们能够有机会与岸边可爱的小海豹和海鸥亲密接触（虽然在发现我给它拍照时，它直朝我低吼）。圣地亚哥是冲浪爱好者的天堂。只要能看到海的地方，就一定有五颜六色的冲浪板上下翻动的影子。同时，圣地亚哥也是美国海军的基地。"中途岛"号航母博物馆就坐落于此。附近，还有闻名于世的依据照片"胜利之吻"制成的雕像。军事迷们一定不要错过哦。

接下来说一说有"天使之城"之称的LA。圣地亚哥距离洛杉矶并不遥远，只有不到三个小时的火车车程。因为看了《爱乐之城》，我对洛杉矶充满了期待。《爱乐之城》中经典桥段的拍摄地就位于格里菲斯天文台,也是我最喜欢的一个景点。天文台建于一座山顶上,视野十分开阔,不仅能获得许多天文学知识,而且可以俯瞰洛杉矶的城市景观,强烈推荐。

(刘宇佳　华侨学院 2016 级本科生)

收获满满的暑假

2017年7月,我参加了经济学院主办的为期四周的赴加州大学圣地亚哥分校的暑期交流项目,共历时一个月。在这一个月的时间里,有充实的课堂生活,奥尔森(Olson)教授在她的全球商业战略(Global Business Strategy)课程中带领我们一起了解分析美国橄榄球运动中反映出的美国精神,一起探索中美文化的差异以及跨文化背景下如何建立公司的经营战略;黄(Hwang)教授的课堂上有准确而有趣的迈尔斯布里格斯类型指标(MBTI)测试以及生动活泼的讲解和分析;产品营销与管理(Product Market and Management)课教授对 Under Armour 品牌进行介绍并对产品和市场进行了分析。同时,项目中还有各种精彩的讲座,例如,Professor Sun 讲解、分析当前热门专业——商业分析(Business Analysis)以及他本人在数据分析方面的经验和建议。项目也注重实践,安排了实地考察项目,如实际感受 Petco 球场管理经营以及面见圣地亚哥郡的郡长,并听他分享对领导力的认识与实践经验等。

加州大学圣地亚哥分校(University of California in San Diego,UCSD)坐落在美丽的海湾城市——圣地亚哥市。7月份和8月份的圣地亚哥,与北京同时段的酷夏不同,这里宜人的气候、适宜的温度、清凉的海风以及晴朗的天空为我们这四周的暑期项目带来了美好的体验,也留下了宝贵的记忆。

项目中我感受最深的便是我的寄宿家庭的热情与友好!我们非常幸运地与玛丽(Mary)和罗布(Rob)一家一起生活了一个月。在这段令人难忘的时间里,我们参观了圣地亚哥当地的老城(Old Town)博物馆,一起去了国家纪念公园(Cabrillo National Monument)的山上看海,并探索很久以前建成的可爱而又历史悠久的灯塔,一起参加我们所在的 Point Loma 社区的音乐会,一起做曲奇,一起弹钢琴,听男主人给我们讲美国的文化和一些有趣又重要的历史。和我们的寄宿家庭在一起的这段时间真的特别温暖又开心!

最后,负责又幽默的领队郝宇彪老师和热心而无比乐于助人的 UCSD 的老师们也给我留下了非常深刻的美好记忆!因为他们,这四周的暑期项目无比的充实、安心和温暖!

这个夏天我们实在是收获满满!不仅表现在知识与技能的丰富与提高,同时也体现在文化交流与学习方面以及与美国当地家庭相处过程中建立起的深厚感情上,这次项目使我得到了成长,使 2017 年的这个 7 月变得无比独特而精彩!

(罗婉宁　经济学院 2016 级本科生)

暑期 UCSD 交换心得

因为自己有将来到北美读研究生的愿望,所以想通过交换生这一渠道来增加自己对留学生活的了解。最早加州大学圣地亚哥分校(UCSD)这个项目并非首选,却因为操作不当而不得不去。但我在 UCSD 所感受到的一切却是给了我惊喜,值得我记住一辈子。

人情冷暖

选择 UCSD 的理由之一是项目中我们会寄住在寄宿家庭。这样的目的很简单,可以逼迫自己多说英文,以便提高口语水平。我听说过许多不太愉快的寄宿经历,主家的餐点只是十分单调的三明治。到达之前,我就已经做好了一定的心理准备。但看到帕蒂(Patti)的第一眼我便知道,这一个月的经历不会太"单调"。我们寄宿家庭的主人是一位 55 岁但精力充沛的优雅女士。由于飞机晚点,我们实际到达的时间是当地凌晨三点,帕蒂见到我们的第一件事就是给了我们一个大大的拥抱。我理解这大概是欧美人见面时的传统,但在异国他乡,舟车劳顿后能有这样的待遇依然让人很感动。进到卧房之前,帕蒂带我们去了厨房,告诉我们零食在哪里,以及明天的午餐她会放在哪里,十分体贴。

有人讲,在美国人与人之间的关系大部分是"hello – goodbye relationship"。但在帕蒂身上我看到的却不是这样。她会在每天早上配合我们的时间安排并送我们去上学,在每天下午跟她的女儿一起接我们回家。这样的待遇着实让我们的小伙伴艳羡不已。帕蒂会跟我们聊天,聊她 55 年来的经历,她的人生哲学,她对未来的期盼,还有给我们的人生建议。她不介意跟我们分享,不惧怕自揭伤疤,只为告诉我们千万不要走她的老路。她既像妈妈又像朋友,更像家人。后来,我们很幸运地结识了她的男朋友马克(Mark)。本以为夹在甜蜜的"小情侣"之间会是十分尴尬的事情,但马克叔叔总是会风趣地化解所有尴尬。我们寄宿在帕蒂家,对马克叔叔而言,照顾我们并不是他的责任。许是爱屋及乌,许是性格使然,我们得到了他很好的照顾,让我成为他们家中一员的归属感油然而生。

离开前,帕蒂得知我将会在麻省波士顿大学做一年交换生。她认真地对我说:"感恩节来加州找我们过吧,因为我们是一家人。"他们一家人的热情和体贴让我不再惧怕、迟疑。我很庆幸我没有错过这次暑期交换,没有错过帕蒂、马克和他们的女儿。

课堂经验

从排课上来讲,本期暑期交换的所有课程都更加倾向于文化理解。领导力(Leadership)的课上,黄教授跟我们交流了中外对于"自我"的不同理解。营销(Marketing)课上,贝尔奇(Belch)教授基于中美市场的不同,详细地解释了市场营销。我认为国际经营战略(International Management Strategy)是所有课程中最有意思的。上这门课就像是在环游世界,教授生动的教学方式把原本枯燥的知识变的浅显易懂,十分吸引人。这门课从文化的角度阐释了管理一个国际化企业时所需要注意的事情。

每一门课教授的要求都不一样,有的严格,有的宽松,但他们都强调课堂其实是"以学生为中心"的教育。他们更加希望学生在课上提问、发表评论。无论问题是不是足够学术,评论是不是专业,他们都会告诉你"That's good!"于他们而言,在课堂上说话是象征学生确实在思考的标志。在这一点上,中国学生会有比较大的劣势。传统中式教育下的我们,对于在课堂上提问相当不习惯,这容易让国外的教授误解。但是,劣势也是进步的动力。作为中国学生,有多大的劣势就有多大的进步空间。这次交换让我深刻体会到将来留学念研究生时所需要克服的障碍,除了语言外,还有课堂风格的"转换"。

与伙伴的疯狂

这趟交换,除了学习当然还有旅游。圣地亚哥是一个美丽的城市,风景优美,气候宜人,到项目结束时,甚至会有一种依依不舍的感觉。旅行的三要素:目的地、旅行方式,最重要的还有一同旅行的人。两个同班同学,两个碰巧一起的室友成了这次旅行的驴友。由于我们四个人都是课程结束就要回北京的,所以我们所有的出游行程都安排在了周末和一周内没有课的时候。诚然,圣地亚哥是一个宜居城市,但作为被北京公共交通系统娇惯坏了的我们,面对不那么便捷的圣地亚哥公共交通着实感到头痛。好在学校提供了公交卡,可以让我们尽情地不惧距离和时间地探索这座美丽的城市。Petco 棒球场、圣地亚哥漫展、海洋乐园、海滩、军事博物馆,当然还有无法错过的购物圣地时尚谷购物中心(Fashion Valley)和边境奥特莱斯。从未想过四个人原来也可以有这么大的能量,不论距离远近我们总是可以玩得很开心。印象最深刻的还是我们四个姑娘趁着周末,花了三个多小时坐着沿海岸线的小火车去洛杉矶。旅途的疲惫丝毫没有让我们旅行的热情熄灭,我们畅游环球影城,探索美食,在这里度过了美好的两天。真正让我觉得不可思议的是我们四个人真的可以独立安排好所有的行程规划,安排好所有的交通、购票、食宿等。我们四个相互支持顺利走完了这一个月的旅程,也结下了深厚的友谊。除去单纯的旅行快乐,更大的满足感来源于旅程完成的成就感。独立是一件十分神奇的事情,会让人上瘾。

我很庆幸我没有错过这次交换。这次交换让我看到了许多不同的东西、不同的人、不同的课堂、不同的风光、不同的习俗,开阔了我的眼界、为我未来的学习生涯打下了基础。有这样的暑期经历,很开心,很幸运,也很难忘。

（马文君　金融学院 2015 级本科生）

圣地亚哥,美好又闪耀

七月份在圣地亚哥的学习项目很快就过去了,现在想来多了许多留恋,想念干净澄澈的蓝天白云和金光粼粼的海面,还有加州大学圣地亚哥分校(UCSD)的课程和那里的一切。

校园

加州大学圣地亚哥分校位于美国西南边陲圣地亚哥市东北部的拉荷亚地区,紧邻拉荷亚海滩和当地富人区,环境优美,面积很大。作为加州大学的一部分,圣地亚哥分校的学术水平在国际上享有盛名,尤其是我们所在的全球政策与战略研究院声誉较高。学校的吉祥物是海之信使 Triton,餐厅门口波塞冬雕像十分引人注目,当然学校最有名的地标还是盖泽尔图书馆,据说这座外形酷似倒立的宇宙飞船的建筑物曾入选世界十大奇特建筑。另外,歪掉的小房子、Visual Art 学院建筑等都很美丽,这里的建筑大多具有现代特色。

课程

在为期四周的暑期课程中,我们主要进行的是常规课堂教学,包含组织领导力课程、全球商业策略课程和市场营销课程;穿插着几堂经济学讲座,包括农业经济和国际经济学;另外还有两次参观活动,在学校的带领下,学生进入当地商业或政治中心,深入了解其运作模式,最后一周的政府参观,郡长亲自接待了我们,热心回答了很多问题。

四周的学习中,印象最深刻的是全球商业策略课程的奥尔森(Olson)教授,她是一位非常幽默而热情的女士。她的课程主要讲述了各国人民之间的性格和行为差异及其成因。和国内教授不同的是,她的课大多时间都不是在讲结论而是在讲见闻,因为她本人曾经游历过许多国家,甚至曾经在中国居住过一年,又教过世界各地的学生,所以课堂上她的各种例子简直信手拈来,从瑞士的放牛姑娘讲到严谨的日本学生。上她的课仿佛就是在周游世界,亲历各地的风土人情。神奇的是,她是第一个认为我们比美国学生上课状态好的老师,因为她觉得美国学生"话太多了,有的时候甚至不知道自己在讲什么,对老师也不够尊重"。在她的课上,我学到了很多非常有个人色彩的观念,虽然她本人也一直在强调不能以地域取人。她讲到中国人的时间观念是一个圆圈,是循环的,西方人的时间观念是一条直线,日本人的时间里只有过去没有未来,而南美人心中没有时间这个理念,所以他们有许多优秀的说唱歌手。她总是对自己的一半德国血统引以为傲,有时候会刻意表现得"很德国"。

讲座相较而言更具有专业性,第三天我们便迎来了第一次农业经济讲座,教授是一位年轻有为、英俊而严肃的经济学家。他语速很快,讲的完全竞争市场却通俗易懂,之后他用大量的图表试图让我们理解中国经济的未来走向等。这是我非常喜欢的两位教授,他们很符合我想象中的教授和经济学家的形象。

家庭

我和另一位同学住在距离学校十几千米外的一户寄宿家庭,这个家庭由一位墨西哥裔母亲,一位亚裔父亲和一个三岁的小宝宝组成。这户寄宿家庭囊括了加州南部人的特点——大家来自五湖四海,每天生活很悠闲,不管是日用品还是零食,都酷爱买超大包装等。他们每天都会给我们做晚饭,有时候甚至贴心到蒸米饭、煲排骨豆角汤,虽然味道清淡并且和国内的很不一样。他们似乎经常看美食节目,家里有 30 种调料,包括三种盐,做饭却只加胡椒粉。我本以为美国所有家庭都会烤蛋糕和饼干,结果并不是。她们很喜欢去华人超市,最喜欢买的有 800g 包装的薯片和 24 连袋的小熊饼干。另外,加州的水果真的很好吃,又大又红的车厘子一盆才 3 美元,和吃饭价钱天差地别。

寄宿家庭的闲适还体现在每天晚上雷打不动的看电视时间,小宝宝最喜欢看《海洋奇缘》这部电影,我们住的一个月至少看了十次《海洋奇缘》,最后每一个人都会唱电影的主题曲了。宝宝睡觉以后,大人们会看《权力的游戏》或者其他美剧,但美国的电视剧和电影都没有字幕,有些痛苦。他们的家庭结构和中国也很像,小宝宝半夜两三点会大哭,男主人急匆匆地跑到厨房煮奶;女主人上班的时候会把宝宝送到外婆家里,外婆周末也会来这里吃饭。总之一个月的时间里我们大概了解了他们一家,第一次看到三岁宝宝的成长过程,第一次家里有狗,感觉很奇妙。

旅行

毕竟圣地亚哥不是传统意义上的旅游城市,一个月的时间足够我们深度游玩了,科罗拉多岛的海滩会有金粉熠熠生辉,拉荷亚成群的海豹懒懒的躺着,离我们很近,但却是受法律保护,禁止触摸的,海底世界的过山车可以飞过火烈鸟区上空,老城区的西部牛仔居然是卖药的演员,美墨边境十分壮观但是墨西哥菜却极其难吃,巴尔博亚公园有 20 个博物馆,落基山脉连绵起伏辽阔壮观。加州日照充沛、环境干燥,随处可见多肉植物,个个都有半米高,上百个小型多肉簇拥成一团的场景简直有些吓人。

圣地亚哥给人的整体印象还是悠闲。公交车一分钟停一站,坐轮椅的老头慢悠悠地上车,路边偶尔有三两行人走过,山路上有艰难滑滑板的少年,街道大多时间总是空无一人。一排排色彩鲜艳的平房、一望无际的蓝天,时间在这里仿佛也走得很慢。国内老师经常吹捧的快递速度也没有想象中那么快,圣地亚哥市的机场倒是非常多,我见到过三个机场,几乎每个小时都有飞得很低的飞机轰隆隆从头顶掠过,甚至还见到了形状奇特的双翼飞机。

最后一周去了洛杉矶的环球影城、天文台和美术馆。最好看的还是山顶的夜景,整个城市的灯光都在蒸腾晃动,呼应着天空的点点繁星。梵高与莫奈的作品前总是人头攒动,游乐场的高科技让人应接不暇。令我感动的是在他乡遇到了卖手机卡的北京老乡,心情十分激动,老乡送了一包小肥羊火锅底料,不得不感叹外国的袋装底料还是不如国内的好吃。

许多回忆留在了加州,很美好很闪耀。

（宋卿昕　经济学院 2016 级本科生）

难忘的一个月

这个暑假,有幸在加州大学圣地亚哥分校(UCSD)度过了难忘的一个月。

加州大学圣地亚哥分校依山而建,树林密布,蝉鸣处处,却有一种别样的安静。虽是如此,学校里总充满着朝气。各栋教学楼的设计以精巧和求异为主,没有较高的建筑物,其中尤以盖泽尔图书馆为代表。该图书馆头重脚轻,共分七层,据说越往上走越安静,第七层最为宽阔而第一层相对狭窄,这样的布局应该是用心的。建筑群厚重古朴,大多对称,校道另一边的建筑与这边的风格迥异,气氛也大为不同。

学校有很多篮球场,在学生宿舍处有一个较小的球场,在通往体育馆的路上有一个室外场,与排球场、网球场和游泳池连在一起。体育馆的篮球场地板很好,场外陈列着校队取得的各项赛事奖杯。

校园中奔跑的和骑行的同学为这所静谧的大学增添了活力。离公交车站不远处的学生活动中心时常传来吉他声与歌声,体育馆里永远有拍球声和呐喊声。正是这些细节告诉我,这是一所年轻而充满朝气的学校。

学校的三门课程各有特点,其中奥尔森(Olson)教授的课最令人印象深刻。奥尔森教授精通多门语言,去过许多国家,观察了各个国家文化差异的细节之处,并从学术的角度,结合生动的例子向我们展现。我觉得奥尔森教授是一个擅长讲故事并且注重叙述方式的人。例如,她提到了自己和女儿在上海迪士尼乐园游玩时的经历,与洛杉矶完全不同。同样开设有单人通道,上海却很少有游人选择。当奥尔森教授和女儿选择分开乘坐游园观光车的时候,她们感受到了同行的两个中国家庭异样的、略带怜悯的目光。奥尔森教授发现,这两个家庭觉得孤零零地一个人旅行是件悲惨不幸的事。

另外,奥尔森教授还讲到不同国家的人对待时间和空间的不同态度。美国人视车为个人的一部分,车上播放的音乐,座椅的角度,与方向盘的距离以及车中的物品都十分细致地记录了他们的偏好甚至隐私,因而他们并不乐意其他人使用自己的车。同时,一个宽敞的、无人打扰的行车体验也是出行的必要条件之一。曾有一次,奥尔森教授和自己的丈夫大吵一架,因为她的丈夫在没有提前告知的情况下用了她的车。有所不同的是,中国人并没将开车时的空间感作为一个十分重要的考虑因素。一家人自驾游出行,挤在一辆车里的情形并不少见。同时,很少有中国人将车看作个人隐私的一部分。在这个细节里,或多或少能看出中美两国人不同的生活方式与态度。

在加州的第三个周末,和同学结伴去了洛杉矶。第一天参观了 UCLA,学校很大,走马观花没看出太多究竟。图书馆古朴庄重,它的身后有一座喷泉,过了喷泉再往里走,教学楼林立,每一栋楼上都披着茂密的爬山虎,满地的落叶枯枝,四周大多是沉默的灰色。由于在暑假,教学楼关闭,只是偶尔有一两个行人走过,气氛中带有一层说不出的清幽。

第二天去到环球影城。由于周末,不到十点钟,各个大型景点处便已拥挤不堪。在这里,我见到几位身怀绝技的工作人员。在哈利波特景区,通往霍格沃茨的火车前有一位身穿制服的列车长,来自各个国家的人们排着长龙等待与他合影,列车长能用相应的语言与他们打招呼,并且每次合影的姿势都不一样,这是一项极需创造力的工作。

在连接上下两层的长长的观光电梯入口,有一位调酒师,他需要在最短的时间内按照顾客的意愿调出他们想要的口味并确定加冰多少,甜度多少。大大小小的酒瓶在他的手上跳舞。在观光车上,讲解员播放了几部经典电影的片段。中间的竞猜环节,有一对老年夫妇几乎全都猜对了。

在圣地亚哥海洋馆观看海狮表演时,我们提早 15 分钟入场。为了打发观众的等待时间,舞台上来了一位小伙子,他能模仿各个时代的流行舞步,观看他的表演,也有幸重温了几支经典的音乐。尽管只是一个小型表演,却能看出年轻人对待旧时光的态度。之后又去了中途岛航母博物馆和科罗拉多岛(USS Midway Museum&Colorado Island)。站在航母甲板上能看见对岸正在服役的两艘航母,在登舰的入口外围有至少三四位吉他手正在弹唱演奏。

科罗拉多岛一片繁华,科罗拉多大酒店是爱德华八世和辛普森夫人初次相遇之处,梦露主演的电影也曾在此取景。海滩绵延无尽,可以游泳,但海水有点凉。

回想起到达的第一天,晚 8 点左右,太阳才缓缓下沉。寄宿家庭带我们在海边吃了晚餐,有人跳水,有人冲浪,还有人躺在沙滩上晒太阳。吃饭时旁边来了一个为年满 16 岁的女儿拍照的家庭。

我们住处的 Soledad Mountain 山顶有一座美国老兵的纪念雕塑和天主教教堂。每天傍晚都有不少人步行或驱车前往山顶观看落日。我连续去过几天,有时多云,有时有雾,有时晴朗,日落的景观各不相同。同时,在山顶可以俯瞰这个拉荷亚(La Jolla)地区。高速公路像绵延的海浪,起伏不止,川流不息的车灯点缀其上。到了夜里温度较低,这里四季温度差异不大,非常适合居住。每逢周末,教堂外面的草坪上摆满各种旧家具和旧书,大多以低廉的价格在出售。

时光飞逝,一个月里,刚开始是各种尴尬与不适应,真正习惯了当地生活节奏的时候,也到离去的时候了。这段短暂的日子像自己在拉荷亚(La Jolla)海滩上看到的海狮和海豹一样可爱而真实。这群海豹和海狮在灿烂的阳光底下呼呼大睡,醒来后扯着嗓子叫唤、游泳、伸懒腰或者吃东西。有的时候昂着脑袋东张西望,不知道在找什么。有的时候趴在岩石上一动也不动,似乎在思考什么。无论如何,他们专注于自己的世界,总有事可做。想起他们慵懒却充满生机的身影,像极了这个地方,人们享受着它独特的古老与缓慢,却从未苟活于世。

（汤博　经济学院 2016 级本科生）

邂逅 UCSD

这个暑假，我们与圣地亚哥来了一场美丽的邂逅。蓦然回首，在那里遇到的人、在那里发生的事，交织在一起，令人感慨颇深，受益匪浅。

这是我第二次去到美国那片土地上了。上一次尚且年幼，跟着老师们的步伐，算是逛过美国东西海岸大大小小的景点，但总觉得不够，觉得自己对这个国家的认知少些什么。现在的我明白了，那时候的我，对于美国来说只是一名过客。而这次，在圣地亚哥，像当地人一样生活，像当地学生一样学习，对美国有了更深层次的了解。虽然只有短短四周，但若我今后按规划去美国继续深造，那这段经历想必是极有帮助的。

相较于上次的旅程，这次行程颇为波折。飞机长时间延误，导致错过了转机；颠簸的气流，让我在飞机上的夜晚亦不能酣眠。最后，顶着黑眼圈，到达了圣地亚哥。这里还是凌晨，夜空上繁星点点，微风吹拂，携着湿润的青草气息，让我清醒过来，之前的疲惫也一扫而空。我，又来到了这里，加州——阳光、沙滩、大海、晴空与落日，这些风景都无法用言语形容。这一次的旅途想必会给我对美国的印象添上浓墨重彩的几笔吧。

首先谈一谈学习方面。我们在加州大学圣地亚哥分校(UCSD)美丽的校园中进行了为期一个月的经管类课程学习。主要的三门课程是：产品营销与管理(Product Marketing and Management)、组织领导力(Organizational Leadership)、全球商业策略(Global Business Strategy)。

组织领导力这门课程的黄教授，是一位风趣幽默的老师。在黄教授的课上我们做了 MBTI 测验，读了关于领导力的相关书籍，观看了 Shark Tank……让我们更加了解自我，也更加了解身边的伙伴。"Everyone can lead yourself and lead others"，这句话仍萦绕在心头，使我明白不管你处在什么位置都可以成为一个领导。此外，黄教授让我们明确自己的人生目标并且在大家面前说出来。开始的时候会觉得有一些羞涩与尴尬，但是当我大声朗读出我的目标时，我忽然觉得，这个目标我一定能做到，这也许便是黄教授的良苦用心吧。或许黄教授的课有些"鸡汤"意味，但是确实对我有一定帮助。

产品营销与管理的贝尔奇(Belch)教授所讲授的东西可以说更加贴近我的专业，主要讲述企业生产部门如何在生产市场上抢得先机以及管理公司的基本技能。

通过实例的讲解让我对他所讲授的理论知识有了更深刻的了解。

全球商业策略的奥尔森（Olson）教授用她丰富的肢体语言为我们讲授了各国文化差异所带来的商业差异。她所讲授的东西丰富了我的认知。而最后的论文与其说是结业作业不如说是一个通过搜索资料与整合提炼自己观点的自我学习的过程，这是和国内教学不一样的地方。

总的来说，美国的课堂很自由，我们可以随心所欲向教授表达自己的见解，教授也会细心回答我们。从几位教授的授课中，我也了解了美国人的思考方式以及对待一些事情的处理方式……在课堂上，大家的思维产生了碰撞，发生了不同的化学反应。

接下来谈一谈在美国这段时间的生活。

一个月的时间，让我充分体会到了中美之间的文化差异。这边的人，在公交车上会亲切地向你微笑打招呼；这边的人，在你遇到困难时会上来询问并乐于提供帮助；这边的人，总是会向你竖大拇指表示赞赏……短短几十天，从最初的不适应，到渐渐地融入其中。

我们寄宿家庭是一对年轻的夫妇，他们有一个可爱的小姑娘希利（Hilly）和一只小狗布朗尼（Brownie）。他们每天送我们上学，在放学后为我们准备可口的饭菜，也会为我们解答各种问题……在他们家最快乐的记忆莫过于和室友一起陪小希利玩塑料球等小玩具的日子了。看着希利大眼睛一眨一眨地冲我笑，我忽然觉得和他们的距离近了，不再是隔着半个地球的距离。

在美国，交通系统并不比咱们国家方便。奥尔森（Olson）教授跟我们说，他们当地人基本上是开车出行，甚至近十年都没有坐过公交车。他们的公交车总是定点到车站，中间间隔很长，也就是说错过一班，你可能就需要打优步（Uber）来弥补了。在开始的时候确实也给我们带来了一些麻烦，但是在掌握这个技能之后，也为我们带来了便利。在公交车上，我喜欢观察周围的人和事物，这里也是美国的缩影，有着别样的美国风情。

在课余的闲暇时间，除了购物，我们会结伴逛一逛圣地亚哥这个美丽的地方。这里有美丽的拉荷亚海滩（La Jolla Cove），零零散散的海豹躺在那儿，也不怕人，虽然味道不太好，但是十分可爱。这里有极具墨西哥风情的老城（Old Town），它的异域风情让我们流连忘返。这里有 Coronado 岛，阳光、大海、沙滩，这里是圣地亚哥人休闲的好地方，极具加州风情……

在那里生活的一段日子，让我对加州有了更深刻的认识。

结课之后，我与朋友一同结伴开始了新的探索。早先在国内我们就安排好了行程，意外也不算太多，还算顺利地完成了这次旅行。在洛杉矶，我们探访了盖地中心(Getty Center),领略了梵高、莫奈等大师真迹;我们走过了星光大道,感受好莱坞(Hollywood);我们去了葛瑞菲斯天文台(Griffith Observatory),看加州落日与洛杉矶夜景。在拉斯维加斯,我们夜游这座不夜城,这里过着与我们全然不同的生活,拓宽了我们的视野。我们还游览了羚羊峡谷(Antelope Canyon),黄石国家公园(Yellowstone National Park)与科罗拉多大峡谷(Grand Canyon)。虽然这里骤雨骤晴,忽冷忽热,让我们无所适从,但是这里的自然风光带给我的美感无法用言语形容,唯有用双眼去感受。

和大家一起的这段旅程十分难忘,十分感谢在这次旅途中陪伴我的每一位老师与同学。

这次旅程也让我清楚地了解了自己的英语水平,接下来的大学三年,我会加倍努力,提升自我。美国,期待与你的下次相遇。

(王诺亚　经济学院 2016 级本科生)

小小旅程，大收获

随着开学季的到来，本次暑期实践告一段落。在圣地亚哥的 20 余天，我在饱览美景的同时了解了美国大学的教学模式，在学业上有所收获。

此行我们被分配到不同寄宿家庭借住。住在寄宿家庭的好处之一是可以近距离接触美国百姓，更真实地了解美国风土人情。在与寄宿家庭的接触下，我逐渐熟悉了上学路径和周边的环境，为日后闲逛打下了基础；与家庭成员的交谈使我有机会了解美国国情，让我有机会向他们介绍中国以及中国的文化。在循规守矩的接触下，我收获了和各位家庭成员间的友谊。在圣地亚哥生活的几天，从学习环境到上学路径，自日常作息到两餐伙食，寄宿家庭无论是在生活中还是学习上都给我提供了很多帮助。

此外，由寄宿家庭提供的早晚餐虽为迎合中国学生做了些许改动，但仍会随不同家庭而体现不同的风格。墨西哥裔女主人烹饪的炖牛肉等菜肴令我大快朵颐，而其他的同学也有的为健康寡味的营养餐挠头。当然，如果无法于约定的时间在寄宿家庭享受晚餐，也可选择下馆子或购买食材自行做饭。餐馆一般分为快餐店和西餐厅两种。快餐店的机打饮料和番茄酱一般需要自行接取，饭后需自行回收餐盘。不须收拾餐具的西餐厅在提供优雅环境和美式佳肴的同时也会收取一定比例的小费，敬请留意。

圣地亚哥地处美国大陆西南端，地广人稀，车辆随处可见，早晚高峰堵车时有出现。对于我们来说，乘坐公共交通工具是最方便的。公交和城铁通常准时出现，晚点现象少有发生，所以准备列车时刻表或相应手机软件很有必要。然而有些线路会在晚间停运，所以使用叫车软件也是不错的选择。身处地中海气候，圣地亚哥七八月也通常是晴空万里，少有阴天，下雨更是少见，因此防晒用品不可或缺。然而此地崇尚日晒肤色，使用当地防晒产品却越晒越黑的窘况令人无奈。

圣地亚哥环境优美，名胜众多。作为美军海军航空兵的发源地，圣地亚哥的军事博物馆成为军事迷的必到之处。中途岛号航母博物馆地处圣地亚哥西南码头，除了零距离观赏甲板上的各式飞机，以及体验甲板下的船舱生活，还可以观赏岸上象征二战结束的经典瞬间——水兵和护士的"胜利之吻"雕塑，以及舰上起飞指挥员雕塑的"凌空一指"。在甲板和飞机库中，停放着 25 架美国海军从二战到沙漠风暴行动时期的各种军用飞机。其中有些飞机甚至允许游客坐入驾驶舱，同时船舱内装有数个飞行模拟器供游客体验。

科罗拉多岛在圣地亚哥湾中，可以从圣地亚哥市中心乘坐渡轮或公交渡轮抵达。岛上的科罗纳多海滩因其蔚蓝的晴空和一尘不染的白沙，曾被评选为全美最美的海滩。此地虽无科罗拉多州诡异的斯坦利酒店，却有一家被评为美国国家历史地标的科罗拉多大饭店。许多名人政要都曾下榻过这家酒店。

圣地亚哥海洋世界就在科罗拉多岛北部的教会湾里。作为全球最大的海洋公园，除了场场爆满的动物表演，还有各种寓教于乐的海洋生物馆以及动静皆备的游乐设施。其中的杀人鲸表演大秀"同一片海洋"是最震撼的表演。庞大的杀人鲸与娇小的驯兽师天衣无缝的配合令人难忘，而杀人鲸与前排观众的互动更是让人忍俊不禁。

加州大学圣地亚哥分校（UCSD）校园很大，就像一座公园。需要很长时间才能逛完。学校的主图书馆（Geisel Library）建筑风格非常科幻，是大片《盗梦空间》第三层梦境中那个塔楼的取景原型，其"西兰花"的造型十分惊艳。校内建筑很多，也充斥着多种视觉艺术装置，例如，学校楼顶45度倾斜的小房子，由石头块组成的硕大泰迪熊，校吉祥物雕塑，以及更著名的彩色的"日神"雕塑，形似张开翅膀的大鸟，令人提神醒脑。UCSD的大食堂名为Price Center，除了披萨和汉堡，里面还有中餐、印度菜、墨西哥玉米饼、日本菜等各种选择，其中，拉面最适合国人口味。每天中午各个餐厅外面都放着特价午餐（lunch special）的牌子，吸引学生光顾，但我还是怀念"亚洲第一大食堂"的味道。

上课的时间不长，早晚各两小时，没有课间休息。较短的上课时间提供了更多自习时间来查资料及准备作业。老师留作业的次数不多，然而每次留作业都会要求较大篇幅，熬到最后一天才开始赶作业的现象时有发生。后来随着对教学模式逐渐熟悉，我养成利用自习时间查询资料并提前准备作业的习惯，面对期末铺天盖地的作业也能从容应对。同时，老师要求作业须按时在上课之前用电子邮件发到老师邮箱。我一次交作业的过程中出了差错，未能在当晚及时交作业，直到第二天早上才发现并补交。这次事件促使我养成发完邮件后仔细检查并确认的习惯。老师的讲课内容虽大部分与讲义相同，但仍经常传授讲义外的知识，因此认真听课尤为重要。老师经常与同学互动，增强课堂活跃性的同时迫使同学们在上课时认真听讲。另外，我在上课的过程中经常需要查询生词，这让我意识到自己词汇量需要加强。作业和展示不要求熟读讲义，但明显难于授课内容，需要认真仔细，对讲义中的知识点熟练掌握。在阅读材料的过程中我学会了抓关键词和关键部分，在完成作业和准备展示的过程中受益匪浅。

此次圣地亚哥之行让我获得了在国外生活和学习的经验,也为日后出国留学打下基础,让我找到了日后的发展方向。

（王峥　国际经济与管理学院 2016 级本科生）

在美国留学的那些事

国外学习

从上课方式的角度上来讲,和在国内学习并无实质上的差异,都是传道、授业、解惑。由于每个老师的个性不同,从课堂纪律、作业布置到讲课风格、交互程度也都是不尽相同的。

组织领导力的老师是一个在美国长大的华裔,完全可以轻松地用中文对话,但是英文要比中文更好一点,所以上课仍然用英文。他的课最主要的特点就是可以畅所欲言,对不扰乱秩序的行为都比较包容。作为成年人,遵守纪律是我们都应该懂的,因此几乎所有上课时间我们都不会扰乱课堂;作业方面我们一般会被要求写体验,即读后感,课堂上和结课之后都学到了什么;其讲课风格比较愉快,会主动与我们进行交互式问答,不会点名式提问,而是希望我们主动举手发表观点。与其说他教的是领导力这样一个对我们来说可能比较远、比较空的内容,不如说他在教我们对待生活的态度,无论是如何合理地对待和控制自己的情感,还是如何处理与他人的关系,抑或是他自己乐观向上的态度对我们都有很大的启发。

全球商业战略的老师是一个和蔼可亲的小奶奶。从课程内容方面可以发现,她真的是游历过世界各地,能够结合自身经历为我们描述出当地文化的特点。她的课堂因为内容和她本人的经历显得更加吸引人,她同样也不会在上课纪律方面对我们做出很多要求。作业相对组织领导力要困难一些,需要我们截取本国和国外生活中较为熟悉的片段并对其中蕴涵的文化差异进行分析,并且说明原因。讲课的风格更像是在讲述自己经历过的故事,见识到的人间百态;交互较少,我们更多的情况下处于倾听的状态。我认为她尝试传递给我们的是对文化多样性的包容心态和尊重他人文化的态度。

而产品市场与管理的老师则是一位作风严谨的老爷爷。他对美国市场状况的掌握和分析都很准确,能够很好地为我们展现某个品牌是如何从默默无闻成长为一代巨头的。课堂纪律方面不会有任何问题,虽然他是一个严谨的人,但是课堂是结合视频等多媒体来讲授的,所以不会显得无聊。我个人认为本课程的作业应该是与国外的作业设置最为符合的,我们需要分析美国品牌 Under Armour 在市场中是如何成功的。讲课的风格,除去视频观看的部分以外,就像是在听听力一样,和多数敬业的老教师一样,一丝不苟。我认为这样能够为了学术而坚持如此久的人是值得敬佩的。

生活

我理解的生活就是衣食住行四个方面。

我觉得衣服方面没有什么好说的。除了一些大品牌外,价格加上税都和国内同一层次的衣服相近,稍微贵一点的衣服质量相当好。可以的话更加推荐买某一普通品牌最好的那一款,比如耐克的鞋,CK 的内衣等。

食物方面,成本未知,如果在考虑汇率转换的情况下,一顿午饭或者晚饭的价格大概是国内同等食材成品的 3~6 倍。而且更关键的是,多数情况下食物虽算不上难吃,但是对于以食为天的中国人来说,除了当地华人开的中餐馆几乎没有什么可以称得上是美食的。我所在的寄宿家庭是伊朗人,他们提供的早餐一般是烤面包配果酱,有的时候也会吃以南瓜为主要原料的面食,泡在牛奶里一起吃掉;晚饭会提供伊朗当地的特色米饭,但是多数情况是各种形态的意大利面,配上番茄为主料的酱和一些肉丸。只有午饭或者周末可以有更多的选择,美国的快餐业比较发达,加州特有的 In‐n‐out 是快餐店里比较好吃的,其他无论是来源于外国并本地化的食物如 Panda Express 还是美国当地的食物都不尽人意。

住宿方面,虽说是伊朗人,但是他们并没有宗教信仰。条件上还是很不错的,由于当地天气均衡,加上床比较软,所以睡眠质量总体上来说不错。但是在别人家里还是要遵守他们的规矩,比如说洗手间的洗脸池边上不能弄得都是水,因此我们每天洗完脸后都要拿毛巾擦半天。

出行方面,如果没有私家车的话,出远门(10km 以上)真的非常不方便。虽然在那的一个月里学校会给每个留学生配一张公交月卡,但是公交车和轻轨都会使你在路上耗费大量的时间,出租车非常贵,不是紧急情况最好不要打,优步(Uber)的话要好得多,但是需要 Master 或者 Visa 的信用卡来支付,因此去之前最好办一张父母的副卡。

游历的体验和思考

说到出去玩,我个人真的认为这是最有趣的部分了,无论是购物还是参观或是游玩,体验都非常好。首先要说的是出门必须要涂防晒霜,因为加州的太阳真是太毒了。

和国内一样的是,美国也有大型的购物中心、购物街。对于男生来说可以买很多喜欢的东西,比如球鞋和电子产品,对于女生来说化妆品也都便宜了很多。建议购买一些自己真正需要的东西,不要因为价格看起来便宜就忍不住想买。

我们参观了圣地亚哥动物园和水世界。动物园给我最大的感受是真的是太大了,五大洲的动物应有尽有,从大象到猫鼬,从北极熊到薮猫,让人大开眼界。我们用了八个小时才逛完整个动物园,拍了上百张照片,这是一次令人惊叹的游园。水世界最大的特点则是有很多精彩的表演,其中包括海豚、海豹、水獭、鲸鱼,每一个表演项目都有自己的特点,海豚注重团体,海豹和水獭注重灵性和搞笑,而鲸鱼则更多是科普。

最后,非常推荐去洛杉矶的环球影城玩,如果不舍得买插队票的话,最好去体验一下哈利波特的神秘古堡,以及木乃伊的过山车,还有激流勇进的水上娱乐活动。神秘古堡完美展现了机械和电影的结合,真的是我体验过的最棒的 4D 电影,完美还原剧情的同时也让游客体验到了作为哈利波特同伴一员的快感;木乃伊的过山车是我坐过的最快的过山车,非常的带感,并且最后会有一段前所未有的倒着走的体验,把之前的场景再过一遍然后回到终点;激流勇进的水上娱乐活动则是炎炎夏日的福音,水上的凉风习习加上最后一段冲刺时逆风泼水的清爽,让游玩了一天的我们得到了身心的双重放松。

总的来说,美国之行非常值得,不仅见识到了不同的土地和文化,也让我下定了未来出国留学的决心,希望以后能够有更多机会去往不同的国家学习交流。

（杨顺喆　经济学院 2014 级本科生）

UCSD——一次难忘的旅途

这个暑假,我很荣幸地参加了经济学院赴美暑期交流项目,有机会在美国生活和学习了一个月的时间。在此,我想以个人的亲眼所见来说说我眼中的美国、我眼中的加州大学圣地亚哥分校(UCSD)。

在 UCSD 的一个月

在去美国之前,我就知道这次的 UCSD 交流绝不会让我失望。现在回味起来,印象最深刻的、让我产生情愫最多的还是圣地亚哥(San Diego)这个充满风情的城市。那个据说是拥有美国西部最美海滩的城市,还有项目期间团结互助的集体,以及课堂上时而激情澎湃时而幽默风趣的教授们……涌上心头的都是满满的怀念与感动。

• 关于校园

UCSD 的校园很大,每次来学校的时候都要走好长一段路。学校是开放式的,和整个小镇融为一体。UCSD 所在地不是圣地亚哥市里,而是圣地亚哥郡的拉荷亚(La Jolla),就是所谓的大学城。UCSD 非常漂亮,建筑风格都是现代化的,绿化非常好,哪怕只是在其中闲逛散步都是一种享受。美中不足的是公共交通不发达,当地人基本靠自驾出行,在校园里看见的也都是学生们滑滑板和骑自行车的身影。

提到 UCSD 就不得不提他的图书馆了,这个据说是世界最具特色的大学图书馆之一的盖泽尔图书馆(Geisel Library),作为电影《盗梦空间》的取景地,一开始进去真的震惊到我们所有人了。图书馆一共有八层,地下两层,地上六层,随着楼层的增高,安静级别也依次增高。图书馆藏书丰富,为纪念著名的儿童文学家"苏斯博士"而改名为盖泽尔图书馆,也是颇具象征意义了。该建筑以其独特的建筑风格,成了学校的标志性建筑。

• 关于住宿

住宿是在当地的寄宿家庭,条件很好,洗衣机、烘干机应有尽有。中午大家一起在学校的 Price Center 吃饭,早饭和晚饭在家里吃。住家会准备好晚餐,一般都是一些美国人自己平常会吃的事物。对于美国食物,我不得不说,热量实在太高了。顿顿高蛋白、高热量的三餐让我对自己身体的营养均衡产生了担忧,以及诱发了我对中国食物的深深思念。融入美国家庭非常容易,他们通常热情好客,和我们相处其乐融融。

●关于学习

由于是暑期项目,课程安排的并不是很多,以上课的方式,讲授关于美国的经济、文化、教育、传媒等各方面知识,教授们都很幽默,可以让你在轻松的氛围中得到你想要学的,这对于想要体验美国的大学课堂的我是最好不过了。从中我深刻地体会到美国课堂的教学方式和掌握其要领的技巧。教授更多的是教导我们怎么去思考和分析现实生活中的现象和问题,令我受益匪浅。

●关于旅行项目

丰富多彩的旅行项目,应该是整个暑期项目最大的亮点。UCSD 安排两天的校外参观,一个是参观 Petco Park,另一个是参观郡政府。除了学校安排的活动以外,我们自己也安排了一些自主旅行。我们利用课余的时间几乎转遍了整个圣地亚哥,例如:学校的纪念品商店、书店、拉荷亚海滩(La Jolla Beach)、太平洋海滩(Pacific Beach)、老城(Old Town)、中途岛(Midway)、科罗拉多岛、Barboa park、日落崖,收获颇多。

在老城(Old town),我们感受到了这个海滨城市丰厚的文化底蕴及风土民情。在太平洋海滩(Pacific Beach),我们和海景、夕阳、朝阳、海水、蓝天融为一体。在冲浪的尖叫声中享受着刺激。在圣地亚哥我们领悟到了真正的加州风情。

对美国此行的感悟

美国,对于我来说是一个熟悉而又陌生的国度。它的繁荣,它的开放,它的文明,甚至美国本土艺人都深深地吸引着我们。但是这其中的很多都只是一层表皮,一层奢华的表皮。在这次夏令营游学过后我发现,美利坚合众国,其实也是一个有内涵的国度,它的内涵远比你想象的深远得多,也很值得你去细细品味。在参加这次暑期项目之前,我对美国的兴趣并不是很浓烈,只是听闻了美国本土先进的大学教育,想去一睹芳容才报名的。当时的我把美国想象得太简单,什么一见面就很亲密地亲吻拥抱,小小年纪就已经和心爱之人坠入爱河,穿着内衣上街已是常事。当然这是事实,但美国的内涵不可能只停留在生活开放这一小小的方面。

这次暑期活动,让我真正地认识了美国,感受了美国。丰富的当地生活,有趣的课堂,美丽的风景,友善的寄宿家庭是那么令人难忘,那些美好的回忆至今在脑海里一遍一遍地回放着。在圣地亚哥有太多美好的回忆——去奥特莱斯和时尚谷购物中心(Fashion Valley)满足自己大手大脚的购物欲望;参加动漫展让我懂得珍惜自己的青春年华;当然还有不可忘记的家庭周末,一起游泳,一起野餐,一起举行的家庭烧烤大会(BBQ),一起制作美味的中国拉面。在加州的日子是美好又难忘的时光。

结语

有人说,旅行不过是换个地方按原来的方式生活,这么说的人一定是没有领悟到旅行的真谛。在一个完全陌生的国家,用一种完全不同的语言,吃完全不一样的食物,遇见完全不同的人,伸开你的双手拥抱一种完全不同的文化,这种体验是多么奇妙!你看到的、你听到的、你的所思所想都会由于外界的不同带给你新的感悟,这就是这次为期一个月的暑期项目带给我的感受。

最后,我要感谢经济学院给我提供了这么好的机会去美国交流,让我对于异国文化有了新的体验;感谢我的父母一直在经济上和生活中支持我的每一项决定和选择;感谢在 UCSD 一起度过一个月的 27 位小伙伴,这次的美国之行因为你们而变得更加难忘!

(张良娜 经济学院 2016 级本科生)

用一个月的时间,爱上一座城

今年暑假,我们参加了经济学院的暑期交流项目,在美国加利福尼亚州的加州大学圣地亚哥分校进行了为期一个月的交流。在此期间,我们感受着中美的文化差异,以及饮食、学习、思维、交往等各个方面显示出的极大的不同,而我们也在这短短的一个月时间里努力适应着,并和我们的住家还有教授们结下了友谊。

初到美国,首先感受到的是北美中纬大陆西岸宜人的气候,刚好的温度夹着凉爽微涩的风,对于刚从炎热的北京逃出来的我来说,这风几乎片刻间成了我爱上这个城市的理由。由于第一班飞机的延误,我们在凌晨才转机到达圣地亚哥。

老师和寄宿家庭(homestay)在当地的联系人给我们分别打了车送我们到各自的住家。我和一个大三城院的学姐做了一个月的舍友。到了住家,开门的是一对老夫妇,话不多,简单地带我们参观了房子,不大但是很温馨,除了我们就只有老夫妇两个人居住。

第二天,我们醒来的时候,住家已经去了社区的祷告堂做祷告,每周固定周三和周日会去。于是我们自己逛了逛周边。距我们社区步行十分钟左右的地方有两个大超市,隔一条街还有很多亚洲餐馆,很方便。超市里的樱桃、葡萄和油桃都很便宜,而且也很好吃,这些水果在之后的几周几乎变成了我们每餐的饭后零食。

紧接着的一周,我们开始了在加州大学圣地亚哥分校(UCSD)的学习生活。初到校园的上午,我们参观了校园,这里给人的感觉更像是生活而并非只是上学的地方。老师安排我们每天乘公交上下学,学校发给我们公交通卡,一个月无限次使用,非常方便。在学校学生中心的对面就是公交总站,到达GLI学院的教室几乎是穿过小半个学校,下了车以后还要再步行15分钟,经过整洁的步行道、下行阶梯和旁边的小喷泉、被树林包围着的独栋宿舍,才能到达教室。学院的教室座位是排成弧形的小阶梯式,教授站在前面能够跟我们每一个人进行交流和互动。

我们就在这样舒适的环境里完成了领导力、市场和营销策略三门课程。领导力课程让我们学会了领导他人要从认识他人、领导和认识自己出发。所谓一个人是否具有领导力,首先体现在对自己的认识和约束中,充分发挥长处、弥补短板,让自己一步步向着既定的目标前进。课程中,教授结合简单的心理学引导我们一步步加深对自己和周围人的认识,引导我们思考问题,让我们每个人都有不同的收获。对我来说,这两周的领导力课程是对我之前状态的一种反思和整理,课下教授的开导更是让我对失败与成功有了进一步认识,也从未想过"原谅"二字那么难做到。原谅自己,原谅自己的过失,不要求自己时时刻刻优秀,是让我能继续向前的真正内在动力。

我们在市场课的学习中接触了一些企业销售产品的基本规律和原理,学习了对于不同的产品以及企业不同的特点如何进行有效的市场扩展规划。在课程的最后,我们结合之前所讲的内容,分析了安德玛的成功因素以及其在中国未来的发展方向并为其未来发展程度进行了预测。通过结课作业——对安德玛的分析,我们不仅看到了一个企业的成功,也让我们深入了解了其成功背后对产品设计、市场研究以及扩张规划等看似简单独立的操作,其实环环相扣,错一步都不可能使安德玛这样一个新兴的中高端运动品牌在国际市场上同耐克(Nike)、阿迪达斯(Adidas)这样的行业巨头一争高下。月末,我们开设了营销策略这门课。教授的幽默风趣以及她所带动的课堂气氛让我们每个人都爱上了这门课。教授从文化角度入手,系统地对不同国家的生活习惯各个方面进行了解释说明,最让我们感到惊讶的是,教授几乎去过她所举例子中的全部国家,欧洲、亚洲、非洲、美洲,每个例子都是极为生动而富有细节的,让我们全然沉浸在了图片给出的场景里,纵使并不是所有的都能听懂,却也理解了主要内容且乐在其中。

一个月后,对我来说提高最明显的就是听力水平,从最开始只能专注脑译一个多小时,而剩下的上课时间就听着有些吃力,到项目结束时能听懂教授快语速的大部分内容,不光如此,我们的口语能力也在与教授和学生处老师的交流讨论中得到了明显的提高,还能跟住家聊天打趣。

每周有半天或者一天是讲座或是 field trip 和参观。我们去了圣地亚哥的棒球主场,位于市中心的 Petco Park。在那里了解了美国的棒球文化以及比赛幕后的安排规划。对观赛者来说这可能仅仅是一场他们喜爱的比赛,对于公司来说,每一场比赛都是需要尽心分析和规划的,而我们在参观的过程中也仅仅是了解到了这庞大复杂任务的很小一角。之后我们到了著名的拉荷亚(La Jolla)海滩,在那里可以近距离地接触海鸥和海豹们,最可爱的是它们会摆出各种单独及组合造型让游客拍照。那天阳光特别好,一下午的时间,光是蹲在几只海豹、海鸥旁边拍照就花去了大半,格外享受。休息的时候,我们就在旁边的矮树和草坪上吹着海风吃着甜甜圈。

项目之外的自由时间,我们四人的小分队去了 SD 的海洋世界、LA 的环球影城。在结业那天下午,我们去了圣地亚哥的老城,这里极具墨西哥特色,有很多正宗的墨西哥餐馆,还有百年手工糖店、手工饰品店等。

每天早晚,我们在住家吃饭。我们的住家是一对从德克萨斯州搬来的美国人,有趣、恩爱、很有活力,很难想象他们从高中开始一起走到现在,已经有了三个曾外孙。住家的男主人曾经是海军的厨师,随着舰队去到了除亚洲以外的所有洲,喜欢冒险和游历,而女主人喜欢既定的有规律的生活。每天晚上女主人都会准备丰盛的墨西哥菜来招待我们,本来就爱吃墨西哥菜的我由此胖得更加不可收拾,就连对墨西哥菜毫无热情的舍友也疯狂地爱上了墨西哥玉米脆片蘸女主人的自制辣番茄酱。一个月的时间让我们和住家建立了深厚的友谊,这对美国老夫妇也让我们对美国人的乐观随性有了更深一层的感受。从未想过我们两个会是住家接待过的所有交换生中让他们最喜欢的,也是少有的能成为朋友的,很开心能够给他们的生活带来一些愉快的小变化。

其他的还有很多很多,一一写下来怕是很难。非常幸运能参加这次交流的项目,让我在短暂的时间里开阔了视野、受益良多。

(向芳洲　金融学院 2015 级本科生)

收获多多的一个月

　　短暂的美国加州大学圣地亚哥分校暑假项目很快就过去,留给我很多非常难忘的回忆。我喜欢美丽的圣地亚哥分校的校园,喜欢这里幽默风趣的教授们,喜欢这里热情的同学。

　　在学习方面,我最大的收获就是学到了许多与市场相关的知识。作为一名即将毕业的学生,我计划去澳大利亚继续攻读市场营销硕士。因此,暑假交流项目对我在学习方面的帮助是非常大的。奥尔森(Olson)教授的全球商业策略(Global Business Strategy)课程从更宏观的角度向我们介绍了有关市场营销的知识,了解文化差异是进行市场活动的基础,脱离文化,市场活动就很难获得成功。奥尔森教授从一个特定的现象出发,深入分析这个现象背后的文化渊源。教授以美国足球为例,向我们介绍了美国的文化。他的课堂非常轻松有趣,能使我们学到很多知识,令我印象非常深刻。另一门关于市场的课程是贝尔奇(Belch)教授的产品营销与管理(Product Marketing And Management),贝尔奇教授是一名对市场营销非常有研究的教授。他的课程内容非常丰富,他会引用很多真实案例来讲解,通过这些真实案例,我对市场营销的了解越来越深入,也对这一领域产生了极大的兴趣。黄教授是一位和蔼可亲的老师,他的领导力课程对我们日后的生活和职业发展有很大的意义。通过他的课程,我们更加了解自己,也对生活和学习中出现的种种问题有了更加正确的态度。我在美国加州大学圣地亚哥分校的学习非常愉快,受益匪浅。

　　在生活方面,我最大的收获就是与寄宿家庭之间的相处。记得刚到圣地亚哥的那个晚上,司机把我们送到寄宿家庭,门口走出一对老夫妻迎接我们。刚开始,我和舍友心里非常忐忑,但是,经过一个月的相处,我们之间已经建立很深厚的感情,和他们的相处是我此次圣地亚哥之行最难忘的回忆。寄宿主人是一对来自德克萨斯州的老夫妻,虽然年纪已经是曾祖父曾祖母级别的,但令我意外的是他们总是保持一颗年轻的心态。在短短的一个月,女主人亲自教我们学习做墨西哥饭;和他们的女儿一起吃饭;带我们出去品尝美食;带我们去超市;送我们去购物;送我们去学校;甚至在舍友身体不舒服的时候陪我们去急诊,去买药;和我们一起聊天,打牌。总之,与寄宿家庭的相处非常愉快,他们在机场目送我们离开的场景令人伤感,不知何时才能再见到他们。虽然我们彼此之间有自己的文化,沟通有时也会因为语言问题产生障碍,但是,一个月的相处非常愉快,我们以后还会通过微信继续保持联系。

在圣地亚哥的一个月，我去了很多有意思的地方。我很喜欢在圣地亚哥的街道上散步，欣赏这座美丽的城市。除了美景，街上的圣地亚哥人是另一道美丽的风景线。很喜欢他们随时随地和人聊天的热情；很喜欢他们自由的生活态度；很喜欢他们井然有序的生活。"中途岛"号航母于 1992 年 4 月宣布退役，是美国使用时间最久的航空母舰，这里是航空迷必到之处。"胜利之吻"是一尊著名雕像，被视为二战胜利的象征之一。该巨大雕像与"中途岛"号航空母舰相邻，现已成为圣地亚哥的地标。在航母入口处，参观者除了拿一份免费的游览图外，还可以免费租一个语音导览器。博物馆中的每件展品及每个展点都编有号码，参观者只需在导览器上输入相应号码，就可以听到有关展品或展点的语音介绍。整个博物馆分成三个部分，第一部分是人员和机器（man and machine），它坐落在机库层和前甲板。第二部分是海中城市（city at sea），坐落在船的第 2 层、第 3 层和第 4 层甲板。第三部分为船顶部（on the roof），坐落在战斗甲板。随后顺着甲板上的梯子下到舰上的生活工作区，首先参观的是一个可以供数百人同时用餐的自助餐厅。这个生活区可以说是应有尽有，洗衣房、医院、邮局、正餐厅（分士兵和军官）、酒吧、军官俱乐部、各种宿舍、作战指挥室、通讯中心、舰长办公室、金属加工车间、陈列室，甚至还有一所监狱，真是麻雀虽小五脏俱全。来到博物馆的第三部分，这里是航空母舰的战斗部分，在航母的顶部，这里摆放着多达 20 架的各式战斗机、直升机、运输机。

拉荷亚这个被誉为圣地亚哥海滨之珠的地区，世界著名，延绵 11 千米，是加州大学圣地亚哥分校的所在地。这里有海滩，有峭壁，有豪华酒店，有海滩别墅，有宽阔的沙滩和草地，有高尔夫球场，有无数的海鸥和海豹在海边栖息，更有各式各样的水上和水底运动。圣地亚哥常年浪大，水质清透，奇石、海峡、鸟类、海狮、游人、日落构成一幅幅画卷。

拉荷亚的海景是我见过最壮美的，独一无二的海浪，迷人得如同西班牙女郎：热情、自然、奔放。同时，作为加州大学圣地亚哥分校的所在地，拉荷业或多或少地也流淌着一份知性。而海滩，除了连绵不断的白沙，岸边有千姿百态的礁石，礁石上寄生着各种小小的壳类，礁石中的缝隙，也有许多软壳的小螃蟹偷偷溜过。圣地亚哥的海滩非常美，阳光、沙滩，总是令人想要停下脚步欣赏。

圣地亚哥的老城也非常有意思，坐落在圣地亚哥市中心，一个美丽而充满乐趣的历史古城，它是加州的诞生地，是西班牙早期殖民地，同时也是第一批欧洲人定居所。这里有 150 多个商店，有屡获殊荣的餐厅，有 17 个博物馆和历史遗迹。另外，免费现场表演、专业剧场、工匠铺、画廊和商店都在步行距离之内。

（何楠　城市经济与公共管理学院 2014 级本科生）

迎接挑战，收获的是经验

2017 年,作为一名首都经济贸易大学 2016 级国际商务学生,非常荣幸学校能给我一个去加州大学圣地亚哥分校暑期学习的机会。团队总共有 27 人,于 7 月 8 日坐国航航班从旧金山转机至圣地亚哥。一到机场就受到了校方人员的热烈欢迎。圣地亚哥位于加利福尼亚州最南端,地处美国和墨西哥边境,气候属地中海气候。加州大学圣地亚哥分校(UCSD)也是全美著名公立大学,排名全美前 50。

当地时间 7 月 11 日,校方为我们举办了一个简短的欢迎仪式,并带领我们参观了校园。UCSD 位于圣地亚哥的拉荷亚(La Jolla)社区,所有周边面积加起来有 400 公顷,和清华大学差不多大。热情的助教小姐带领我们参观了学校的地标建筑——图书馆,是一名当地的校友捐赠修建而成。我们第二天就开始了正常的课程学习,首先上的课是组织领导力(Organization Leadership),是由一名华裔的老教授带领我们学习,老教授诙谐幽默的教学风格给我们留下了非常深刻的印象。除了日常的上课之外,学校也安排了几次参观活动,比如参观了美国著名棒球队圣地亚哥修道士队的主场,探讨了该棒球场的运营经验,主要是管理模式的运用。另外还参观了圣地亚哥的政府,与五名行政长官中的一位一起谈笑风生。还有一些学术讲座,每一名主讲人都是精心准备,与我们学生在课堂上共同交流。每一名学生都参与到了学术交流之中,收获很大。总之,暑期学习的主要目的是体验美国当地的教育氛围、教育方式,从而对比我国的教育经验,从中吸取经验教训。最后每一门课程都以交论文的形式结束。在精心准备课程论文的同时,我们也发现了自身存在的不足。

闲暇之余,当然也要去圣地亚哥周边游览参观一下。当地最负盛名的旅游景点是中途岛号航空母舰博物馆。该舰隶属于美国海军,二战末期下水,一直服役到 20 世纪 90 年代,是美国海军服役时间最长的舰艇之一,参与了冷战时代的所有战争,退役后由美国海军捐赠给圣地亚哥作为博物馆使用。博物馆对面就是美国海军第三舰队的军港,我去的时候正好看到了隶属于美国第三舰队的两艘核动力航母——卡尔文森号和罗斯福号。圣地亚哥是美国海军最重要的军事基地之一,曾被誉为美国海军航空兵的诞生地。中途岛号航母虽然建造至今已有 70 年,但我们上去参观之后还是惊叹于其建造工艺之精湛。中途岛号航母作为中途岛级常规动力航母的首舰,吸取了美国最功勋卓著的航母——埃塞克斯级航母的经验,可谓是划时代的航空母舰。该舰采用蒸汽动力,可使用的舰载机接近百架,可容纳船员约3 000人。我国的第一艘航母——辽宁号的战斗力也就是接近于中途岛号航空母舰。除此之外,我们也参观了当地的美国海军陆战队的博物馆,了解了美国海军陆战队的辉煌历史。其中最值得一看的就是美国海军陆战队退役下来的各式武器装备,包括二战时期的各式功勋战斗机和美国海军最新装备的舰载机——F/A-18大黄蜂战斗机。更难得的是,里面竟然有我们中国人民解放军空军使用过的J5战机,是中国航空航天博物馆在1988年捐赠的。可见身为曾经的对手,美国人也给予了我国解放军战士足够的尊重。

来到了加利福尼亚州自然要去当地的海滩玩。我们参观了当地的著名度假胜地——科罗拉多岛,岛上风景优美,气候怡人。阳光、沙滩、海水、美女,这就是加利福尼亚。沙滩上集中了来自世界各地的游客,从他们脸上洋溢的笑容就能看出这个地方是多么的迷人。其中的一个周末我和几名同伴一块去了距离圣地亚哥200千米的全美第二大城市——洛杉矶。在洛杉矶我们主要游览了两个地方,加州大学洛杉矶分校和环球影城。加州大学洛杉矶分校(UCLA)的面积也是巨大无比,我们几个小伙伴在里面差点迷路,里面的建筑风格非常古老,不同于UCSD的现代化;环球影城的各式特效令我们眼花缭乱,感受到了美国科技的核心力量。洛杉矶作为一个国际现代化都市,确实有它的独到之处。当地居民包容性非常强,这里云集了世界各地的精英,展现了美国文化的独特魅力。

我在这里学的一门课是全球商业策略(Global Business Strategy),我们的上课流程是老师先演示PPT,教我们一些商业上的概念,然后把班上的学生分成不同的小组,接着给我们一个著名的公司作为案例,让我们分析公司的运营中存在哪些问题,最后要求我们做课堂报告,指出公司的问题并提出有效的解决方案。当然,这只是一门课的流程,不同的课程或不同的老师会有不同的流程,但大都会把学生分成不同的小组,一起分析一起做报告。我们课程中的小组作业非常有意思,都是我没有深入接触过的领域,对于个人想法和创新性的要求比较高,也需要很多调查和实地观摩,我很享受和小组内成员在一起分享自己的想法,经常会有惊喜的时刻。

学习是一方面,生活上我们也遇到了很多挑战,购物、吃饭、洗衣、乘地铁、交朋友……真正来到国外开始一个人生活,才明白在国内我们被家长保护得多么好,也知道了自己在独立生存方面存在的各种不足。犯了很多很傻的错误,幸运的是,我们在慢慢接受不同的生活方式并努力适应了它。

(黄鑫洋　经济学院2016级研究生)

阳光下的慢生活

　　很荣幸能够参加2017年加州大学圣地亚哥分校(UCSD)的暑期交流项目,为期一个月的交流,让我在学习、交流、游历方面都有了更多的认识。

　　在一个全英语的环境中,我的英语水平有了一定的提高,从以前的羞于开口到现在能自如地和外国人对话。老师的讲课方法也跟国内老师有很大不同,能让我们更快地融入课堂。尤其是组织领导力这门课程,在课上老师经常和我们互动,让我们不觉得上课是件很乏味的事。此外,国外老师会在留作业前告诉我们在写作业时你要参考的文献,而不是像国内老师只是留一个题目给你,不告诉你需要看什么书,去哪里找。学生因为知道参考文献以及获取方法便不会一味地去抄袭而试着努力自己完成。因为一个月的时间太短,无法系统地学习某项技能与知识,但在回国之后,感觉英语的听说读写都有了一定程度的进步。

　　国外的生活和国内还是有很大差异的,吃饭就是一个大问题。中国人讲究养生之道,饮水都是以温水以及热水为主;而美国人只有冰水与冷水之分,因而刚到那里饮水是个大问题。其次美国人似乎并不讲究吃,每天都吃得很简单,如汉堡、披萨、甜点等一系列制作简单的食物。他们不炒菜,很少放酱油、醋之类的调味料,他们所谓的调味就是放番茄酱之类的各种酱。总之他们吃的食物没有番茄酱简直难以下咽。

　　由于美国人少,他们住的房子基本都带车库、花园,给人一种很惬意的感觉。而且圣地亚哥是一座很美丽的城市,空气好,临近太平洋,在这里生活真的是一种享受。

　　在学习期间,我们利用周末逛了圣地亚哥很多地方,感触颇深。首先,那里的环境真的很棒,每天都是蓝天白云,而且加州的阳光在世界都有名,每天被太阳晒得很舒服,因为靠海,阳光即使再烈,在海风的吹拂下依然很舒服。其次是这里的东西确实较国内先进,比如街道上的卫生清理员,他们用一种类似吹风机的东西将落叶等垃圾吹到一起,然后再处理,不像国内,要拿扫把扫。虽然公交系统并不发达,但公交车上对残疾人的服务却十分周到,安装了各种有利于残疾人的设施。这个城市生活节奏很慢,人们真的是在享受生活,而不是每天火急火燎地去为生活奔波。举一个很简单的例子:在美国,一个行人如果通过路口,对面或旁边过来的机动车会停下等行人通过后再走。而反观国内,人们忙碌得连停下来等行人过路口的时间都没有。此外他们每到周末都会和家人一起出去做某项活动,或去海边或去健身等。

在国外生活的这一个月,给我最大的感触是外国人懂得怎么生活,而国内的人却是在为生活奔波。人们应该多些时间去关注更多有意义的事,而不是只把眼光放在金钱上。

虽然国外不少地方都比国内好,但我依然喜爱这个养育了我20多年的地方。

(贾玥　劳动经济学院2016级研究生)

UCSD 琐记

回顾这一个月的暑期课程,真的收获颇多,感动颇多。虽然一开始因为国内航空管制,导致第一班飞机延误了很久,到旧金山倒下一班飞机的时候已经错过最后的登机时间了,换了另一架飞机,在机场等了一下午,原本计划下午五六点能到圣地亚哥,生生延误了七八个小时,到达已是凌晨。但是非常感动的是我们的寄宿家庭竟然一直在机场等着接我们。虽然我们在机场和飞机上已经度过了 30 多个小时,疲惫得不行,但是那一刻真的非常感动。坐在寄宿家庭的车里,一路开在黑漆漆的公路上,由于语言的限制,我们也不知如何表达当时感恩的心情,沉默了一路终于到了家,简单的洗漱后拿出了之前准备好的礼物送给了寄宿家庭,也算是我们的一点点心意吧。

因为时差的原因睡的不太好,第二天醒来已经是下午了。我们说想去超市,寄宿家庭又主动提出开车带我们去附近转转,真是太友善了!进了超市觉得什么都特别新鲜,大樱桃那么大还特别红,还有很多奇奇怪怪的水果;饮料酸奶各种各样花花绿绿摆了好几柜子。我们像老农进城一样"哇!哇!"地逛了一个多小时,寄宿家庭全程等着我们,真是有点不好意思。晚上回家后寄宿家庭给我们做了晚饭,各种拌面、沙拉、土豆之类的,一盆一盆的,大家围坐一桌,气氛也很好。

周一来到学校,加州大学圣地亚哥分校(UCSD)真的很漂亮,到处都是绿植,也终于见到了气派的盖泽尔图书馆(Geisel Library)。满处金发碧眼的小哥哥小姐姐们确实让我花了眼,他们还会冲你微笑打招呼,真切地感受到了美国人的热情。这一天各种介绍之后我们就坐公交车回家了。这边公共服务给我的感觉真是井然有序。每一趟公交车几点发车、几点到站都非常详细地写在了站牌上,经过我们一个月的检验,发现这个公交车的时间表真的是非常准确,为我们早上时间的安排提供了不少便利。公交车上也十分有秩序,首先公交车很干净,人也不多,大多数情况下大家都有座位。公交车车头有个能放两辆自行车的架子,骑车的人都会自觉放好再上车,公交车司机还会为上公交车的残疾人提供各种帮助,车上的人从来不会觉得被耽误了时间。陌生人有时也可以聊得很开心,直到其中一个人下车。早上去公交车站的路上也经常有人跟你说早上好。总之美国人给我的一大感觉就是非常热情。

上了几节安排给我们的课之后,觉得全英文授课也没有那么吃力了。教授语速还可以,会尽量给你讲明白,有时候看大家都比较疑惑的样子,教授就会把关键字写到白板上。教授总体来说还是非常健谈的,基本都不会死板地按照 PPT 走,真的是想到哪说到哪,思维还是非常发散的,举的例子非常贴近生活又深刻有趣。

熟悉了几天学校和寄宿家庭后,我们开始向周围探索啦。首先去的是离学校不远的大名鼎鼎的拉荷亚(La Jolla),可以看到很多海豹晒太阳,还可以非常近距离拍照。第一次看到太平洋真的是太蓝太美啦!随便一拍就是大片。沙子白白软软的,很多海豹慵懒地趴在礁石上晒太阳,我们拍了很多照,但是也不能离海豹太近噢,它们会吼你。晚上在我的一个当地朋友的带领下去吃了小有名气的 raki raki,重口味拉面。感觉味道一般,有点油,口味确实有点重。我同学说多在这边呆一段时间你就会发现这就算好吃的了。不过确实,美国的菜品怎么能跟国内比呢,各种高热量快餐,当地朋友说他们几个朋友出去吃的话一般都是找中餐馆吃的。

接着说风景吧。后来还去了科罗拉多(Coronado),是圣地亚哥南边的一个算是独立的小岛吧。不过风景真的是非常美。我们去的时候有点晚了,吃完饭又看了日落,真的美得令人难忘。这岛上有个科罗拉多酒店也非常有名,都是特别大的房子,适合很多人一起租的那种。晚上还有很多人在海滩上点起篝火,做个烧烤什么的,非常热闹。

这边的天气真的很怡人。太阳很晒,再加上没有霾的阻挡,很容易晒黑,但是加州嘛,晒成那种小麦色也很流行。平常大多数情况下都是蓝天白云的,但是气温不高,刮的风都是凉快的,湿度也还好,所以感觉非常舒爽。温度全都靠太阳提供,太阳一下山,到了晚上就稍微有点凉了。听我朋友说,这边冬天也不太冷,雨水也不多但是也不干,真的非常适宜居住。

后来学校带着我们去参观了 UCSD 的一个球场,印象很深刻,毕竟国内没有这种机会。从球场出来又参观了观众席,还有包间。我想这边看球的气氛大概和我们看国安很相似吧。之后我们去了海洋世界,和国内海洋馆差不多,比较惊艳的就是各种动物表演,海豚、海豹,还有虎鲸。市中心也去了,就是各种西班牙主题的小店等。

很开心的是我来这边还体验了一把实弹射击,真的非常刺激非常酷,就是稍微有点小贵。然后看了好几场电影,真的太锻炼英语水平了!你觉得你英语好吗,不如看场电影吧。这里强烈推荐下 AMC 电影院,15 美元的价格,全部影厅都是国内VIP 的座椅,可以躺着看电影!ARC Light 贵一些,还只能坐着,不推荐。

再说说购物吧,这边买东西的话其实也没有那么便宜。只有奥特莱斯(Outlets)的价格是真的低,你所听说的什么 100 美元一条的李维斯(Levis)也只能在奥特莱斯的特价区里找到。其他商场的话价格会比国内便宜些,但是真没免税店便宜。但是有很多美国本土的服饰、化妆品牌子还是挺便宜的。这边商场也不太多,可能稍微高档些的牌子就只能去时尚谷购物中心(Fashion Valley)才能找到。

总之,UCSD 给我的印象真的是一个很适合居住的城市。天气宜人,风景又好,人口不多,车也不多,有辆车的话真的去哪里都非常方便,也不堵车。整个城市也算是比较发达,超市、商场,想买的基本都能买到。唯一不好的就是夜生活不那么丰富,基本过了 10 点整个城市就一片死寂了。不过这次学校组织的暑期课程,真的让我开阔了眼界,见识了很多,也交到很多朋友,学到很多东西。还是非常感谢以及怀念这次的 UCSD 之行,这绝对是一段非常难忘的经历!

(李佳慧　财税学院 2016 级研究生)

圣地亚哥游记

时光如水,转眼暑期交流已经结束了,感受很多,我就按吃穿住行的顺序来说说。

首先,中国的食物绝对是世界上最美味的,在那里吃了两顿沙拉和大块肉,配大冰水,就已经想找中国餐馆了,这应该就是很多留学生学会做饭的原因了。不过我们很幸运,寄宿家庭是东南亚裔,大部分饭都挺好吃的,而且会给我们买各种好吃的甜点,其中有东南亚风味的,几乎每天都有上新,根本吃不完,我室友还是个大厨,每天帮我们准备早饭。我们为了送别即将出差的男主人,给他们做了一顿中餐,已经准备做了才知道他们邀请了七八个亲人一起吃饭,这使我们一度慌张,还好最后好评如潮,当然我只是个小助手。记得饭后女主人还开车带我们去附近买了好吃的冰激凌,我们相处非常融洽,很开心。另外,我们从国内带了汤料包、方便面、咸菜。其实中国超市可以买到各种想吃的,包括外国人赞不绝口的老干妈、黄飞红,就是价钱贵些。所以,除了中午学校那顿饭不太有幸福感,吃完了过不了两个小时就又饿了,早晚饭还是不错的。

然后,穿。出发前在家收拾行李的时候,因为担心回去东西放不下,衣服一减再减,特别是拿出来了三条我妈说一条三斤的牛仔裤,事实证明这是明智的,因为奥特莱斯的李维斯真的太便宜了,裤子、短袖、外套,很容易找到自己喜欢的。我买了两件厚外套,因为太占地方,最后回国穿着回来的,此时北京的温度是28℃……还有耐克什么的也很便宜,伙伴们都是大批量的买。但其实美国给我的感觉并不时尚,在路上看到人们穿得都很随意,怎么舒服怎么穿。不过上面说的运动和牛仔服饰还是能装满箱的,还可以买到大号的。女生关心的包,在奥特莱斯款式比较陈旧,没有太多适合年轻人的,不过也看个人喜好,其实也可以挑到一些。买大牌新款的话,美国价钱并没有优势。

接着,住,可以说是很羡慕了。基本都是几百平方米的两层独栋,我们住家带游泳池,他们家是好位置,房子大概350万元人民币买的。我们三个人住在同一家。我们的寄宿家庭平常是中年夫妻俩在家,孩子都成家了,周末会过来玩,男主人的妈妈假期过来住,特别可爱的老奶奶。家里无论是装饰还是人都特别温暖。一个透明的储物柜上很精心的摆满了寄宿学生送的礼物,我们送的小礼物,他们也很喜欢。我们经常聊天,还和周末来玩的小朋友尬过舞。这里温度不高,晚上有凉爽的风吹进来,住得很棒。可是,在家附近我基本上没见过人,晚饭后也没人蹓弯,人与人之间的距离应该也跟住的房子一样,很大吧。这可能是文化差异,但我们住得很舒心。

最后,行。因为地广人稀,到哪都离得远,所以要是没车,基本是寸步难行。我们每天需要坐一个多小时的公交到学校,中间还得倒一班,而且赶不上固定的那班就肯定迟到,但其实开车也就20分钟的路。因为每天坐车时间固定,所以经常看到一些熟悉的陌生人,这种感觉还不错。亲眼见到才能相信,在美国的公交车上,我同样看到了大声喧哗的人,激动嘶吼的小孩儿,踩着没有人坐的座位的医生。所以,别把外国"神圣化"。当然,下车跟司机说"谢谢"和"很好",女士优先也值得学习,专门为残疾人设计的梯子也非常温暖,真的可以感受到尊重。还有车让人,这点很贴心,"谢谢"和"不好意思"一天可以说几十遍都不为过,但是对待美国文化还是要辩证地看待。

关于学习,我们有三门课,都是经济管理方面的,因为本科学会计,其实有很多课我们都上过,但老师会有另外的视角。华裔老师的组织领导力课程上学到的东西印象最深,市场营销课的老师让我认识了"安德玛"这个牌子,战略老师的各国文化差异讲得很详细,尤其是她的大杯可乐,让人印象深刻,作业是巩固所学知识的必要方式,每科都有作业,需要花一定的时间完成。

再讲一件趣事吧。某天放学,我们决定去当地很有名的一个公园,查好路线,倒了两趟公交车到达导航所指地点下车,然后按照导航路线寻找目的地,边欣赏路边漂亮的房子边走,一会儿上坡一会儿下坡。但导航说到达目的地的时候我们惊呆了,眼前是一大片长满杂草的山坡,根本看不到公园在哪儿,旁边是不宽的马路,车行驶的都特别快。我们试图找到像公园的地方,就决定翻过杂草地,然后看见有个牌子写着:会有野生动物出没。我们不能后退,还是勇敢地往前走,担心真的出什么状况。我们三个人就互相牵着衣服排着队行进,由我的大厨室友打前阵,我们害怕地穿进草丛里,走着,不敢出声音,怕惊动野生动物,走了大约五分钟,还是看不到杂草山地的尽头,于是决定放弃,原路返回。这时真的听到了声音,我们都吓出了冷汗,原来是一个大叔拿着棍子在找什么,长舒一口气,他还叮嘱我们小心路,人很好。等我们走出那片草地的时候一起笑了,这难道不是大探险吗。最后我们决定打车回家。就这样,我们完成了第一次圣地亚哥大探险,最终没有找到公园。第二天跟同学们描述这件事的时候有个同学说他们也是这个情况。当然过了几天我们还是找到了那个公园,想要完成的事不能轻易放弃。后来我们还经历了几次探险和有趣的事。

不知不觉写太多,还有很多文化差异的东西就不说了。当然,美国也没有我说的这么不好,只是不如中国便利。好与不好,希望你来亲自体验。

(李亚茹　马克思主义学院 2016 级研究生)

我心中的印记——圣地亚哥

今年暑假有幸参加经济学院主办的暑期美国加州大学圣地亚哥分校交换项目,我十分珍惜这次难能可贵的交流机会,非常荣幸能有机会参加此次的访美教育交流项目。从一个多月的活动中,我们师生深入美国加州大学圣地亚哥分校校园,了解美式大学教育方式,旁观了大学开学季的一系列活动,还观摩了教育模式。行程虽然短暂,但我仍然能够从学校参观和访问中获得一些有益的启示。眼睛看到的、耳朵听到的、亲身体会的也许只是九牛一毛,然而,用自己的心去感受,用自己的大脑去思考,激起一波又一波的思考,令我深受启发,收获之丰硕超乎预期。光阴似箭,一转眼为期一个月的交换进入了尾声,我也切身感受了美国的文化和风土人情。

加州大学圣地亚哥分校是一所非常有名的大学,属于加州大学系统之一,位于南加州圣地亚哥市的拉荷亚(La Jolla)社区。由于其环境优美,气候宜人,且坐拥全美顶级海滩,被 Newsweek 评为全美"最性感"的理科学习场所。成立于 1959 年的加州大学圣地亚哥分校拥有一个占地 866 公顷的校园。虽然成立只有短短的 50 余年,却位列加州大学系统内前三名。

在加州大学圣地亚哥分校的学习每日都充实而精彩,虽然选修的课程和我的专业并没有太大的相关性,但是通过三门课程和每周的讲座,我还是学到了很多知识。更重要的是亲身体验了美国的教育,从课堂教学的角度,我认为和中国大学的课堂教学方式没有很大的不同,但是奥尔森(Olson)教授在课堂上使用的教学软件 Prezi 让我印象深刻。Prezi 的制作方式和 PPT 相似,但是制作和修改的方式更加便捷,甚至随时可以通过手机快速修改内容或展示顺序。Prezi 的展示方式和网页相似,可随时调整展示内容的大小,也可插入音频、视频等内容,播放方式比 PPT 更加流畅。Prezi 的展示方式比 PPT 更清晰,但是制作方式却更简单,为大学课堂教学提供了一种新的教学工具。在美国课堂上,听到频率最高的一句话可能就是"有人有问题吗",有时可能在我们看来是很显而易见的事情,老师也还是会问。美国老师希望学生多思考,多说出自己的想法,而不是只坐在教室中听老师讲。我想这正是中国课堂非常缺乏的。

学校不仅有浓厚的学术氛围,同时还有很多有趣的地方和活动。例如,学校中最有名的图书馆,被称为世界上十大最奇特建筑之一。走近后也觉得很感叹,想不明白下面那几根柱子，何以能支撑上面如此厚重而复杂的建筑！学校的书店是我最喜欢的地方，专门售卖各种印有学校标志或吉祥物的纪念品，如U盘、T恤、帽子、茶杯、笔等，让学生为自己是学校的一份子而感到骄傲和自豪！在交换的最后一天，我们赶上了学校为全校教职工开办的活动，现场搭建了舞台，有各种丰富的表演。道路两旁还开设了很多有趣的游艺活动，我们参与了其中一个有奖竞猜活动，工作人员特意选择了一些简单的问题，让我们轻松地拿到了小奖品！

在生活方面，这一个月的寄宿家庭生活十分温馨，寄宿家庭是菲律宾裔美国人，女主人Thlema温柔亲切，经常载我们出去玩；男主人道格拉斯（Douglas）是一位风趣幽默的海军；寄宿家里还有一位超可爱的奶奶，做得一手好菜，奶奶炖的猪蹄和鸡爪非常好吃，一顿可以吃下两碗饭！寄宿家庭成员特别热情好客，在衣食住行各个方面都十分照顾我们，使我们在一个陌生的城市体验到了家一般的温暖。我们和寄宿家庭一起BBQ、打WII，他们还常常带我们去中餐馆吃饭，去老城区吃墨西哥菜，晚上去看圣地亚哥的夜景等。我还为寄宿家庭做了一顿中餐表达谢意！在美国的寄宿生活是一种全新的特殊体验，这些日常的点点滴滴我都会铭记在心。

事实上通过这一个多月的学习与交流，我的英语确实有了很大的提高，也算不虚此行。让我收获最大的学习其实并不在英语课堂上，而在于课后和人们的交谈中。我从最开始几天的每逢别人开口就要说"sorry?"慢慢地也能比较正常和别人交流了。语速和没有见过的地道表达方式，是起初我听美国人说英语的最大障碍。在快餐店点完单后服务员都会问你"for here or to go"（在这吃还是带走），我第一次听到时，人家说得又快，我之前又没听过这样的表达方式，以至于说了三四遍"sorry?"让服务员重复了三四遍我才听懂。于是每天在晚饭后总和小伙们一起跟Thlema聊天，锻炼自己的听力和口语的水平。浸润在英语环境中一段时间，天天都"磨耳朵"之后，才渐渐地适应，没听过的表达方式也能很快反应过来了。

圣地亚哥是一座宜居城市，环境优美，空气清新，蓝天白云，绿树成荫。阳光沙滩伴随着徐徐的海风，随手一拍就是一张美丽的风景照。圣地亚哥有非常好的阳光，课余的时间也和很多小伙伴们一起在圣地亚哥参观，中途岛航空母舰博物馆、科罗拉多岛、拉荷亚（La Jolla）海滩、petco park球场、海洋世界等，每一个景点都留下了我们的欢声笑语，每一个景色也在我们心中留下了印记。

特别感谢郝老师这一个月对我们的照顾，通过暑期项目结识了很多可爱的同学、老师，最后只想说爱我大中国，爱我大北京，等回了北京先吃一周火锅、撸串、家常菜解解馋吧！

（苏博洋　马克思主义学院2016级研究生）

美国之旅

项目期间

今年暑假有幸参加了经济学院举办的加州大学圣地亚哥分校暑期交流项目,进行了为期一个月的美国之行。在加利福尼亚的这段时间,有幸能亲身融入美国的课堂,感受美国的教育方式,体验美国人开放活跃的上课氛围。通过住在寄宿家庭,我亲身感受美国的当地文化,了解美国中产阶级的生活方式以及当地的文化习俗,感受了不一样的人文。

在加利福尼亚,大家都很热情,每个人都希望尽可能地帮助别人,并且很多时候他们的所作所为是不求回报的。司机师傅会特别热情地和你打招呼,当你刷公交卡的时候,他们会特别有礼貌地说谢谢。公交车上也有专门为残疾人精心配置的装置,很方便那些行动不便的人单独出行。

在加利福尼亚,大家周末一般不出行,而是选择待在家中,所以马路上很少会看到车辆和行人。我住的寄宿家庭的爷爷奶奶每个周末下午都会开车去周边的海滩漫步,从一个海滩走到另一个海滩。美国人的生活节奏很慢,他们知道怎么享受生活,他们把生活、工作都安排得有条不紊,注重自己的生活品质,注重自己的身体健康。从他们家到学校的公交站台对面有一家健身房,他们很早就会去健身房锻炼身体,有 20 岁左右的年轻人,也有中年以上的大叔,他们锻炼身体不分时间,从大清早到傍晚都有人坚持跑步,不管太阳有多大,他们都一直坚持,包括一些奶爸一手推着婴儿车,一手遛着狗,也坚持跑步锻炼身体。所以说,很多事情都是可以同步完成的,关键看你怎么安排时间。

项目结束后的旅游

项目结束后,我就跟我们这个团队的小伙伴一起组团游了十几天,我们先去洛杉矶,直接奔着环球影视城去的。虽然没有想象中那么豪华,但哈利波特真的是我最期待也最没令我失望的一个项目,最后硬是玩了两次才出来。接着就看了美轮美奂的灯光秀,哈利波特魔法城堡真的让人震撼,基本还原了整个场景。游完洛杉矶之后,我们跟着旅游团去了黄石,感叹大自然鬼斧神工的同时,也好好树立了自己保护环境的意识,黄石国家公园的老忠实喷泉因为环境问题已经越来越不守时。

但美国的国家公园保护力度比我国要大得多,保护程度也因此好得多,更好保存了森林的模样。

因为这段路程我们选择的是跟团行,全程随行的是一个美国大巴司机师傅和一个中国导游。坦诚说,我跟团很少能遇到这么好的司机和导游,很热情也很耐心,司机师傅每次上下车都会帮我们所有人取放行李,不管行李箱有多重,没有丝毫的怨言。也很佩服司机师傅的传奇人生,真的觉得人这一辈子不一定要活得有多么精彩,但一定要遵从自己的心意,做自己想做的事,活成自己想要的样子。司机师傅自己玩得起哈雷,开得起私人飞机,现在选择做一个旅游团的大巴司机,他说这是他热爱的事业,等到有一天他不想做了,他自然而然就会辞职去做更有趣的事情,钱对他来说真的已经不是很重要了。他对于人生、对于事业的坦然,真的很少有人能做到。所以说人还是要趁年轻多出去走走,多看看外面的世界,才知道这个世界有多美好,才知道人的一生可以活得这么随心所欲但又不失意义。看看别人生活的方式,选择的道路,可以激励自己更好地找到自己的人生方向,找到人生的意义所在。

我们去完黄石直接在拉斯维加斯脱了团,开始了自由行。拉斯维加斯的温度很高,常年40℃以上,天气很闷热,热到有点透不过气来,比起拉斯维加斯我更喜欢加利福尼亚常年宜人的气候。拉斯维加斯真的是一个让人纸醉金迷的地方,那儿的人都竭尽所能地展现自己的美,以自己想要的方式生活着,他们年轻,他们放纵,感觉他们有大把的时间可以挥霍。青春仿佛就是一场赌博,一场放肆,一场说走就走的旅行。那儿没有白天黑夜之分,准确来说,拉斯维加斯的夜晚才是真正放纵的开始,豪车、美女、赌博就是拉斯维加斯的代名词,每个人都精力充沛,那儿就是一座不夜城,大街上你也可以看到很多公然发"小广告的",在那儿感觉一切都是合法的,没有约束,只有欲望的释放。你可以近距离地窥探自己的内心,你会不会动摇,会不会沉迷于这种放纵的生活,会不会有一天在这种生活中迷失自己。

我们美国之旅的最后一站是旧金山,跟拉斯维加斯40℃的高温比起来旧金山真的很冷,我们去的时候应该20℃都不到。旧金山给我的第一印象就是脏乱差,街道脏脏的,路上很多垃圾纸屑,街边很多流浪汉,他们会跑过来问你要酒和烟,所以从一定程度上也可以反映出旧金山的治安并不是那么好。还有黑人在街头卖唱,敲着看起来破破的桶,唱着属于自己的歌词,宣泄着属于自己的内心独白,整个看起来与久负盛名的旧金山显得格格不入。我们第二天就去了渔人码头和金门大桥,我和小伙伴选择骑车穿过金门大桥,一路骑行下来后悔没有租头盔,风很大,距离很远,一路说说笑笑迎着风硬是骑行了好几个小时,不过想一想这不就是年轻该有的模样吗,做自己想做的事,像个年轻人一样。总之,虽然我们去旧金山时天气很凉,但由于选对了出游方式,对旧金山的印象并没有因为到处存在的流浪汉而减分,相反,我们认为旧金山真的值得一去。尤其是金门大桥真的就应该骑车穿越,才能感受到金门大桥的宏伟,过程永远比结果重要得多。

(杨训琪　财税学院 2016 级研究生)

美国记忆

通过五周的学习,我对美国的了解更加深刻,拓展了视野,锻炼了自理能力和解决问题的能力,英语口语听力也得到了很大的加强,和外国人交流也变得越来越有自信了。以下是我对这五周的总结。

首先是饮食。在中国,民以食为天,有各式各样的蔬菜水果,有各种各样的做法:炒、煎、贴、烹、炸、溜、熬、烩、焖、烧、扒。但在美国,主要食物就是肉,以牛肉和鸡肉为主,再加上水果沙拉。我们第一天中午,吃了学校的自助餐,虽是自助餐,但对我来说最好吃的是披萨,蔬菜是生的或是水煮的,再淋上各种酱。对美国的食物有些失望,我和舍友开始自己想办法,上网查资料学着自己做饭,去中国超市买了宫保鸡丁、京酱肉丝、老干妈、包子、生菜、黄瓜、鸡胸肉等各种食材和调料,我们随后自己开小灶,做了丰盛的晚餐,邀请寄宿家庭成员和我们共进晚餐。但是没有想到寄宿家庭的父亲把自己的四个儿女都叫过来共进晚餐,十多口人的阵仗,着实有点吓着我们,害怕自己做的菜不合口味,在外国家庭面前丢了中国博大精深的饮食文化的颜面。不过还好,我们的主厨舍友临危不乱,做的菜品味道都非常棒,获得了寄宿家庭一致的称赞。女主人还希望能够学习我们做菜的方法,换换食品的味道,做出多种口味的菜肴。

寄宿家庭成员是菲律宾裔美国人,女主人会给我们做日式面条、菲律宾式炒饭、炖牛肉,肉酱的味道很好,是在中国吃不到的味道。平时也会给我们买好吃的樱桃、香蕉、蛋糕、咖啡、燕麦面包等,尤其早上的咖啡,是我们倒时差学习时的必需品。酸奶虽然特别粘稠,但是配上牛奶,就是非常美味的饮料。还有超级大的热狗香肠、maffin、番茄酱、冰牛奶配燕麦片,都是令人回味无穷的早餐美食。

中午学校食堂的一顿饭非常贵,含税10美元左右,大概是70元人民币,但是量很足,也很美味,有一些符合中国学生口味的饭。有一天,我们在路上碰见了一个墨西哥小哥手捧一杯奶茶,在几番思索后,我们鼓起勇气,主动"搭讪",询问了奶茶店的名字。后来又路遇中国香港小哥,他们把我们带到了奶茶店里,非常热情。在国外路遇中国人都会感觉很亲切,大家互相帮助,总之饮食上的问题迎刃而解。

其次是学习。在我舍友的带动下,我们和寄宿家庭成员每天都非常友好地交流,既锻炼了口语,也交流了文化信息。我们聊了很多话题,比如我们在生活中遇到的问题:像如何给小费,住宿家庭说给5%就可以,或者不开心不给也行。寄宿家庭用车带着我们去车站、学校、Trolley 车站,非常详细地介绍了路线,害怕我们会走错路。也会告诉我们一些"家规",比如洗完碗之后要用毛巾擦干,垃圾倒在哪里,怎么洗衣服等。

还有生活中的见闻趣事,比如我们在车站站着,公交车无视我们就开过去了,当时那个场面真的很好笑,我们都惊讶地目送公交车飞驰而去,目瞪口呆,然后不得不打车走,因为下一辆公交车还要等一个小时才能到达。因为公交车每隔一个小时来一辆,所以我们每天早上起床上学都不得不飞奔,生怕赶不上车。

当然了,还有吐槽。比如吐槽哪位教授布置了很多作业,我们又得熬夜做作业了。幸运的是,我们也因此学会了平衡观光、购物与学习三者之间的时间。简而言之就是,如果不想熬夜想睡觉,就得抓紧时间写作业,但是又想购物,所以就要充分利用坐公交车的时间等,像挤海绵那样节省时间,既快乐又充实。

为了去吃喝玩乐,我们下载了很多应用程序(App),像谷歌地图、lyft、优步、yelp、携程。在国内买好适合中国人套餐的电话卡是很重要的事情。多亏了我们贤惠的舍友总是第一个写完作业,然后做旅游攻略,带我们去各种景点。尤其是看百老汇歌剧魅影,我们提前了1周订票,既便宜位置又好,音乐很好,表演也很好,我们都很享受。在纽约玩时,在第五大道买了包、手表、衣服、耐克(Nike)鞋,收获颇丰,赶上店里的打折活动,既便宜,质量和设计又很好,很开心。

在纽约,去奇妙夜里的博物馆参观时,我们感觉置身在电影场景里,各种动物标本栩栩如生,好像到晚上就真的能够跳出来,互相嬉戏、打闹,而白天又恢复正常。在参观时一个外国人对着孩子说,晚上这里这些动物就会活过来时,我们也都会心地笑了。博物馆里很多展品都是捐赠的,我们的确体会到了国外慈善的热情。另外,在博物馆里,一个舍友的耳钉掉了,大理石的地面,很难找到。但是这时一个外国女人看到我们在找东西就来帮助我们,我们很感动。但是令我们大吃一惊的是,这位外国女士直接趴在地上,侧着头观察地面是否有反光,然后几秒钟的功夫就找到了我同学丢失的耳钉,她的老公还打趣说她对于在地上找耳钉非常有经验,我们都哈哈大笑,但其实内心十分感激和感动。我们在旅游的时候遇到了很多热情友好的外国人,尤其是在酒店乘坐电梯时,虽然大家都不认识,但是还是会互相问候。

如果有机会,我还想继续参加交流项目多去几个国家看看,既能开阔视野又能提高口语能力,一举多得,何乐而不为呢。

(殷驭文 金融学院2016级研究生)

圣地亚哥后记

圣地亚哥体验之生活环境

来之前对这里的一切都充满期待,期待着我们的寄宿家庭温馨和睦,想象着加州温暖宜人的气候和加州大学圣地亚哥分校(UCSD)一年四季的晴空万里,想切身感受一下美国的文化氛围。从机场出来的那一刻,尽管已经是子夜1点,尽管车马劳顿、几经周折,但感受到了清凉的夏风,看到了房东的耐心等待,所有的期待开始变成现实。

房东是教师夫妇,有三个女儿,家里七间卧室,两个浴室,派对后院有花生形泳池,标准的美式住宅,可以在自家周边种植喜欢的花草树木,把自家房屋粉刷成各种清新亮丽的颜色。特别的是,房东非常好客,家里常年收留寄宿学生,在这里我们结识了迪拜和沙特阿拉伯的友人,也了解了一些他们国家特有的文化,感受了一回国际家庭的生活。这里的人们喜欢饲养宠物,我们住家也不例外,六只狗狗和一只猫咪和平共处,What's a big home! 房东人很好,带我们逛超市,给我们做西餐(吞拿鱼面条、牛肉面条、鸡肉、汉堡、意大利面,各种沙拉水果),向我们介绍他们的生活习惯,很开放的两位中学教师,不会对我们做出过多的约束。他们认为我们既然都是成年人了,该有自己的生活态度,只要保证安全就好。

清晨,走在SD安逸明媚的上学路上,从家到车站的路程短短一刻钟,就能够感受到两国的文化和交通差异。这里的人很热情,起初我们会被主动和我们打招呼的晨跑者吓到,当有人在等车时和我们聊天,我们会觉得尴尬,但久而久之就会发现,在任何时候和任何人谈笑风生都不是一件奇怪的事情,陌生人之间也可以很自然地表露情感。这里的交通秩序给我留下深刻的印象,在一些没有红绿灯的小路口都会写有"STOP"的标志,提醒司机要避让行人,即使空无一人,也要刹车慢行,而每个司机也都严格遵守着这样的规定,作为四个从拥堵的北京城来到这里的姑娘,面对地广人稀、车辆让行的马路,着实受宠若惊。

总体来说,SD是一个生活节奏比较慢的地方,又不处在市中心,生活慢、工作慢、公交慢、车速快(毕竟车少人少),是个宜居的地方。

圣地亚哥体验之 UCSD

此行的目的是学习,我们带着求知欲来到了有名的加州大学圣地亚哥分校,开始了在全球政策和战略学院(School of Global Policy and Strategy)为期一个月的学习生活。这所学校很大,每天上学感觉像是在爬山,我们每个人都办理了临时学生卡,并参观了这所学校的地标性建筑——盖泽尔图书馆(Geisel Library)。此次的暑期学习有三门课程,下面一一做一下介绍。

讲授组织领导力(Organizational Leadership)的老师是位华裔老教授,这种讲授如何做人、如何领导员工的课程在中国不常见,但是美国却很重视此类培养情商的课程。老教授以两个问题来开启这门课程"Who I am?"和"Which kind of people we want to be?"他告诉我们只有真正了解了自己,并且知道了自己要做什么,我们的人生才有意义。作为一门讲授领导力的课程,教授告诉我们,在领导他人之前,我们要先学会领导自己。MBTI 测试帮我们明确了我们的优缺点,和未来需要改进的方向,"My Goal"的课堂展示让我们为自己的目标增添了助力,这是一门充满正能量和自身素质养成的必修课程。

市场营销与管理(Product Marketing and Management)的老师经验很丰富,20余年的授课经验使他对中国及美国的市场特点分析透彻。"Marketing is anything, anything is marketing"是他对市场一词的高度概括,生活中处处可见市场营销的影子。虽然我在之前的学习中接触过市场营销这门课程,但是再次学习还是受益匪浅。从产品的选择、制作,到推广,老师都很有研究,对品牌的调查尤其深入,其中包括美国的知名品牌苹果公司(Apple Company)、耐克(Nike),也有跻身世界五百强的两个中国品牌联想和华为。一个产品的品牌是要靠十年以上的时间积累而成的,厂房没了可以重盖,但是品牌丧失则回天难矣。

讲授全球商业策略(Global Business Strategy)的是位女老师,曾经来过中国,也对中国文化有切身的体会。这门课程主要讲述世界各国间的文化差异,尤其是中美差异,从生活方式、行为、饮食、出游、对话、宗教、教育、气候等方面讨论了中国与美国文化的不同,如果用一个词来概括两国,那么美国是自由,中国则是家庭。中国永远以家庭为中心,家庭是一个不可分割的团体,比如中国人买了车,会说"我们家有一辆车",而美国人则会说"I have a car"。最后,老师让我们以中美差异为题做了课堂展示,并以课上给出的五项标准写一篇文章。在课堂上,师生之间相互了解、相互学习。

圣地亚哥体验之吃喝玩乐

学习之余,当然还要品尝美食、欣赏美景、购物娱乐了。

民以食为天,先从吃说起吧。中国人对食物尤其重视,从食材的准备到烹饪手法都有着诸多讲究,但是美国人对吃并没有太多的要求,种类也不多。家庭的伙食一般以鸡肉、沙拉为主,用烤箱和芝士烹调各种食物。汉堡是这里的特色,房东家的自制汉堡简直一绝,各种餐厅的汉堡也是风格各异,Five Guys 和 In－n－out 是两家相对知名的汉堡店。但是由于我们在点餐之前没有做好功课,不会读配料的英文很是尴尬,导致每次点餐都很艰难。除了汉堡和烧烤(BBQ),这里的食物大同小异,比不上中餐的种类丰富,也可能是我们吃不惯吧。

我的导师曾教导我们要"行万里路,读万卷书",旅行的意义在于放松的同时,使自己的阅历得到充实,让心灵得到升华。在每个周末以及课程结束后的一段时间里,我和朋友们一起走过了 SD 午后的沙滩,看成群的海豹慵懒地摊在礁石上;跨越了跨海大桥来到科罗拉多岛,在洒满余晖的海边照出美美的相片;完成了人生中的第一次射击,手握手枪和步枪激动的心情溢于言表;来到了奇幻的环球影城,在哈利波特主题区寻找儿时的记忆;在导游的带领下俯视马蹄湾、走进羚羊彩穴,感叹大自然的鬼斧神工;每天起早贪黑,亲眼见了美西壮观的峡谷地貌;两入黄石国家公园,被这座巨大的有着奇特地质的活火山所折服;抵达了不夜城拉斯维加斯,感受了赌场大道的纸醉金迷和这里炎热的沙漠气候;最后一站,阴郁的旧金山,和朋友在冷风中毅然决然地骑行穿过雄伟的金门大桥。

40 天的暑期美国西部之行到此结束了,在这里,我学习了新知识,结识了新朋友,感受了美国的生活,目睹了各地风土人情。虽然每天起早贪黑很累,但也很充实,虽然会遇到种种的麻烦事情,但和朋友们一起就没有解决不了的问题。真的很感恩在此次行程中每一位帮助过、照顾过我们的人,从房东、老师、朋友,到陌生的优步司机和路人,是你们的帮助使我们的旅途变得顺利。

最后,期待下一次的美国之行!

（袁庆　财税学院 2016 级研究生）

加州回忆

从入校前了解到这一暑期交流项目，到宣讲会和项目报名与面试，再到后续一系列的行前安排会议，最终我和40多名同学在7月8日一起出发奔向了圣地亚哥。

出发那天着实是状况百出。同学们很早就在机场集合并办理了行李托运，然而，在我们候机时，却一次次被通知晚点，带队的郝老师也在不断安抚同学们焦急不安的情绪。后来登机后又等了许久才到达旧金山，为了赶上旧金山飞往圣地亚哥的飞机，一行人推着行李箱飞奔在旧金山机场，然而还是误了飞机。当时同学们三三两两地坐在旧金山机场等待郝老师和国航联系改签的通知。在漫长的等待后，大家最终在当地凌晨3点抵达了圣地亚哥。

在圣地亚哥的第一天，房东马里奥（Mario）和维维安娜（Viviana）带我们去了家附近的海滩游泳，也和我们介绍了许多当地的特色。7月10日是交流项目开课的第一天，加州大学圣地亚哥分校的老师带领我们办理了学生证件并参观了校园。随后的日子里，我们便进入了充实的暑期课程的学习之中。三门课程分别是组织领导力（Organization Leadership）、市场营销（Marketing）以及全球商务和策略（Global Business and Strategy）。圣地亚哥分校的老师们都很友好，为了调动我们在课堂中参与话题讨论的积极性，教授带我们做了性格测试，并耐心跟我们讲解各个描述词的内涵。为了促进我们对美国文化的了解，他也在作业的安排上用心良苦，让我们观看美国创业的综艺节目，并且进行总结和课上交流，令人获益匪浅。市场营销课程的教授在课上不仅注重基础理论知识的讲解，也结合了许多综合的实际案例进行分析。这不仅为我们课后分析运动品牌安德玛打下理论基础，也让我们了解到不同企业的企业文化与营销战略。全球商务与战略的课程教授是一位诙谐幽默的女老师，在她的课上，我们不仅了解到当前全球经济的大体情况，也对当前各个国家在经济政策中所采取的策略有了新的认识。在暑期交流项目中，还有四次不同主题的专题演讲报告，这也开拓了我们对全球经济战略的新视野，感悟颇深。

在圣地亚哥，每天除了上课外，还有许多事情值得一提。每个周末，郝老师都会向大家介绍并组织感兴趣的同学一起游玩。动物园、海滩、海豹、海洋馆、老城、奥特莱斯、世博会遗址、科罗拉多岛、博物馆等，都有许多我们美好的回忆。为了贴合市场营销课程,加州大学圣地亚哥分校的项目负责人还带领我们参观了 Petco Park。大家在被豪华的棒球场惊艳的同时,也感叹于棒球悠久的发展历史与 Petco 公司专业的市场定位与营销理念。另外,在课程的最后一周,我们有幸参观了政府大楼,并与郡长先生在会议室交流谈论圣地亚哥的发展规划。

时光如梭,在加州大学圣地亚哥分校的四周快乐且短暂。回国后,依旧念念不忘校园里诙谐幽默的教授,有趣活泼的课堂氛围,味道惊人的 UCSD Price Center,宏伟壮观的 Petco 棒球场,景色宜人的度假岛,舒适温暖的海风和海天一线的风景,异域风情的芭葆雅公园,热闹非凡的老城……它们无不向我们展现着圣地亚哥的美丽。

在这次暑期项目交流中,虽然遭遇了飞机延误和更换寄宿家庭等不愉快的事情,但项目整体的安排与规划是很令人满意的。首先,首都经济贸易大学经济学院在出行前细致的签证培训,与行前注意事项会议等安排替我们规避了出行时可能遇到意外状况的风险,项目负责人高老师不仅负责整理我们的签证申请材料,也为我们课程结束后的小团体出游的行程安排进行指导,并为我们订好回程的机票。另外,此次暑期项目交流中,为了方便大家在美国的出行,加州大学圣地亚哥分校也在入校当天发放了交通卡,在日后的生活中起到了至关重要的作用。值得一提的是,此次交流项目中,学校为我们投了飞机延误险以及个人的人身安全等保险,解决了我们在国外学习期间的后顾之忧。另一方面,我和室友贾玥在入住第一家寄宿家庭时,由于宠物和门锁安全的问题与寄宿家庭沟通协商未果,但考虑到房东对我们比较友好,就不再追究计较了。但当房东短期外出时,由于住房里的其他租户不友好的态度以及门锁问题一直未解决的原因,我们便向带队老师郝老师反映了这个问题,郝老师也积极与校方沟通并要求尽快更换寄宿家庭。在这里,首先在住宿方面,一定要以自身安全为第一考虑要素,如果遇到不合心意的寄宿家庭要尽快与带队老师进行沟通,尽快解决问题。其次,带队老师是我们和加州大学圣地亚哥分校校方沟通的桥梁,也是为我们切身利益考虑的“家长”。在项目中,如果遇到任何问题,要及时向老师反映以求得解决办法,从而保证自己在交流项目中有良好的体验。

最后,谈及个人感受,由于自己曾申请美国研究生的原因,在入校前就了解到经济学院的暑期交流项目,在参与宣讲会等一系列活动流程后,最终有幸到加州大学圣地亚哥分校体验美式课堂文化,是一次很不错的体验。虽然四周的课程学习较为短暂,对专业知识的理解也比较有限,但这种从交流讨论中学习的轻松氛围是在国内课堂中很少经历的。在住宿方面要学会融入当地家庭,也要尽量与寄宿家庭成员多交流沟通,这不仅可以提升英语口语水平,也有利于关系的融洽。在游玩方面,多和朋友去不同的景点,不仅可以锻炼自己的独立能力,也可以见识很多不一样的景观文化。

暑期项目已经结束一个多月了,但每当想起在美国加州的种种,都历历在目。感谢首都经济贸易大学经济学院提供的机会,也感谢同行的老师和同学的关照,让这次美国之行更加美好。

(张艳艳　金融学院 2016 级研究生)

2017 暑假 GU& 纽约行

这个夏天,我们的团队来到了位于美国首都华盛顿的乔治城大学(GU)进行为期三周的暑期交流。完成了紧张而又充实的学习后,紧接着又动身前往有"不夜城"之称的纽约曼哈顿。在美国的这一个月里,这个国家带给了我不一样的体验和感悟,增长了见识,拓宽了眼界,也让我在这个团队中认识了更多的朋友。

正所谓读万卷书,不如行万里路(行万里路前最好先读万卷书),此次穿过白令海峡,越过 12 个时区,横跨整个太平洋,总共 1.2 万千米的旅程对我来说无疑是一次难忘的体验。美利坚合众国,在短短的一个月时间内,给了我全方位不一样的异国体验。

西五区时间 2017 年 7 月 15 日傍晚,飞机在美国首都华盛顿的杜勒斯国际机场安稳着陆,我们一行 36 个学生与 3 位老师踏上了异国他乡的土地。在对新学校、新环境的满怀期待中,我们乘坐校巴抵达了久负盛名的乔治城大学。当晚,在老师们组织的一个简短会议之后,我们便入住了下来,正式开始我们的美国之旅。

教育

在这为期三周的交流项目中,我们将于乔治城大学的麦克多诺商学院修习几门商科相关的课程。15 天的课程中,四位和蔼可亲又学识渊博的教授用生动有趣的语言和众多的案例向我们传授知识。与中国传统的"老师讲学生听 + 做笔记"的授课方式不同,教授们更多是图文并茂,用大量与我们现实生活息息相关的例子来进行阐述,并且与同学们进行大量互动,这种极具特色的教学方式调动了我上课的积极性,让自己更加主动地去参与课堂。四位教授的授课方式看似大体相同,却又各具特点。其中,令我印象最为深刻的是教国际市场营销的斯库巴(Skuba)教授和教美国法律体系的库克(Cooke)教授。斯库巴教授的授课方式极其接地气,把看起来高大上的经济问题与我们日常生活中遇到的问题紧密联系起来,配合详细的数据,向我们阐述相应的知识点。斯库巴还经常在课堂上提到他的妻子,展示出一个爱家的美国人形象。而库克教授在我眼中更多的展示了一个充满活力与朝气的形象,尽管库克教授已经年逾花甲,但他在课上总是与我们开玩笑,营造出一种非常轻松愉快的氛围,甚至还把自己的兴趣爱好加进了我们的考试题目中。在最后一节课,库克还邀请了我与几位同学上台进行角色扮演,向同学们形象地讲述法律知识。

这几门课程中,教授们独特的教育方式都深深地吸引着我,每次上课结束依然有种意犹未尽的感觉,独特的教学方式也确实能够很好地调动大家的积极性。

校园环境氛围

乔治城大学的整体校园环境与中国的确有所不同,这里的学生更喜欢三五成群地聚在一起进行各种活动,开派对。不论何时走在校园,总能够见到一拨拨学生们有说有笑地走过。看来美国人都特别喜欢开派对。

除了娱乐,校园的整体学术氛围也是相当浓厚,不论是老师还是学生,都给人以学术素养优秀的感觉。

城市

除了在乔治城大学进行学习交流以外,我们还在华盛顿各大景点、博物馆以及企业进行了参观。林肯纪念堂、国会大厦、纪念碑、各大博物馆等地的游览让我更进一步地了解了美国的历史和运行体制,这还得感谢周老师详细周到的解说。在房利美的参观中,工作人员的讲解,向我们展示了美国证券的部分运作方式。

整个城市,绿化做得相当不错,到处都能够见到大面积的植被覆盖,道路清洁工作也同样优良,可见政府的确下了功夫去治理。

饮食

比起中国人注重营养菜式的多重搭配,美国的饮食文化看起来似乎要单一一些。或许是由于体质和基因的缘故,美国的餐饮中,各种大块肉类占了相当大的比重。其次,油炸快餐类的食物售价较为便宜,或许这就是美国肥胖率较高的原因。

在乔治城大学的最后一天,学院为我们举行了结业典礼,有幸接到老师的委托,我和学姐一起制作了一部回忆影片,在典礼上放映并得到了肯定。典礼后,我们都愉快又不舍地一一跟各位老师和教授道别,这次乔治城大学的学习交流就此完美谢幕。

体育

作为一名篮球爱好者,代表着篮球最高水平的美国当然是我向往的一处篮球圣地。乔治城大学更是全国大学体育协会(NCAA)著名的篮球名校,乔治城大学惊叹队曾数次获得 NCAA 总冠军,并走出了艾弗森、莫宁、尤因(现惊叹队主教练)等多位美国男子职业篮球赛(NBA)传奇超级明星。来到这里,最让我期待的便是在学校的篮球场与外国友人打几场篮球，了解与学习他们的篮球文化，与他们进行球技的切磋。在打了几场后，果然不出所料，这里的同学整体的身体素质和篮球水平的确要比国内绝大部分同龄人好一些，基本功很扎实，大家对篮球还有其他各种运动项目的热情也相当高。

在美国的一个月以来，我收获了很多，也感悟了很多。作为一个超级大国，美国的学术和教育确实有很多方面值得我们去借鉴与学习，也明白了为什么这么多世界各地的优秀人才希望赴美深造，这里确实是一个能够很好锻炼和提升自己的地方，也有着很多的平台和机会去进步。最后，要感谢各位老师同学和教授的陪伴，当真不虚此行。

（陈泊均　华侨学院 2015 级本科生）

乔治城大学

从北京到华盛顿。

从"哇！牛排"到"哦……牛排"。

从互不相识到相约出游。

从在校园迷路到帮别人指路。

从听不懂老师说什么到发现老师居然考他的爱好和成就。

从空空的行李箱到满满的行李箱。

从单纯的风景照到黑照满满。

为期三周的暑期学习几乎眨眼间就结束了，在这里我不仅收获了知识也收获了满满的回忆。

我们一共和四位教授学习了四门不同的课程，而他们四个完全不同的风格都让我耳目一新。

我们的第一个老师斯库巴（Skuba）教授，一位很亲切的教授，语速很照顾刚到美国的我们，在讲述国际金融课程时不断运用美国和中国知名公司的案例，让我们将知识更好地带入课程。让我印象深刻的是他经常用很多知名公司的真实案例阐释知识，总能引起我们的共鸣。作为我们的第一位老师，他成功地帮助我们融入了美国的学习生活中。

我们的第二个老师多兰（Doran）教授带给我们最多的挑战。她给全班留下的最深刻的印象便是在第一节课的120分钟时间里讲完了100页几乎全是文字和公式的PPT并播放了三段视频。多兰教授讲的是证券与金融，这是我的专业课，所以我以为很多知识我能快速理解，但是往往是我在查一个单词的时候，下一页PPT已经翻过了，这种速度带给我们很大挑战，因此我们需要花大量的课下时间来消化课上讲的知识与公式。在这种高强度的学习中，我们通过做习题和阅读飞速进步，也终于在最后的考试中交上了满意的答卷，我想我们每个人都度过了充实的一周。

我们的第三位教授是贝奇·西格曼（Betsy Sigman），她则极为重视实践。我们与她相处的时间不长，但是在短短的三天中她却带我们近距离地与甜品店老板交流奋斗历程，还带我们参观了乔治城的手工作坊，体验了VR技术，可以说这些新鲜的活动让我们不仅学到了知识也充分体验到了美国的生活与文化。作为VR的体验者，我感受到了新时代的到来，感受到了乔治城的多元化以及古老校园里的科技底蕴。

最后一位教授汤姆·库克(Tom Cooke)教我们美国法律，在上课前我们普遍认为这是一门很枯燥的课，但教授凭借他的幽默感让我们每个人都乐在其中。他不断用吸引人的事例来讲述美国法律，深入浅出，力争让我们每一个人都能理解每一条法律的内在含义。但最让我印象深刻的还是他的考试，当他考我们他自己获过多少次奖以及他退休后会做什么时，我终于意识到上课细心听讲的重要性！有时候我们不在意的细节往往成为关键！

当然除了日常的学习，我们这三周也参观了很多博物馆，我们不仅参观了华丽的艺术博物馆，见识了震撼的航空航天馆，也感受了自然历史博物馆的风情。在这之中最吸引我的便是航天馆中的宇航飞机展览馆，在那里我们能重温每一艘航天飞机的发射瞬间，同时我们也能见到很多航天飞机舱内的物品，这是国内所见不到的。最有趣的是我们能和当地美国游客一起参加有关航天的知识竞赛，通过答题我们收获了很多有关航天的知识。当然我们还参观了林肯纪念堂、越战纪念碑等景点，其实与其说是景点，不如说是公园的一部分，这些历史的印记就像风景一样，遍布在华盛顿的每一个角落。

在三周当中，我们充分体验了当地与中国不同的文化与习惯，我觉得其中有很多文化和细节值得我们学习。首先便是美国人的礼貌，他们不像中国人一样见面说"你好"，而是在每次见面的时候都会以"how are you"开头，这大大地拉近了人与人之间的距离。比起简单的 hello，疑问句更能体现人与人之间的关心。还有就是美国的交通也与中国有很多不同。在美国，在每一个十字路口汽车都会停车后再启动，如果有行人，无论远近都会停车等候，从不向行人鸣笛。同样的，行人也大都遵守交通规则，很少出现抢过马路的现象。这种行人与汽车的默契在北京的交通中还是很缺乏的。当然这也和美国的立法有关，如果中国能规定汽车必须在十字路口刹车，行人不遵守交通规则负全责，那想必也会减少交通事故和"中国式过马路"的现象。同时在下雨天，每当我们着急着打开伞时，当地人则总是一脸淡定地边走边玩手机，不少人还把上衣脱下，充分享受着大雨带来的快乐。

当然美国也并不全是优点，初来乍到的我们为此也感受了不少尴尬。比如美国的 711 找不开 20 美元，美国的地铁里是没有信号的，美国的商品基本都是其他国家制造的，如果是美国本土制造的话，质量就极为堪忧了。我想每一个国家都不是完美的，美国也有美国的问题，像治安和交通。我们所能做的就是取长补短，尽可能地把城市建设得更美好。

在这三周当中，对当地的文化的学习，破除我们对美国文化的很多误解。我第一次了解到其实美国也有所谓的军训。与我们的全军事化管理不同，美国的孩子们参加的是童子军,每年的 7 月份和 8 月份会有专门的教官带着童子军们进行参观与活动,进行爱国主义教育。在国内我们完全没有听说过这些,而在华盛顿我们曾数次与他们的队伍擦肩而过,在我看来这种爱国主义教育很有特色,能充分调动学生们的积极性。

　　最后还要感谢一路上照顾我的老师和陪我度过三周的同学们,是他们让我在三周的异国生活中感受到了温暖与快乐,短短的三周让我们从陌生到相知再到无话不说,如果有下次我们还要一起走过!

（陈家言　金融学院 2015 级本科生）

交流小记

　　这个暑假是快乐的,像小学期,像度假,更像一次放飞自我的心灵之旅。在乔治城大学(GU),与许多新结识的同学老师一起完成了收获满满的为期三周的课程;课程结束后,和几位同学一起从美东飞到美西,又飞回美东,收获了劳累又愉快的旅行时光;自己在这次游学中受益颇多,心灵和头脑都得到了成长。

　　7月16日,我们一行人到达了美国华盛顿特区。第一次看见了乔治城大学的校园。对我来说,也是第一次感受到美国的校园文化。虽然之前和家人因为旅行去过美国,但是旅行毕竟是旅行,和真正在美国的大学中学习感受自然是不同的。等待我的也是异国文化和语言的冲击。抵达GU,第一眼看见的是仿佛哥特式教堂的一座教学楼和宽阔静谧的校园。建筑都有些复古,和国内有些著名的大学很相似,也许是精神同源吧。

　　之后有一天的休息和安顿。在一天的休息中,我们不仅熟悉了校园,也熟悉了学校周围的环境。GU附近的街道,是很有名的M街,既是逛街的好去处,也有一些著名的美食,比如乔治城Cupcake,不过后来据教授说,此食品只是徒有虚名,并不建议大家去吃。附近也有一些很大的超市,面积很大,各类物品都非常多,而且人都超级少。比如TJ、Safeway,可以很好地满足我们的日常购物需求,也顺便让我们体会到了在美国大型超市购物的感受:真是地广人稀。除了大型超市,还有一个很有意思的购物地点就是CVS。在去美国之前,我并不知道这个店,或者说只听过名字,但是不知道这个店具体是干什么的。其实个人认为CVS非常有意思,它如果直接翻译过来,意思是药店。CVS里确实有很多药,但它绝不仅仅是卖药的地方,里面的化妆品、日用品,还有食物应有尽有。也许是因为它是个药店,所以里面的化妆品有许多是药妆,即使不是,也让人感觉很安全。而且它很平价,所以基本成了我在华盛顿时"剁手"的天堂。而且,CVS的网点非常广,在华盛顿和纽约,我们基本走几步,就可以看见一个CVS,学校附近就有两家。姑且认为全美国的大城市都是这样吧。对了,在课余时间,我们还发现了学校附近居然有一家猫咪咖啡店,和国内的猫咪咖啡店乍看十分相似,比如里面有许许多多只猫,但细看还是有很多不同。比如,这家店是需要入场费的,不同的时间,不同的价格。还有店内没有自己的厨房,如果顾客想吃喝,店员就去M街上买。某些猫咪野性未驯,习性凶猛,且身藏利爪。我的好朋友因逗猫过于投入,就不慎被抓伤了。

　　至于我们的课程,有一些还是很有意思的。四门课程,四个教授,性格不同,教学方法不同,给了我们许多新鲜的体验。虽然他们性格不甚相同,但都很重视和学生的互动。在课下,也许是为了提高我们的英语水平以及和教授互动的积极性,GU 方面还安排了下午与助教的聊天时间和中午与教授的午餐时间,效果显著。到了项目接近尾声的时候,绝大多数人都告别了羞涩。在课余时间,我们还参加了一个路演活动,听了一些新奇的创新点子和项目。虽然有一些点子在中国不仅早已有人提出,而且已经实现了,但是感受一下路演这种活动的气氛还是很好的。还有,美国的法律条文是真的被严格执行的,比如让我一度很苦恼的饮酒的年龄限制:21 岁以下不得购买酒精饮品。超市和酒吧都绝对要询问年龄,要让你出示 ID 的。不仅如此,连路演这种场合,里面的免费酒吧(free bar)也要出示 ID。在中国自由惯了,这一点确实让人有些苦恼。

　　在教授们的幽默课程,轻松愉快的课余时光,一些不痛不痒的小小测试之后,我们结业了。之后就是自由的旅行了。同学们各奔东西。我们有六个人一起行动,先飞到了盐湖城,在芝加哥转机,去著名的黄石公园探秘了两天,真的是挺有意思的。奇异的火山岩温泉,在温泉周边半枯死的树,因山火烧焦的森林,苍凉、一望无际的荒原,成群结队抢占公路的野牛,这些景色让人迷醉。不过也可能是因为公园弥漫的硫磺味,让人脑子晕乎乎的。美国西部很粗犷,很荒凉,很能体现出自然的力量,和东部的国际大都市相比,更能扣动心弦,符合我心中对美国的定义。但是,虽然我更喜欢西部的景色,但是不可否认东部的繁华和发达也很让人身心愉悦。在纽约,可以很明显体会出他们对外国人包容度很高,对各种文化的包容性更强。或者说,见多不怪,见的多了,自然对我们这些异乡人的种种"怪癖"习以为常。另外,在东部,自己的精神世界也能得到更多的共鸣,比如在街头,我会看见和我身穿一样乐队 T 恤的人行色匆匆地经过,发现对方后互致金属礼。进入一个小店,店员会和我聊起喜欢的乐队,讨论一下他们的演出现场。而在西部,我的乐队 T 恤得到最多的评价是:"That's a quite scary image!"我对此感到很有趣。在东部,会感觉更熟悉一些,异国感会少很多。不过我猜这是国际都市的共性,许多不同文化背景的人,不同爱好的人聚集在一个城市,自然每个人都更容易找到自己的同类。放在中国来看也一样,即所谓的放之四海而皆准。

　　这个暑假虽已结束,我学到了知识,建立了新的友谊,最重要的是,收获了许多全新的体验。不断地体会新的事物,验证人生中已有的经验,无疑是一大乐事,而去新的国家,是体验的好途径。

(冯云青　信息学院 2015 级本科生)

GU 项目感想总结

学习活动篇

作为一名大四学生,不像大一、大二同学还有足够的时间与精力去感受美国风情,去走遍美国的大街小巷,去发掘最好吃的中餐,我参加这次项目也是为出国读研做准备。所以,项目期间,我的重心可能更偏向于感受大学课堂氛围、教授授课方式,以及明确自己能否适应整体环境。从课程设置上来说,三周的时间来体验国际商务环境(The International Business Environment)、金融(Finance)、电子商务与数据库(E – Commerce & Databases)以及美国法律(U. S. Legal System)这四门课,时间确实很紧,也能看出来教授为了给我们尽量多地讲解知识,压缩了一定的课程内容,并且采用了多种形式的教学方法。

尽管与每位教授的相处时间不算长,但从课上能得到不同的收获:斯库巴(Skuba)教授是一位幽默风趣,喜欢结合实际案例讲课的人。在他的课上,学到了有关国际贸易的发展背景、整体宏观经济环境、全球化的策略等相关知识。但我认为更重要的是,教授还给我们补充了大量阅读案例,并且让我们自发提问,加强我们自身对材料、课程内容的思考和解读,加深我们的理解。尽管我并没有提出很有价值的问题,但别的同学与老师教授针对不同问题的探讨也让我对研读的材料有了更深一步的理解。多兰(Doran)教授是一位很严谨认真的老师,和教授会计和财务管理的老师一样,她更注重理论知识的理解与运用。所以,多兰老师的课上,基本不是在疯狂地做笔记,就是在做大量的练习巩固内容。教授还会很细心地走到每个人的座位旁,关注大家的解题进程以及是否遇到问题。在这位老师的课上,更多的是巩固财务管理的基本计算,以及吸收一些金融和会计方面的新知识。稍微有点遗憾的就是没有和多兰教授合影……

作为电子商务系的学生,我一直很期待西格曼(Sigman)教授的课。西格曼教授确实带给我们很多惊喜,例如:参观学校的手工坊,感受 District Doughnut 创业者的热情,教我们如何快速制作网页。其中,印象最深的应该是为甜甜圈店写社交商业计划书的小组作业。作为商科学生,写计划书不算是特别大的挑战。但这是第一次比较正式的学术性写作,还是有些慌张。于是我们小组的三位成员按表1的流程完成了这次的任务。

表1 学术性写作任务流程

收集资料,确定 paper 结构	讨论、确定每部分的层次内容	分工,分部分写作,编绘图表、找到数据支撑	整合 paper、编排图表和文章

特别要感谢的是学姐的帮忙,对我的文字进行了几处修改,让我写的句子更加学术化。整体来说,这是一次非常愉快的小组作业。最后,给我们教授法律相关知识的汤姆·库克(Tom Cooke)也是很好的教授,不过这部分的背景知识确实比较空白,所以这门课程相对来说难度更大一些。教授也会结合一些案例让我们更容易理解较难懂的概念,耐心解答我们的问题。

综上所述,每位教授都有着自己的风格与方法,每门课程中都能有所收获。希望学校将来能够加长项目的时间,增加课程设置的次数,就更好了。

同时,学校还组织了很多的活动,例如:参加创业学生的 showcase 路演,和弗朗西丝卡(Francesca)小姐姐练习口语,去 Fannie Mae 和 McCormick 公司参观等,这些活动穿插在上课与休息之余,让我们感受与上课不同的特殊体验与头脑风暴。

文化体验篇

除了学习,体验美国生活,感受美国文化也是不可忽视的一环。乔治城大学的校园说大不大,说小不小,刚来的前两天确实是找不到北,走着走着就迷失了……而两周之后,开始每天探索从食堂到教学楼的最短路径。校园很美,我基本上在各个角落都留下照片作纪念,希望有天可以再回到这里。

华盛顿的生活节奏不算很快,所以对于我们来说,适应新环境并不难。对我们来说,第一个文化冲击莫过于学校食堂的餐点,对于很多人来说接受不了生冷食物,毕竟它在平常的饮食中不占主体地位,而且一般的餐厅不提供热水,这也确实有违我们日常的习惯。所以饮食习惯的适应确实是我们的第一要务。另外就是甜品,经过 Cupcake 和 Doughnut 的体验,真的发现美国的甜食真的是特别甜,一般人不要轻易尝试!第二就是室内永远充满冻死人的冷气。美国人真的是永远把空调开到最大,怕冷的妹子们一定要多带一件外套。然后就是谷哥地图的重要性。谷哥地图真的是出门必备,在出行方面起很大的作用,包括公交、地铁线路的查询等。美国的地铁线路也算可以,基本上可以去到任何想去的地方,但是要注意不要坐错不同颜色的车。而且与国内不一样的是,美国的地铁没有安检!水、喷雾等可以随意携带,所以也相对增加了安全风险。

说到华盛顿,不得不提的还是可供参观的各种博物馆。不同风格、不同种类的博物馆聚集在一起,让我们目不暇接,通过体验不同的博物馆感受各种美国特色的文化、自然、历史、美术等。其中,我比较喜欢间谍博物馆,参观的人能参与到间谍培训的过程中,充满趣味性,还有特别的互动项目,值得一去。

日常互动篇

美国人很热情,思想很开放,很富有创造力。同时美国人很严谨、不会变通,有点铁面无私,对于每一件小事都很认真。在与他们的接触中,尽管最开始有些放不开,后来多说几次后就没有再注意自己的发音是否正确,是否好听了。踏出第一步很重要!

此次 GU 之行,算是第一次踏上美国的土地,也算是一次很特别的经历。从手忙脚乱到不慌不忙,从一板一眼到热情奔放,我能感到自己在很多方面的变化与成长,也为自己这样的改变感到欣慰。Make good choices today, so you don't have regrets tomorrow!

在这个项目中,遇到了很多人,有很多值得我敬佩的人;有很多值得我学习他们身上优点的人;也有让我坚持自己本真一面,不断做到更好的人。从最开始的全部陌生,慢慢建立自己的交际圈,再到后来慢慢扩展,和大部分人有了更深的交情。

面对不同的人,我有时是学姐,努力做好我该做的,尽力做到能为别人做的;有时作为学妹,受到哥哥、姐姐们的各种照顾与温暖呵护。

旅行的目的不是目的地,而是一路上的体验,体验风土人情、体验人生,最终发现一个真正的自己!这次一个月的 GU 项目结束了,但并不是完结。于每个人来讲,新的旅程才刚刚开始。Right here, Right now!

(高晨 工商管理学院 2014 级本科生)

GU 暑期游历感想总结

从乔治城大学(GU)回来已经有一段时间了,想想那三个礼拜的日子,还是记忆犹新。在乔治城我们收获了知识,收获了友谊,也收获了每个人独一无二的经历。

初到 GU 那天已经是晚上了,每个人都很疲惫,在夜色下建筑物也变得模糊不清,当时对 GU 的校园也不是很了解,一心只想着赶快入住宿舍,收拾完东西,好好睡一觉。可是谁能料到,休息了连五个小时都不到的我们,四五点就醒来组团出去看日出了呢? 伴着华盛顿的日出和早起锻炼的人们,一切是那么新鲜。好奇又精力旺盛的我们第一天早上就把乔治城大学周边转了个遍,每个人的房屋前边都有精心照顾的花园,伴着晨光,清新又美丽,想必这里生活的每个人都很有情调吧。沿途又发现好多有趣的小店,然而因为起得太早,这些小店还没有开门。不过真的很兴奋啊! 第一天就这样开始了。我对这接下来的三个礼拜既憧憬又期待。之后我们在两位学生的带领下开始逛起了校园,白天的校园和晚上的简直差别巨大,走在校园里我不禁把自己带入美剧剧情里。我们见到了"Hogwarts",看见了校园里最古老的教学楼,优美的环境伴着浓浓的学术和青春的氛围,我们还学到了每个乔治城学生必铭记在心的"Hoya Saxa"的含义,感受着和在国内校园里完全不同的心情,真是好奇,乔治城大学里到底有着多少故事?

周一来啦! 上课的日子! 以前也参加过不少游学的夏令营,然而像这次有着标准课程表并要进行考试的是第一次,多少有些紧张和好奇。斯库巴(Skuba)教授的课可以说给我的印象最深。可能是因为是第一位接触的老师吧,本来心里一直在想待会要怎么互动,待会要怎么回答问题,可是在斯库巴开始讲课后感觉氛围变得不一样了。这里的课堂不像国内那样,老师一直自己在讲台前专注于自己的教课进程,斯库巴教授一边用各种方法解释难度较大的地方,一边与我们进行目光交流,不时地关注着我们的表情,确保每一个人都弄懂了之后才会开始进行下一项内容,氛围轻松又和谐,交流也就自然而然地开始了,很愉快。三周的课程有难有易,每个教授也有自己不同的特点和令人佩服的地方,多兰(Doran)老师在课堂上的样子是那么学术风,而午餐时的她却又那么和蔼亲切;西格曼(Sigman)教授的课程十分丰富,工作室体验的经历和 District Doughnut 的演讲也是和其他教授区别最大的地方;库克(Cooke)教授十分幽默,他和"答案"的合影相信大家都已经照下来了吧? 三个礼拜的学习,让我们领略了每个课程的精彩,与每个教授接触的这段时间真的学习了很多,也意识到自己身上所缺少的知识与能力,很感谢教授们的指点与忠告,我将继续努力!

在三个礼拜的时间里,我们除了学习,也逛了不少有名的博物馆和地标建筑物。在参观的路上,在湖旁你总能看见一家人坐在一起野餐;在博物馆,有父母和孩子一起临摹字画;小动物们更是不怕人,与游客各种照相。国会大厦、白宫、国会图书馆、林肯纪念堂、五角大楼等,在老师的讲解带领下,我们真是大开眼界。我也发现,美国的博物馆真的经常人山人海,从坐着婴儿车的孩子到微微驼背的老人,他们真的都很喜欢知识啊!生活氛围感受确实和国内不同,很自由,很自在。有陌生人对你亲切地问好与微笑,有无时无刻都在街道上跑步的市民,还有热心帮助的路人。其实,说是自由,倒不如说是在每个人都很自律的条件下才感受到的自由。在美国,你不会看见超速超载的车辆,没有人会乱丢垃圾,也没有人会在公共场合吸烟。一个人做到这些已经很不容易了,整个地区,整个国家都做到,是很令人敬佩的。这是一个人与人互相尊重和关怀的国家,正是因为这些,你会感到很舒适,很享受自由自在的感觉。

之后我们的小分队并没有去很多地方,而是直奔了纽约,真真切切地体验到了美国的多元化环境,每个城市之间的差别太大,从华盛顿的舒适到纽约的人山人海,可以说是很跳跃了,纽约集聚着全球各地的人。若说华盛顿是适合居住的地方,那么纽约就是适合探险的地方。在纽约,它真正的样子在晚上才会慢慢体现出来,灯火通明,人声鼎沸。你若细听,除了汽车的喇叭声之外,你可以捕捉到全球各地的语言,真是令人惊叹!时代广场上仿佛举行着一个盛大的派对,世界各地的人,一起享受着这夜晚的喧嚣。最后一天晚上我们坐地铁匆匆赶回酒店,却在地铁里碰上一个路演乐队,主唱的声音在空荡的地铁走廊里回荡,声音很有磁性又很传神,大家驻足观看,无人打扰。随着我们走出地铁站,他们的声音越来越远,逐渐消失,我的面前又出现Times Square 上灯红酒绿的景象,从一个惬意的小型路演跳到市中心,就仿佛从一个世界跳到另一个世界,一场又一场的梦,真是让人恍惚又迷恋。

关于美国我还有很多地方没有去体验,还有各式各样的生活没有去探索,像黄石公园、世界环球影城、LA,可是,仅是这两个城市便让我回味好久,想到这些真是又遗憾又好奇,已经等不及下一次的旅行了。这次本来是为我以后出国读书的一次提前体验,结果却意外地让我收获颇丰。感谢为我们操劳的 GU 的教授们,感谢高老师、赵老师和翠儿姐!想必下一次的旅程也会是这般丰富美好吧!为了下一次与美国更好地见面,我会带着这份收获努力前行!大家一起加油!

(高岩松　金融学院 2015 级本科生)

乔治城大学暑假游学项目感想

在暑假期间,我参加了经济学院为期三周的学习交流项目,一同前往美国乔治城大学。在暑期项目结束后,又和小伙伴们一起在美国玩了一周,这些都很挑战自己的独立能力、学习能力和适应能力。

以中文为母语的我们,到美国有很多不适应。平日在课堂中学到的英语知识,到了美国,与当地人交流的时候,很容易脑子一片空白,所以如果有时间的话,有必要在出行之前做一做口语训练,熟悉一下语言环境,对开始课堂学习和与当地人交流都很有帮助。其实这个方法听上去高大上,操作起来还挺简单的,你可以和一起去的小伙伴,平时用英语交流一下,这样的话两个人也不会很尴尬,还可以加强彼此的熟练程度。

接下来总结一下去美国的感想。

我的旅行是从乔治城大学开始的,这是我第一次去美国,一共有四门课,学到了很多知识,在英语的应用上也有一定的提高。由于我们周六和周日是没有课的,所以可以在乔治城里到处逛逛,比如同学们最喜欢去到 M 街,那里是购物天堂。街上还有很多甜点店,比如当地有名的 Cupcake、Doughnuts 等,每天都有很多人排队。

美国大学和中国大学不同,他们给学生有很多"福利",比如说,健身房对学生免费开放,周一到周五的校车,可以带你去附近的一些地铁站。在项目开始的第一天,老师会发给你一个介绍的小本子,上面有关于华盛顿名胜古迹和购物中心的简单介绍,是非常有用的。

我作为一个信息学院的学生,参与这次乔治城大学商学院的课程,感觉略有一些难度。首先,授课用的是英文,其次,有三门课程我都比较陌生。但是老师上课有的时候会故意放慢节奏,而且大多都给教案,所以其实只要上课认真听讲,课后及时复习并不是很难。并且每天放学都很早,所以有充足的时间去安排行程。

当然,既然是学习交换项目,也是有考试的,肯定也是纯英文的。但是老师都不会为难大家,他们有的会给你复习重点,有的会给你一些练习题。这个时候就需要和小伙伴们一起总结重点啦。别人都在放纵地过暑假,我们却在学习,还是有一点点优越感的。可是就算这样,我有的时候也需要复习到很晚才能掌握。

在对乔治城有一定的了解之后,我办了公交卡,这样坐地铁去一些博物馆参观能更方便。当然博物馆资料要提前查好，不然到时候会很被动，这不会花费过多的时间，你可以晚上睡觉前查阅一下。在初次去美国之前或者是已经到了美国，建议办一张美国的电话卡，在淘宝上就可以买到，通常流量不限，可以随时用谷歌确认一下位置，也是极方便的。

在顺利结束了乔治城的学习之后，我和在项目中认识的小伙伴们一起去了黄石公园、纽约，欣赏了黄石的老忠实喷泉、纽约州的尼亚加拉瀑布，登上了帝国大厦，感受了时代广场四面环绕的液晶广告屏幕。这种经历我以前从未有过，并不是说我没有独自安排过旅行，而是没有在异国他乡独自徘徊、迷失过——遇到困难大家一起解决或者向外国友人求助，用不流利的英语与人沟通……

前往黄石和瀑布，我们决定报旅行团。黄石没有大家想象的狮子和老虎，像狼和熊也很难遇到，能遇到的鹿和牛也只是远远地看，因为它们也比较危险。那里的空气中弥漫着一股臭鸡蛋的味道，那是硫的味道，当然你可以准备口罩，但是没有必要，浓度不高对人体没有什么害处。黄石的地热资源很丰富，但是由于它在海拔高的地方，还是非常冷的，每日最低气温可能会到4℃，有的时候七八月份还会下雪，所以记得多带一些厚衣服。导游跟我们说，黄石在海拔2 000米以上，在黄石走一步路，相当于在平地走三四步，所以要准备一双平底鞋，或者其他舒适鞋子。

黄石公园非常大，其中树木和地热资源丰富，为了保护黄石的森林资源和动物的生存环境，里面的手机信号塔很少，因此在公园里面信号也不太好，住的也肯定是在黄石外面。这个公园很有趣，所有树木都是松树，很容易起火，但因为它是天然公园，消防队员一般不会去救火，所以烧起来之后经常会烧一片。黄石小镇的纪念品商店都很走心，他们有很好看的鹿角大门，大门上的鹿角都是鹿自然脱落下来的。

我们之后前往了纽约，纽约在大家眼里就不陌生了，可以逛的地方有很多。比如女神像、大都会博物馆、时代广场、帝国大厦等。我在纽约玩了三天，时间完全不够用。我们每天晚上都逛到10点。因为纽约的酒店比较贵，我和小伙伴一共五个人在爱彼迎（airbnb）上订了公寓，人均一晚上100元。如果太晚的话，容易打不到车，所以我们不能玩得太晚。公寓的位置在新泽西，距离纽约不是很远，但仍然需要打车去曼哈顿。在纽约地铁还是很多的，因此如果玩的时间比较久，可以考虑一下公共交通。

我很感谢经济学院提供的这次机会，不但与外国老师有了直接的交流，还安排了很多贴心的小活动，比如与助教的对话训练、与老师共同进餐等。我领略到了国外大学的课堂，这对于我未来的决定有很大的帮助。我还认识了很多友善的学长和学姐，他们给了我很多关于考研、保研的信息，平日里也很照顾我，很感谢他们。

要说这趟旅行还教会了我什么,那就是在美国如何登机,我需要在机器上打印自己的行程单,要自己称重,要给行李贴行李签。我知道了在登机之前要去换机票,在飞机上应该穿多少衣服,还知道飞机上的哪些饭菜是黑暗料理。

总而言之,受益良多。

(金晴　信息学院 2015 级本科生)

在美国的时光

　　我有幸参加了经济学院的乔治城大学暑期项目,同来自各学院的同学一起度过了三周愉快的学习生活。在学习过程中,我不仅切身感受了美国大学的教学方式,学习了相关课程,更体验了美国人的生活,获得了极为宝贵的经验和经历,留下了深刻的印象。

　　项目最主要的,自然是由乔治城大学的教授们讲授的课程,这也是我此次决定参与该项目的重要因素之一,即希望体验美国大学的课程,为日后出国留学做准备。原本我对于课程抱有很大的信心,觉得毕竟只是暑期项目,难度应该不会很大。但真正到课堂上我才意识到自己要学的东西还有很多,对待每节课都不能掉以轻心。一方面是因为我的英语水平限制了对知识的理解,另一方面是作为文科专业的学生,经济类的知识相对匮乏,理解起来一时有些困难。当然这并不能算得上是障碍,教授们发放的材料和网上的资料能够帮助我领悟课堂里未能明白的知识,而且这样的自学过程其实也能让我对所学知识的印象更加深刻,非常有成就感。至于语言,由于在课上教授会巧妙地引用各种例子和比喻来帮助我们理解,并且不论是何种问题他们都能不厌其烦地解答,所以大体上还是可以听懂,不明白的细节也能够做到在课后补充上。语言的学习毕竟需要周围环境的熏陶,也因此在三周中我自认为无论是听力还是口语都得到了一定提升,相比起在国内学校英语课上花费的时间和精力,收获的要更多。乔治城的老师还贴心地为我们安排了以组为单位的口语练习,并组织我们同教授共进午餐,对同学们的口语有非常大的促进作用。

　　课程中给我印象最深的其实是考试。尽管在平时的课堂上都能认真听讲,做到认真学习教授给的资料并按要求完成作业,但考试前还是和舍友们熬夜复习,颇有学校期末的感觉。尤其是在考多兰(Doran)教授的课之前,我和舍友们一起复习到很晚,学习劲头很足。相比起平时期末那种不得不学的紧迫感,这次倒是有种发自内心地想学的感觉。资料看不懂?没事,查字典就能看懂。知识点不会?翻翻笔记,对照着课件就能理解。那天我们的效率很高,一起讨论了很多没有理解透彻的知识和例子,令人印象深刻。目前我还未拿到各科的考试成绩,不过就个人而言,我觉得相比起在学习过程中的收获和知识,成绩反而显得不那么重要了。虽然自上大学以来我也会自学一些知识,但此次的课程由于语言和跨专业的问题,我需要更加耐心和细致的思考及理解，这次经历，让我真实地感受到了自学的好处，也让我能够重新审视自己的学习习惯，改变以前一些不是很好的方面。相信带着这样的感受和劲头，会对我未来的学习大有裨益。当然，除考试以外，项目还安排参观了一些企业，或是邀请企业的创始人来做讲座，我们同样从中学到许多，并能对所学的知识有辅助作用，使我们进一步将知识与现实对接起来，不至于空有理论而无实践。

值得一提的是，乔治城大学作为美国顶尖大学，拥有丰富的文化底蕴和人文熏陶。走在校园中，主建筑将近 300 多年的历史，自带一种厚重感，楼内更是极具教会学校的特色，学习氛围浓厚。而图书馆则显得现代许多，藏书丰厚。尽管是假期，里面依旧有认真学习的学生，让人忍不住想和他们一起在书海里畅游。校园整体环境非常优美，设施也很齐全，可以说是为学生提供了非常适宜学习和生活的环境。与此同时，乔治城大学还被称为"政治家乐园"，美国历史上有很多有名的政治家甚至总统都出自这所学校，也足以见得它的水平之高，并非虚言。

当然，项目中不仅仅有美国大学的体验，更有当地文化的体验和特色的游览。在到达的第三天和第五天，也就是周一和周三，我们在当地一位华人老爷爷周老师的引导下参观了华盛顿的一些标志性建筑，近距离地接触了以往只有在电视上见过的国会山、林肯纪念堂等。在周老师的讲解下，我了解了许多有关美国的知识和美国人对待某些历史的看法，例如，他们认为朝鲜战争不应被遗忘，应该记住在战争中为国家失去生命的每一位美国士兵，所以建造了有战争影像浮雕的纪念碑和 18 尊士兵雕像，再由光滑的大理石墙面映照成 36 名，以纪念那些逝去的生命，铭记战争的残酷。当然，除了沉重或枯燥的历史，我们还了解了许多趣闻，比如国会山上的旗帜位置如何反映出议院是否在开会、国会的发言人是站在哪里发表演讲、如何知道特朗普总统是否正在白宫办公等，非常吸引人。

在不上课的时候，我们会结伴在附近游览。乔治城大学的地理位置非常好，邻近商业街和波多马克河，如果想要去更远些的地方看看，还可以乘坐校车去 Dupont Circle 游览，到白宫也不算远。当然离学校最近的商业街就是 M 街，我们经常在课余不太忙的时候去那边采购闲逛，尝试了美国特色的快餐和冰激凌，还去了几家有名的甜品店。离开 M 街，不远处就是波多马克河，当地人在那里喝酒谈天，在码头和朋友游玩，还可以花点钱租一只小独木舟在河上游玩，体验当地人的生活。往反方向去的话还有另一条商业街，并且能直接通到美国国家大教堂，也就是圣彼得和圣保罗大教堂，虽然还没完全装修完，不过乘车经过的时候可以看到它非常宏伟，而且就坐落在路旁，让人忍不住想要到这座巴洛克式的建筑里一探究竟。

总之，我在此次项目中收获颇丰。学习方面，我收获的不仅是跨专业的知识，还有对学习方法的思考和归纳总结;生活方面,学校设施完善,附近环境安全优美,宿舍设施齐全,非常容易适应,让新到的学生有种回家般的感觉。课堂上教授风趣活泼,对待知识一丝不苟,让教室中的每一个人都能有所获,不会空手而归。我不敢说此次的经历可称得上改变命运,但至少在体验了美国大学的课程、体验了当地人的生活后,坚定了我出国的信念,让我有了更加明确的目标并为之奋斗。我想,这大概就是我参加这个项目最大的意义所在吧。

（李梦云　法学院 2015 级本科生）

GU,我会一直想念

  2017 年 7 月 15 日,在高婧雅、赵灵翡、张馨丹三位老师的带领下,我们坐上了去往华盛顿的飞机,破开层云,来到了这片未知又新奇的土地,迎接我们即将到来的美国生活。

  在乔治城大学(GU)的暑期交流活动正式开始的前一晚,老师们对相关事项进行了说明,并嘱咐同学们注意安全,定下了"十点归寝"的规定,并对我们在美国的方方面面提出了建议。

  第一天,我们见到了负责人丹尼拉(Daniela)与助理弗朗西丝卡(Francesca)和麦克尔(Michael)先生,与他们共进了特别准备的中式早餐,也详细规划了之后的课程与参观安排。下午,我们与周先生进行了一次市中心的"访问",初步了解了乔治城大学的周边环境,让我们在之后的学习之余可以自主进行华盛顿的"深度游"。在之后,又陆续带我们参观了华盛顿几处非常典型且闻名的旅游景点,如国会大厦、白宫、国会图书馆等。

  在这之后,我们第一天的课程就开始了。斯库巴(Skuba)教授风趣幽默而又绅士,为我们生动地讲解了国际经济形势。后来的课程多种多样,有多兰(Doran)教授讲述的不同于国内描述教育的美国金融,有西格曼(Segman)教授在电子商务课程中带领我们接触各种电子产品,并指导我们各自做了属于自己的网站,有库克(Cooke)教授幽默地道阐述的美国法律与政治。每位教授也十分用心地照顾到我们的各个方面,例如,专门为我们准备的课程内容,语速会尽量放慢,表达词汇会尽量简单,鼓励提问与互动,关切学生们的多方面发展,课后也都会细心批改作业并做出非常详细的评价,或是认真准备小测试的试卷。这些课堂内容,往往与国内的教育概念、方式都有很大的不同。在这里,我们能感受到真正的美国教育与美国文化的熏陶,感受到来自世界不同地区的人们思想的激烈碰撞,在这里,我们自主学习,自主挑战,在这里学习到的,绝不仅仅是书本和课件上的内容,也不仅是接触到的美国文化和开拓的眼界,还有自主学习和探索的能力与怀疑和挑战的能力。

  除了课堂内容,我们还有许多活动安排,如参观美国 Microwave 和 Fannie Mae 公司,进行华盛顿中心区游览,参加乔治城大学创业项目路演会等。记得在参观 Fannie Mae 之前,老师们让全体同学一起观看了电影《大空头》(*The Big Short*),了解当时美国经济危机的背景,于是在参观 Fannie Mae 的时候,当被介绍到 Fannie

Mae 的概念和运作形式时,有许多细节和知识点可以串联起来。如此丰富精彩的活动形式,让我们了解到了美国公司的运行模式,接触了真正的美国公司,寓学于乐,收获颇多。

当然,在这次项目中交到的朋友与接触的圈子,让我觉得非常受益。在这里,你可以发现各式各样有上进心、有能力的朋友,接触到他们,让我对自我进行了审视,也促使我向他们学习,一起进步。

除此之外,通过与老师们的交流,我们更快地适应了美国的生活,弗朗西丝卡还与我们各个小组展开了许多次英语交流会。不仅如此,每位老师还会花中午的时间与我们学生进行午餐的交流与互动,这无疑是使我收获最多的。

也许因为我的英语基础比较薄弱,所以刚来到这边的几天,严重的语言障碍使我举步维艰,点餐的时候无法理解和表达自己想要的东西,课堂上几乎什么都没办法听懂,遇到了问题打电话寻求帮助,发现自己什么也听不懂也什么都不会说,在异国他乡无法一个人生活、学习,而看到其他人都能很好地与他人沟通,能理解上课的内容甚至进行无障碍地提问与回答,都让我感到自卑与恐慌,在那个时刻我经常怀疑我选择这次国外暑期交流是否是一个正确的决定,那几天整个心情都悲观到了极点。第一次与弗朗西丝卡进行小组交流,大家讨论着各自感兴趣的美国年轻人的娱乐方式,看着大家都踊跃地发言,而自己却自暴自弃地选择一句话不说,度过了一个小时。而后来改变我的也许是生活环境,也许是购物激情,但最重要还是老师为我们创造了很多的交流机会。而且在语言环境的逼迫下,我不得不用英文和人交流,不得不在课后去查课堂上没有听懂的地方,这使我逐渐度过了无法交流的阶段。虽然此时,我还是不敢开口,但这时阻碍我的大概只是内心的勇气了。在西格蒙教授的课堂,一位由她请来的 Distric Donalds 总经理的问答环节上,我第一次提出了自己的问题,成为一步大的跨越。之后,我抓住各种机会去锻炼自己的口语能力,在弗朗西丝卡的交流会上,在与库克教授的午餐交流会上,都想尽方法让自己能多说一些话,多问一些问题,尽管还总是出错,但我已经能以积极的心态面对所受到的打击了,我会相信,自己能说得好,能表达清楚,能克服困难。虽然这时已经临近项目的尾声,但我仍然觉得,这是我在这个项目中得到的最大收获。我始终相信,某方面知识的多少不能决定一个人在这个方面的潜力,而信心与学习能力是最重要的,所以,这次交流带给我的是勇气与信心,是一种适应力,这是人生中的一项宝贵财富。

在这个项目结束之后,我们可以自由决定继续在美国游玩或是回国,之后我去了波士顿和纽约,收获了此趟美国之行更多的快乐。

现在,我下定了好好学习英语的决心,不是学习应试的刻板英语,而是学习能真正实用、可以交流的英语。我相信,凭借自己的努力与周围同伴的帮助,一定能在未来的道路上,继续勇敢前行。

　　而对于美国,对于 GU,我想用我向西格蒙教授道别的时的那句话来结束——I will always miss you.

（梁嘉琦　城市经济与公共管理学院 2016 级本科生）

记乔治城学习之旅

三周的美国乔治城大学(GU)学习之旅已然结束,感慨很多,收获也很多。

至今都记得 7 月 15 日搭乘飞机时,吃的面食的味道是多么清奇;也记得第一天抵达美国时的不适应与夜晚的辗转反侧;更是忘不掉为了准备各个小测验而拼命查单词、查专业术语的夜晚。时间总是过得飞快,总觉得昨日还在上着金融课,可现在已在回国的飞机上。

这为期三周的学习丰富了我的知识,扩大了我的视野。国际市场环境、金融、法律、电子商务,这些课程都不是我的专业所涉及的,但随着教授们生动、细致的讲解,我也学会基本的金融计算了,也知道了股票交易的过程,还对美国的法律体系有了一点了解。"希望你们可成为一个有所长的杂家",一位学长在大学伊始时如是说。我认为这次乔治城大学的学习为我的"杂家之路"开了一个好头,让我不再局限于专业课的学习。

这三周的美国之旅还提高了我的生活能力。在此之前,我并未独自一人只身前往过这么远的地方。收拾行李时,我既紧张,担心到美国后的一切未知;又兴奋,终于可以来到我一直向往的国家,可以一睹它的风采。落地分到宿舍后,我的房门锁有问题,只好到夏校学生服务中心去报修,与负责人沟通。由于方向感不好,刚到学校时常常迷路,不仅在课外出行参观时为老师与同学带来了不便,还使与我同寝的学姐在某天上午,多"顾"宿舍楼而不入,只因不知道自己到底住在哪。至今我和学姐回忆起那段经历都会捧腹不止。后来,我们终于可以快速地找到想去的地方,把每天的生活安排得很充实,这一点一点的进步在我身上体现明显。

通过这个活动,我对美国有了更新、更全面的认识。之前只知道美国天很蓝、阳光很充沛,是一片可任意发表言论的自由沃土。到了这里,经过了小一个月的生活后,我对美国有了更新的认识。首先,美国人很热情。记得我第一次坐地铁,对那里的地铁线路不是很了解,我和同学指着线路图研究着从哪里换乘。尽管我们是用中文讨论的,但旁边的美国人主动凑过来问"Do you need help?"为我们出谋划策。当然,这只是个很小的例子,美国人的热情还需要你亲自体验。

其次,美国人真的好能吃甜食啊,这个一定要吐槽一下。离学校不远的、在当地很有人气的、总有许多人在排队的 Georgetown Cupcake,那里的蛋糕真的好甜啊。对我而言,一天两个,不能再多了,甜到齁人。

美国人也是充满了幽默感的。在课堂上,教授们喜欢时不时开个玩笑,不单单是想活跃气氛,更多的,我觉得是他们性情的真实流露。

这三周还让我认识了超赞的翠儿姐、馨丹老师和学长学姐们。老师们带领我们一起去各个地方参观,有时老师还扮演翻译的角色,身兼数职,十分辛苦。一直都没机会(其实是比较害羞)同老师们说这些,只好在这里向老师们道声辛苦了,谢谢你们! 除了感谢老师,还要谢谢学长学姐。首先要谢谢住在500的伙伴们,老麻烦你们开门。还要谢谢研究生学姐们,教我金融课里的计算题,为我第二天的考试助了一臂之力。还要谢谢与我同宿舍同院的邹邹学姐,帮助我、包容我,相互扶持,一起回国。谢谢你们。

虽然已经回国一个月了,"GU暑期项目"的群依然活跃,我们相互打趣、相互问候。在美国的三周,我们不仅仅收获到了知识、体验了美国的生活,还认识了一群朋友,收获了弥足珍贵的友谊。

这三周的项目囊括了许多——对美国历史文化的初步了解、知识面的开拓、语言能力的提升……这段回忆我会好好珍藏。

(梁馨　劳动经济学院2016级本科生)

梦一样的三周

在乔治城大学(GU)学习和生活的这三周给我感触最深刻的是美国人对国家的热爱。虽然老师们在课堂上随意说现任总统特朗普是傻瓜,但还是能发现他们每个人发自内心地对能为国家工作而感到自豪。

接下来正经说说我们这三周的学习。

简单地说,最喜欢 S 先生,但和 C 先生混得最熟。

S 先生的课给了我很多启示。美国的课感觉比国内的课要直白一些。我们总是会说一堆文化和经济全球化的意义和好处,但其实离现实生活很远。然而 S 先生的想法就非常直接、现实,经济如何全球化最首要的是如何让别的国家的人买我们的商品好让我们赚钱的问题,之后还有如何让的国家的人来我们国家帮我们赚钱的问题。如果想让别的国家的人理睬我们,选择我们,为了我们抛弃占有天时地利人和的本国商品,我们就得讨他们喜欢。于是就需要降低商品价格,提高性价比,还要了解对方的文化甚至专门针对对方喜好研发产品,创新商业模式,等等。当然这样也很现实,我们了解别人的文化是为了做出符合该国消费者心意的广告,是为了能教育该国的劳动者,保证那里的工厂能有和本国一样的效率和质量保障。总之,一切行动的最终目的都是赚钱,很接地气很资本主义。

也许商学院就应该这样简单粗暴,这是量产商人的地方,而商人的天职就是赚钱。感觉这样目的明确的思维模式给了我很多启示,看以前的知识也有了新的角度。并不是说那些"高大上"不好,而是需要透过现象看本质。

还喜欢 S 先生的国际视角,喜欢他评价不同国家不同文化使用的文化标尺,以及他讲述的各种绚烂的广告和各种帅气的从全世界赚钱的例子。S 先生真的见识了很多文化,这门课只有真正了解各种文化的人才能教好。心疼在巴西工作的伙计们,为了让大家按时来会议室开会而不得不在会议室提供早餐什么的,真是笑死了。S 先生认为东方都以日本为例,但还是可以看到东方文化的统一特性。老师自己的家庭生活片段也很有趣,可以看到 S 先生对家庭生活和对老婆的爱。明明已经是 70 多岁的人了却在教室里各种折腾,从来不会停在讲台那里好好讲,总是不停地手舞足蹈。希望 S 先生能一直活力四射地活跃在讲堂上。

然后是一起吃过饭聊过天的 C 先生,第一周就在楼道里遇到了,他是 S 先生的一号忠实迷弟,喜欢夸喜欢的人是 No.1(没错,他说了无数次 S 先生是 No.1,并以培养迷弟迷妹为己任)。他也是位涉猎很广的老师,感觉每天都在讲不同方面的东西,最喜欢他介绍美国最高法院的课。

不过这也是位大迷糊,直到考试前一天才知道自己的课原来是有考试的,最后题目里面居然有C先生业余的时候爱做什么这种搞笑题。

特别喜欢GU的一点是老师都是在社会上闯荡了一圈才回来当老师的,他们的课程里融入了自己的人生经验和各种社会经验,实话说没有真的管理过公司的人怎么可能讲好公司管理?一想到这些老师都曾经在自己的领域里叱咤风云,现在能和我们分享他们大半辈子的经历就觉得三生有幸,在GU的日子对于他们已经像退休一样平静安乐了吧。见到他们,你也会有种感觉,非凡的成就其实距离自己并不远。

回想在美国学习的三周,就像回忆一个美好的梦,每天都畅游在知识的海洋,可以从日常生活的纷乱里逃开,去认识地球另一侧的国家。当初报名的时候嫌弃参观的时间太少,三周过去感觉这样就已经完美了,比起参观,和老师助教们交流反而是更深入了解这个国家的途径。虽然也去过世界上其他一些国家,但这一次是第一次真正认识了一个国家并从心底里喜爱它,喜爱它的国民。

(刘心竹　会计学院2016级本科生)

我们一定会再见

　　我非常高兴能参加学校组织的暑期交换项目。对于我来说,这是一次非常难忘的经历,让我可以提前体验在美国的学校生活,也让我对之后的学业道路更加明确。

　　我参加的是乔治城大学(GU)项目。乔治城大学是一所古老的耶稣会天主教大学。校区坐落在华盛顿的乔治城,乔治城本身就是一个风景如画的地方,因为学校的建筑使其更具特色。校园内的著名建筑 Healy Hall 被收录在美国国家史迹名录。在来到这所学校之前,我就对这所充满特色建筑的学校充满了期待。当我正式踏入校园时,扑面而来的庄重以及古典,让我沉醉其中,晚霞下以及雨后的学校都是我的最爱。从最开始拿着地图找学校食堂也会走错路,到后来可以轻轻松松给别人指路,三周时间让我更加了解学校,也喜欢上了这个学校。我像一个当地学生一样,坐在教室里上课,在学校附近遛弯,在健身房挥汗如雨,在图书馆中自习。

　　在美国上学,我觉得最大的问题就是语言。但因为教授们的认真负责,我们很快适应了课堂。教授在我们不懂的时候会给我们解释词语或者举一些例子帮助我们理解。有的教授会跟我们探讨中美之间的很多不同点,让我们了解他们的想法。斯库巴(Skuba)教授幽默风趣的语言和让人印象深刻的例子,让课堂变得十分有趣。西格蒙(Sigman)教授找来创业者和我们讲述他们的创业故事,还带我们去学校的手工坊。库克(Cooke)教授的法律案例新奇而又有趣,让我们进一步了解美国法律。为了提高我们的英语,学校专门找来工作人员和我们进行口语练习。为了更好地解答问题,学校给我们提供和教授一起吃饭的机会。首都经济贸易大学和乔治城大学的老师们都为了这个项目付出了很多,我非常感激。

　　乔治城大学的地理位置特别优越,位于华盛顿。利用这三周时间,我参观了很多华盛顿的博物馆。学校还帮忙联系志愿讲解的人员,带我们参观一些著名景点。因为有志愿者老爷爷的讲解,我们对景点的了解更加深入。周末的时候,参观时间比较富余,在美术博物馆中可以拿着讲解器,走到自己喜欢的画前,一边聆听细致的讲解,一边跟着讲解欣赏画作。在博物馆走走停停,一待就是一下午让人觉得特别美好。充裕的时间也让我可以参观到一些不是那么著名,但却非常好的景点。我特别喜欢国家大教堂。在大教堂中的游客很少,可以默默参观不被打扰。登上大教堂的顶部,可以看到华盛顿的全貌。学校附近的商业街让我们流连忘返。各国的美食,让我们胃口大开。喜欢墨西哥的TACO,喜欢意大利的手工披萨,也喜欢美国本土的各种汉堡。由于美国是个移民国家,饮食十分多元化,在这里,我们品尝到了各国美食。没有那么多游客的商业街,让逛街成为一种享受,可以和店员交流一下喜好,也可以和她们聊聊天。店员不会不耐烦,而是会根据我们的需求推荐产品。

我喜欢美国人的生活方式。每个房子面前都种着可供路人欣赏的花草。报纸和快递就随便往门口一放,不会担心有人拿走。诚信,是我从他们身上看到的一个最大的优点。清晨散步的老爷爷会主动向你打招呼。麻烦别人帮忙搬行李的时候,对方大多非常爽快,在这里,总能感受到来自陌生人的热情友善。每天无论什么时候都能看到路边跑步的人们。美国人真的很爱运动。

现在我仍记得第一天倒时差,和小伙伴们相约去看日出。看到天空逐渐变得明亮,太阳缓缓升起,觉得特别美好;记得学识渊博的周爷爷带我们参观美国国会图书馆、国会大厦……讲的一个个引人入胜的故事;记得甜甜圈创业小哥的故事;记得在临考试前,自己在图书馆奋斗的样子。关于这次交换项目的点点滴滴都会记得,让人在想起时,扬起笑容。一期一会,难得一面,世当珍惜。

结束了华盛顿的学习生活,我来到纽约,这是一个完全不同的地方。我觉得华盛顿是一个非常宜居的城市,干净舒服。纽约是一个繁华热闹的大都市,人群川流不息。在华盛顿,看到了期待已久的浸入式歌剧,跟着演员的剧情在屋子中上上下下地跑,觉得酣畅淋漓。在纽约,随着时代广场的人流随便逛着,发现了很多有趣的店铺和餐厅。也参观了很多博物馆,虽然博物馆变大了,但人也多了很多。

在回来的路上我就在想,美国啊,咱们几年后一定会再见的。我觉得这趟交换项目的收获不在于学到了多少知识,而是在于体验别的国家人们的生活方式。也帮助我在毕业后考研、留学还是出国的问题上,找到自己想要的答案。记得我在大一的时候就看到了这个项目。但当时的我,觉得自己的英语不够好,怕听不懂,看不明白。大二的我,英语依旧还是那样,但我知道,一件事做了,成功的概率是一半,不做,成功的概率是零。更何况,在我来到乔治城大学的时候,发现根本就没有这个问题。英语不好,没关系,正常的还是都可以听懂。听不懂的就大大方方说自己没听明白,别人会放慢语速再说一遍或者给你解释。但很多事情是你错过了,就再也遇不到了。希望自己不要因为没做哪件事情而后悔,希望自己可以再勇敢一点。

(刘雪莹　金融学院2015级本科生)

恍然若梦

参加这个项目的初衷只是想提高自己的英语交流水平,简单感受美国学习的模式及氛围。而对于美国生活环境及其文化我反倒并不太期待,因为自己几年前曾去美国游玩过,自认为对美国有了差不多的了解。然而这半个多月在乔治城大学的学习让我感到我对这个国家,对华盛顿这个城市,对美国人民的了解还远远不够。

临出发前我的心是忐忑的,而当我踏入美国后,我的心渐渐平静了下来,也许是对自己恢复了信心,也许是在这里找到了一丝熟悉感。出关后走出机场,看着华盛顿傍晚的太阳,嘴角莫名开始上扬。没想到再次来到美国的我,对这个国家依旧有着很强烈的新鲜感。拖着沉重的行李和疲惫的身体,我就这么开始了在乔治城大学的生活。

进入乔治城大学的那一刻我被惊讶充斥着,看着不一样的教学楼,各种稀奇古怪的树和富有校园特色的横标,我立刻就被这所学校吸引住了。我越来越渴望感受这所学校的氛围,体会这所学校的文化。夜晚的灯是昏黄的,但丝毫没有阻碍我欣赏这所学校的美。真正开始学习是到华盛顿的第二天,时差还没完全倒过来的我在早餐交流会上还朦朦胧胧的。陌生的老师、陌生的环境和一帮还未相熟的同学让我感到了紧张和恐惧。面对这些不熟悉我有点缩手缩脚,害怕与外国友人交谈,更担心自己的能力不足。但这样的感觉消失得很快,就在我开始与他们交谈时这种感觉就慢慢退却了。面对他们的热情,我的这些畏惧都被驱散,即使我的英文水平是那么的拙劣,但看着对方的笑脸我有了足够的勇气继续。

逐渐融入这所学校后,我对这所学校的感觉就是他们的时间观念很强。校中心的教堂后有一座钟,每到整点都会响,这让平时时间观念不强的我有了很大的感触,时间很快,转眼间一个小时就过去,而我所做的事情却很少。我开始在这每日的钟声提醒中节约时间,提高办事效率。另一感触便是这所学校的学生对学校有着浓浓的情感,看着一栋栋以学生名字命名的教学楼,我感受到了学校对学生的影响是终身的,而学生在走出学校后对母校的感情也是愈来愈深的,这其中就包含着希望母校越来越好的愿望,以及他们为此付出的行动。另外值得一说的是,这所学校的硬件条件是很好的,基本可以满足学生的绝大多数需求,让我越来越喜欢这所学校。

当然以上都是我从学校外部所体会到的感受,而更多的感触还是来自这两个星期在教室里听老师所讲述的课程。

课程内容涉及国际商业环境、股票、债券、基金、美国法律体系等,每位教授的讲解都很生动易懂。虽然课程中有许多知识我原本不了解、不明白,但在教授的解说下,这些东西让我逐渐产生兴趣,并渴望持续钻研下去。我仍记得在学习股票与债券部分时,有些计算着实让我头疼。那时的自己抱着厚厚的一沓资料泡在图书馆一个下午加一个晚上,虽然不会的东西还是很多,但总算摸索出了一些头绪。再加上整晚与同寝室同学的研究、讨论,总算大致明白了。这样的日子不长,就偶尔一两天,但我却很怀念这样的日子,无比充实。还记得有一节课,西格蒙(Sigman)教授教我们应用网络工具来制作网页,虽然在高中时自己接触过网页制作这一块,只记得制作过程十分烦琐,各种代码一团乱麻,而在教授推荐下的网络工具中制作,一切仿佛都变简单了许多。在制作网页的过程中,我从商户的角度出发,思索什么样的网页可以吸引人们的目光,什么样的设计可以更好地方便客户操作。一个个类似于这样的想法不断涌现,网页的制作也越来越小心翼翼,不再随心所欲。再有印象深刻的便是与库克(Cooke)教授的午餐谈话。一桌人围坐在一起,吃着各自的午餐,谈论各种有意思的事情。记得教授就美国现状谈论了很多,也深切表达了他对朝鲜半岛局势的担忧,我发现他的很多观点或想法我都很认同。他很关心我们的课后行程,也对此提出了他的一系列建议,我越来越感觉到库克教授是个很有趣、很懂生活的人。

当然,课程也不止在课堂,期间我们参观了许多当地知名的公司,听他们讲述各自的商业战略,以及他们是如何一步步地将企业做大并走向全球。每个公司不论大小都有独特的公司文化,和公司员工对本公司的骄傲。在城市游览(city tour)中我们参观了华盛顿当地的许多知名建筑,让我印象最深的就是国会图书馆,一进门的意大利文艺复兴时期建筑风格便让我深深沉浸其中,馆内藏书2 000万册。看着琳琅满目的书籍,和一排排高大的书架,浓浓的学术氛围包裹着我,让我不自禁地想阅读,想扩充自己、丰富自己。看着那些被书架包围的人们,我心生出羡慕之情,这里浓郁的文艺气息让我深深爱上了这里。除了国会图书馆还看了很多其他的地方,沿途经过的美国街道有种杂乱的感觉,单看某一建筑是好看的,但整体看来整个街道没有整体风格,反倒乱七八糟。也许这也算是美国文化的一种体现吧。

在华盛顿乔治城度过的这三个星期恍然若梦,在这里我看到的、体会到的都给了我不一样的惊喜。我很庆幸自己在这个夏天走进了乔治城,也很庆幸自己报名参加了这个项目。未来的日子还很长,还有很多的路要走,而这段在乔治城的路给我的未来带来了不一样的变化,让我看到了不一样的世界。

（钱小群　会计学院2016级本科生）

在 GU 的我

在其他同学深陷实习圈的时候，我选择远赴美国增长知识。不知道做出不同选择的我们，今后的人生轨迹会如何，但我依旧可以不急不慢地将碎发挽到耳后，然后说在 GU（乔治城大学）的时候我……

我有些慌张。以前出门在外靠嘴靠脑靠老铁，说的是普通话，想的是中国人情，碰到的是黄皮肤黑眼睛的中国人。也不是没料过出国是什么情形，但与现实比起来，想象力显然不够用。一是不敢说，落地第二天上午，虽然身体默认是晚上10 点但谁也不想放过正式上课前的适应与探索时间，四人小分队上街了。然而，大部分店铺并未开门，街上跑步骑车锻炼的人却不少，最后我们一路晃进了 CVS，这个我们来美国之后每次再遇到都感到亲切无比的杂货店（grocery store），途经药品货架，想问个保健品品牌，却在瞄了远处的工作人员数眼后不敢开口，只能作罢。二是听不懂，每当这种情况，对方马上不解释，直接比手势或打开翻译软件，其实我心里苦呀，我真的有好好听，可就是反应不过来你在说什么。这种情况在之后的课堂上加剧，特别是面对我比较缺乏专业知识的金融学课程时，教授笑着等我们回答提问的时候，我心里的苦水又一次次翻了上来。旁边的学姐在项目倒数几天时也曾打趣地说，这次来不说学到些别的什么，反正我是决心回国好好学英语了。

当然，这种慌张随着应对经验的增长渐渐缓解了，每当回忆起我和当地人那些略带尴尬的交谈时，我都下意识咬唇想一定要学好英语，后话是几个月后我报了雅思考试。

除了慌张，我也极大开发了自己的好奇心，GU 的校区中等大小，但如果不主动去探索，那么三周内估计都会过着三点一线的生活，天天在教室练听力又不敢主动开口。于是在第四天，我开始在校园里溜达，虽说是开放式校园但我相信校园里的安全还是有保障的，所以这些探索常常是独自进行的。爬上 Hilly Hall 想凹造型拍照，潜入图书馆里自习，跑健身房游泳做器械运动，室内篮球场看比赛等，原来大洋彼岸同龄人的大学生活是这样的，说实话，这一点上我认为国内的高校设施并不比国外的差，但教学理念的某些差异性，我只能无奈笑笑。

除了校区，在特区这个大地图上我们同样开启了探索模式，游览了自然历史博物馆、艺术博物馆、建筑博物馆、美国历史博物馆，还有重访国会大厦。了解一个国家，首先要了解它的历史，虽然在展出方式上与国内博物馆有些不同，并且身为异国人还是有些文化认知上的鸿沟存在,但不得不说,多元的文化背景使一个年轻的国家充满了活力。在感叹藏品众多且精美的同时,也想到它们因战争而远离故土,成为他国的展品,而本国在国力恢复之时它却难以轻松回归故土。它们远离战火而幸存,却远离家乡,是幸还是不幸,我没法得到标准答案。我只是感到自己的幸运,可以越过历史长河的阻碍,看到它们和它们所代表的时代,惊叹历史与时光的杰作,让千年的后人,再次领略古老的智慧。

很多疑问平时没能解决,这里要感谢两校老师安排的会话时间和教师午餐时间,在那段时间里我可以愉快地表达自己的疑惑,并且得到老师们用心的解答,也许用的是错误百出的语句,但毕竟完成了一段对话,这也为离开华盛顿特区后一周的美国自由行增加了信心。

我更庆幸遇到了一群可爱的同行小伙伴,虽磨合期并不一帆风顺,但一旦遇到问题我们一定敢把"身后事"交给战友。我们曾在 500 的客厅里嬉闹,也曾在 Potomac 河上奋力合作划桨。我们在课间开起补课小灶,串讲知识点,也曾在街边共食一份热狗。和谐且高效的团队,是我们这次项目顺利进行的保障。而且,从他人身上我也学到了对紧急事件更为妥帖的处理方式。

当坐上最后一程航班,意识到自己正离开美国时,我不禁问自己,来之前我的目标是什么,而这一个月里我又真正收获了什么?起初报名时,我是为了探索未知,体验美国大学的学习和生活,顺便锻炼语言能力,而归国之时我带回的更多是对两种社会的比较和体会。在美国,我看到了蓝天白云、高楼林立,看到参差不齐的城市风貌和无处不在的文化冲突,这里包容了世界的各种可能,有美有丑。诚然,世界上各种社会构架的本质大同小异,且人是可以随环境改变适应的。只有食用过多种方式烹调出来的食物才算是真正品尝过食物的美味。但尝试是有代价的,不是每个人都有机会去品味。所以,作为已伸筷子的人,我不能退缩。

突然想到一句话,你之所以会想不通,是因为你想的多而看得少。看得多才有思考的源源不断的动力;而通过这次的暑期交流项目,我更加清晰地了解了世界上我从未涉足的那一部分,并在了解之后进一步增加了思考,从而减少了我的困惑。我想,下一次再踏出国门的时候,我会更加自信与沉稳从容。

（申媛菲　信息学院 2015 级本科生）

GU,很高兴见到你！

7月15日,38个人,3位带队老师,我们开始了一次丰富多彩且令人难忘的交流之旅。

因为一部《傲骨贤妻》(*The Good Wife*),我对乔治城大学(Georgetown University,GU)产生了一种别样的"情愫",加之其地处美国东海岸的华盛顿哥伦比亚特区(Washington DC),可以让我领略不同于西海岸的风光,所以当我得知经济学院有这样一个交流机会,并且课程安排也相当符合心意,便"义无反顾"地报了名。经过了递交资料以及面试的过程,在美国时间7月15日,我顺利踏上了大华府的土地,开启了为期三周的美国学习生活。

虽然在此之前,已经对美国的教育模式有了一个大致的了解,但当自己去切身感受时,还是感慨良多。GU为我们准备了丰富多彩的课程以及难得的交流活动。第一周,我们认识了儒雅又幽默风趣的斯库巴(Skuba)教授。很难想象,在课堂上与我们说着"my beautiful wife"的斯库巴教授竟曾是就职于政府部门的要员。在他关于国际商业环境(The International Business Environment)的课程中,我们一方面对全球的商业环境有了一个整体的了解,另一方面也从不同角度了解了一家企业如果想要在如今的市场中占有一定份额,所必须要了解和采取的经营策略。在斯库巴的课上,我第一次感受到中美老师在进行课题展示时巨大的不同。斯库巴教授可以用各种各样的例子、视频将看似抽象、难以理解的知识具体化、形象化,让我毫不费力地理解。但可能相类似的内容,中国老师会更加注重课本上的知识点,这样可能在基础知识积累上有较大的帮助,但会使课堂缺乏吸引力。

在这一周中,我们还进行了校园行和城市游,既了解了GU悠久的历史,还领略了DC的风光。

第二周,我们有多兰(Doran)教授关于金融的课程和西格蒙(Sigman)教授关于电子商务和数据库(E-commerce & Database)的课程。作为一名一个商科学生,特别是会计专业学生,我在学习多兰(Doran)教授的课程时,接受起来相对容易很多。与此同时,也让我发现了中美老师在讲解知识时的不同之处。多兰教授所讲的知识大多与我在财务管理课程中学到的内容相类似。但是当初在学校学习财管的过程中,老师会更加注重概念的解析,并将之与简单例题相结合,这种方式虽然可以加深我们对知识点的了解,但同时也会变得抽象。相较而言,多兰教授在讲解知识时,会更加直接,并且更倾向于将理论与实践结合,直接给出公式,让我们在紧随其后的例题中逐渐了解并掌握该知识点。两种方法各有利弊且因人而异,只要选对了适合自己的方式,便可以很好地吸收知识。

西格蒙教授的课程则更加注重实践。一方面,教授带领我们参观了 GU 的 VR 和 3D 打印实验中心,让我们切身体验高新技术为人们生活带来的改变;另一方面,还有 District Doughnuts 的经营人员来到课堂,为我们讲解他们的创业史以及经营理念。这使得知识不再仅仅局限于文字,而是令它们更加具体化,更加形象,让我们通过切身感受掌握知识。

在这一周中,我们参观了 McCormick,也是第一次近距离接触美国本土企业。他们的工作环境是相当舒服,并且通过工作人员的讲解,也让我看到了一家"跨国企业"在境外的运营模式,非常震撼!

在第三周,我们迎来了库克(Cooke),一个风趣却又严谨的教授。因为《傲骨贤妻》这部电影,我对美国的法律充满兴趣,这门课程虽然看似和商务是最没什么关联的,但库克教授实则是在教会我们无论是在工作还是在学习过程中,都要时刻把握住心中的那根准绳,不可以逾越道德与法律的界限。不得不提的是,库克教授有着令我十分佩服的人生经历。先是担任了州检察官,致力于将罪犯绳之以法;后又为刑事案件进行辩护,教授在这前后职业的巨大反差中,游刃有余地进行着转换,真的很让我敬佩。

在这一周中,我们拜访了 Pentagon 和 Fannie Mae。一定要提的就是 Fannie Mae,一家从事金融业务的专门机构。最令我印象深刻的便是在参观他们的办公环境时,往往只能在美国电影中看到的那种类似于证券交易的场景经常在我眼前上演,而且工作环境相当舒适,还可以带着自己的小孩来上班,午餐时间随处可见超大号披萨。

除去学习生活,不得不说的还有我们丰富多彩的业余生活。GU 地处繁华的乔治城(Georgetown),学校里面设施非常完备,有健身房、游泳池等。学校还提供前往 Dopount Circle、Rosslyn Station、Wisconsin Av 的免费班车,为我们去地铁站以及去 Safeway 采购提供了极大便利。从学校步行便可到达繁华的 M 街,从折扣店 TJ Maxx 到诸如 Coach,Kate Spade 等大牌专卖店,应有尽有,还有各式餐饮,为我们的课余生活提供了多种选择。利用周末时间,还可以坐地铁到博物馆以及 Macy's 等相对较远的地方,或者几个人打车到奥特莱斯(Outlets)进行"血拼"。

在这里不得不提的便是完善的住宿条件。每一层会有一个厨房,灶台、冰箱等设施十分齐全,如果吃腻了美式餐饮,还可以自己动手做饭,这也为我们的生活增添了很多乐趣。

其实真的到了美国,真正尝试融入美国人的生活,才会发现是多么有趣和神奇!大部分美国人还是很友好的,而且他们真的会非常热情地去帮助你,与你交谈。至于说英语,其实只要把自己放到那个环境中,就不得不去和人交谈。课堂上,教授会很耐心并且鼓励同学去提出问题,非常乐于解答同学的困惑,并没有那么严肃。

三周的时间,非常短暂,我们刚刚适应了新的环境、新的生活,便要依依不舍地说再见了。这段经历将会让我终生难忘,对于我而言,在那里我体验到了大学生活的丰富多彩,也感受了中西方教育的不同之处。很开心 GU 让我遇见了志同道合的朋友,很开心 GU 让我感受到了不一样的大学生活,很感激在 GU 所遇见的所有人和所发生的所有事。

内心的感觉是难以用言语来描述的,只想说:"GU,Nice to see you!"

（宋晓宇 会计学院 2015 级本科生）

关于在 GU 的三周

　　上一次来美国是在初三结束的那个暑假,跟着新东方的游学团从东海岸游到西海岸,从华盛顿、费城、纽约、波士顿到洛杉矶、旧金山。那一次旅行中,我印象最淡的就是华盛顿这个城市,比起纽约的灯火和加州的阳光,这个首都似乎显得太过平淡。然而这一次来华盛顿却带给了我另外一番感受。第一眼看到乔治城大学(GU)的时候是在从机场回学校的大巴上,过去了一个月记忆仍然清晰。那时远远看到一个高耸的钟楼的轮廓,然后听到后排有人说,那就是学校吧。我想:哦,这里就是未来三个礼拜我要待的地方了。后来知道那个模糊的钟楼是 Healy Hall,也是 GU 最具代表性的建筑之一。接下来便是等待办理宿舍入住,收拾床铺,听翠儿姐、馨丹老师和高老师给我们开第一次也是整个旅途中唯一一次小会,也算是第一次认识了同学们。

关于日常生活

　　第二天是美国时间的周日,因为倒时差,我和馨月都起得很早,因为还不怎么认路,所以决定随便逛一逛,走到哪里都随缘了。在学校绕了一圈以后并没有发现食堂的所在地,于是我们又沿着前一天进学校的路(后来发现那是去 M 街最远的一条路……)出了学校,想找个地方吃早饭。7 月份的华盛顿在不阴天不下雨的时候阳光烈得刺眼,打在皮肤上有些烧灼感,似乎这里的天空要比国内低一样。后来我知道那条街就是 M 街,也是华盛顿最繁华的一条商业街,只不过因为那是个周日并且我们又出来得太早,整个街上的店铺都关着,除了擦身而过的晨跑者,路上几乎没什么人,又因为怕走丢我们又悻悻地回了学校。上午 10 点,在同伴们的指引下,我们总算磕磕绊绊地吃到了在美国的第一顿饭,花了 14.3 美元。下午进行的算是比较顺利,我们跟汉璇儿抱团出发,碰到了一个好心的中国小姐姐,找到了 7-11 和 TJ maxx,买到了衣架和很多生活必需品。后来熟悉了之后,发现绕了很多路,但当时的感觉是:啊!生活终于走上正轨了。

　　再后来,这一片成了我们最常去的地方,不论是平日里下了课到 M 街闲逛,买买衣服,吃个晚饭,或是去 Safeway 扫荡零食和日用品,这里成了我在华盛顿最熟悉的一片区域,以至于到后来不需要地图就可以知道我想要去的地方是哪里。其实 GU 所在的乔治城这一片区域真的很方便,步行 30 分钟可以到达的地方囊括了我们生活所需的一切场所。很多好吃的餐厅(强推 Shanghai Lounge,味道很正的中国餐厅!),Safeway 和 CVS 这样的大超市以及7-11这样的便利店,H&M、Forever21、Sephora 等常见的各种品牌、一些奢侈品店,还有异常火爆的网红 Georgetown Cupcake……总而言之,每一天出来逛都能发现很多新东西,生活处处有惊喜。

因为平时上课的原因,我们只有在周末才可以有一些自己的出行计划,除了逛街、购物、吃饭之外,我们也花了很多时间在博物馆上。除了白宫、林肯纪念堂、国会、最高法院等这些传统景点,华盛顿的博物馆体系也是非常完备的,并且他最好的一点就是大部分博物馆都是免费的,我觉得这对于普及知识来说是一件很好的事情,不需要门票也不需要预约,所以路过的时候家长就可以带着小孩子去参观博物馆,学习历史科技等各种知识,这点比在中国要方便许多。

关于学校和课堂

第三天便开始真正的课堂生活了,上午是迎新会,我们第一次见到了丹尼拉(Daniela),弗朗西丝卡(Francesca)和迈克(Mike)。下午是城市游,又游览了一遍华盛顿各个著名的景点,了解了美国的政治体系和历史发展。从周二开始便是斯库巴(Skuba)教授的国际商业环境这节课。斯库巴是我们的第一位教授也是我最喜欢的一位,他的授课内容并不算太多,并且他是一个讲话很风趣很有魅力同时又在学术上颇有见解和眼光的一个老爷爷。也是因为他看上去很容易亲近,我在第一节课上就脑子一热地回答了问题,这也鼓励了我后来面对其他的教授或是店里的工作人员或是公司里的高管时我都敢说话敢问问题。这对我而言可以算是一个很大的进步,毕竟上一次新东方游学的时候,我和寄宿家庭的主人几乎是零交流……在之后就是多兰(Doran)教授的金融课,她的课让我学到很多知识,但是因为强度也很高,所以在她的小测验前夜我复习到了2点,后来和组员们交流的时候发现,原来大家都差不多。西格蒙(Sigmen)教授的课程可以说是比较多元化,我们接触到了创业者,体验了 VR 和学校的创作工坊,探讨了社会化媒体的重要性,并且完成了一次大作业。我们花了两个晚上的时间匆忙地写出一篇营销方案,虽然最后得了一个并不怎么高的分数,但收回那份被三个人批改过的作业的时候,内心还是很感动和满足的。最后是库克(Cooke)教授的美国法律体系,他还讲了很多别的东西。这个长得有点慈祥的老爷爷真的很逗,尤其是他的考试题可以说是非常可爱了,库克教授平时都爱干什么?库克教授从哪里毕业的?等等。除了这些教授们,还有弗朗西丝卡小姐姐,她负责跟我们进行对话,也就是我们自己选择一个话题,然后就此展开,就像是朋友之间聊天一样。我真的非常喜欢她,也很感谢学校安排了对话的活动,让我们更了解美国人真正的生活,弗朗西丝卡还推荐了很多好吃的给我们。除了常规的上课外,项目中安排的一些参观活动也让我们收获了很多,参观 Mc Cormick 和 Fannie Mae 都让我们长了不少见识。

总的来说,美国和中国的高等教育环境真的很不一样。首先从硬件设施上来说,我们必须承认,他们的校园环境以及配套的学习设施都比国内的大学要先进很多,以 GU 为例的话,它的健身房可以说是令我最惊艳的地方(虽然我并没有去里面运动)。当然这很大程度上得益于美国的高昂学费以及高师生比。除了硬件设施以外,最明显的不同可能是在老师的授课方式上,在四位教授中,多兰(Doran)应该是和中国老师最像的,条理清晰,进度很快,专注于知识本身。但典型的美国式教育在我眼里可能更像斯库巴和库克那样,他们会在内容中穿插很多生活中的趣事,也会给每个同学更多的机会提问,并且很会带动课堂气氛让每个人都参与进来。简单来说,就是中国的授课模式是老师讲、同学接受,而美国更多的则是师生间的互动。

这一次的经历让我也认识到了很多自身的问题,譬如我并没有太多地关注国际形势的发展,对于很多基础的财经知识了解也不够充分,还有就是语言上的不足。但同时也收获了很多新东西,认识了一帮好朋友,学到了知识,提高了独立性,也能够在他人面前表达自己的想法,等等。除此以外就是对华盛顿这座城市有了新的认识,它在我眼里不再只有白宫和纪念堂,在我心里变得更加具体和美好,我觉得这是一件很酷的事情——因为一段经历而记住一座城市。在离开的前一天,我和馨月一起走遍学校的各个角落,就像第一天来的时候我们迷路的四处瞎晃一样,除了心情不同外似乎没有什么别的不同。那天晚上我们坐在宿舍二层的阳台上,喝着从 Safeway 买来的苏打水,看着乔治城的夜色,听着从楼下路过的熙攘吵闹的学生们的谈笑声,内心很平静,我想大概从此之后我对三年后的自己也有了一些暗暗的期待和憧憬。"真好",大概是我对那三个礼拜最好的总结。

最后还是想要感谢学校也感谢 GU 给了我们这么一个能够在学习知识的同时还能体验美国文化的机会,并且认识了一帮很好的小哥哥和小姐姐,总的来说,就是很享受了!

最后附上结业那天我发的朋友圈吧:

"感谢这三个礼拜里发生过的每一秒钟,每一个遇见的人,每一场淋的雨,每一天晒过的太阳,每一杯咖啡,每一顿早饭午饭晚饭……我花了三个礼拜在心里记下了乔治城的地图,也许在离开后三天就会忘记,但不管怎么样,我会记得 GU,记得这些人们,还有我们一起的记忆。"

(王苏原　会计学院 2016 级本科生)

乔治城大学暑期交流项目参加感想

2017年暑假我参加了经济学院的暑期交流项目,在美国华盛顿特区的乔治城大学度过了丰富充实的三周时光。这段奇妙的经历不仅让我深入体验了美国人的日常生活,还让我了解了生活在美国的大学是一种怎样的感受,为我今后的出国计划打下了基础。

在项目的前期准备过程中,经济学院的老师们为我们详尽地介绍了美国签证的要求和在国外生活需要注意的方方面面,我们顺利地通过了面签和出行准备阶段。在首都机场三号航站楼,我们各自和父母道别,同时也意味着这次成长之旅的正式开始。

在美联航的客机上,我和室友坐在经济舱的前排。每次乘务员要发放食品或是饮料的时候,都会首先和我们进行交流。也许是因为紧张,乘务员每句话的第一遍我都有些理解困难,这不禁让我对自己的英语水平产生了怀疑。但随后我安慰自己,初来乍到有点小失误是正常的。十几个小时的飞行过后,我们终于到达了目的地。

坐着大巴抵达乔治城大学时,夜幕已经降临。借着路灯的光,我看到学校路边的钟表上隐约画着一只斗牛犬。后来我们才知道,这只斗牛犬杰克(Jack)可是乔治城大学的明星。后来的日子里,尽管我们很想亲眼见见这位"明星",但直到我们离开都没有得到偶遇的幸运机会。跟着大部队办好入住手续,我和室友终于进到了宿舍。宿舍房间没有很大,两张床,两个床头柜,两张书桌,都很干净整洁。高度不低的床板上,床垫子又厚又软,坐上去弹簧的声音很大。最初的几夜,翻身时会被床的声音吵醒。床上的床单和被罩也很简单,都是一两层白布而已。很显然,美国的大学住宿条件并没有我们想象的那样高大上,但也给我们展示出西方国家的简单直接。我们的卫生间很大,是和隔壁宿舍共用的。一间卫生间有两个自由进出的、通向不同房间的门,这种形式我还是第一次见。不过这也使本来两人一间的宿舍变成了实质上四人一间,我们四人在项目结束后也成了好朋友。

在之后乔治城大学的住宿生活中,我们发现诸多与国内不同的情况。所有的清洁工作都要自己完成,所有的财物都由自己分配,所有的行程都由自己规划。在这三周里,我逐渐习惯了用英文和人交流。吃着西餐,喝着凉水,乘坐着他们的交通工具,我也逐渐开始用西方人的思维方式看待问题。刚来时,我总觉得我与周围的人是不同的,肤色不同,语言不通;到后来,我越来越觉得我们是一样的,行走交流也越来越轻松自如。其实,当你认为自己与周围的环境和谐融洽起来之后,与你接触的人也就自然而然地把你看作是当地的一分子了。在华盛顿,肤色并不代表"你从哪里来"。我曾不止一次被用英文问到是不是家住在这附近。问者有纯西方人,也有不会中文的华裔。三周下来,无论是衣食住行,还是我们遇到的人,所见的事,参与的活动,展开来都能写出洋洋洒洒千字万字。不过既然是去参加了一个暑期交流项目,我最想重点谈的,还是我们在乔治城大学这三周四门的课程。

国际商业环境、金融、电子商务和数据库、美国法律——四门不同的课程,四位性格、风格各异的老师,带给我的听课感受不同,却都带给我极大的收获。在第一节课之前,我对坐在第二排还是第一排犹豫了很久,最后还是决定坐在前面。看上去只是一个听课位置的变动,实际上是突破自我的第一步。由这第一步开始,我从最初的不在课堂上回答或是提出问题,进步到敢于提出问题、与老师交流答案;从与助教座谈时想不出说什么,掰着手指头数自己总共说了几句话,转变成后来主动旁听甚至加入其他小组的座谈,想到什么可以说的便立即表达出来;从在国内课下也很少提问,转变到后来向教授提问不问明白不甘心,甚至通过邮件与教授在网络上交流。事情就是这样神奇。也许在一个陌生的环境里,摆脱从前的束手束脚,摆脱别人的固有印象更容易。我也希望这种追求到底、释放自我的求学和生活方式能被我持续保持到今后的生活当中。

文字是贫乏的。令人拍案称绝的广告创意,七彩的甜甜圈,奇幻的虚拟现实,富有年代感的教学楼回廊,甚至是艳阳下的波光粼粼,细雨连绵的繁华商街……与课堂上和课堂外的种种精彩相比,我觉得任何文字都显得苍白。这三周的学习经历,让我见识到了美国大学教学视野的广阔,让我认识了几位优秀的教师代表。他们深入浅出的教学方式,将理论与实践相结合;轻松而又深刻的课堂气氛,调动我们的求知积极性;浅显又典型的案例教学,让我们渴望汲取知识。这都使我受益匪浅。

小一个月的学习生涯结束的那一刻,说不留恋是假的,说不想家也是假的。在离开华盛顿的那一刻,我百感交集。

在回来的班机上,我坐在一个靠窗的位置,旁边坐着一个中国小男孩。我这排的最外侧是一个西方金发男人。由于乘务员一直都在用英文和我们交流,这一排的三个人也一直说着英文。中途小男孩和我说话的时候也是用的 sorry 和 excuse me。直到后来,我在他睡着的时候实在想要去一下洗手间,只得用手摇一摇他说:"小同学醒一醒,麻烦我想出去一下。"他睡眼蒙眬地挪了挪,最外面的西方人也跟着挪动身子。伴随着我的 thank you,一句中文传了过来,"没关系"。原来金发西方人也会说中文。

行程结束,回到家的最初一两天,我都会在早上四点多的时候醒来。清醒最初的几秒,分不清自己身处何方。在看清天花板之前,我总觉得自己还在那个奶酪气息浓郁的国度里。三周的时间,完全不同的环境,让我体验了完全不同的学习生活方式。这种方式让我看到自己的进步,让我体会到一种获得感。我相信这短短的三周会是一个良好的开端,令我在今后的学习生活中,敢于为自己的理想和追求迈出勇敢的一步。

(王砚冰　会计学院 2015 级本科生)

读书,旅行,乔治城

这个暑假,我参加了由经济学院主办的前往美国乔治城大学(GU)的暑期交流项目,去到这个百闻而未曾一见的国家,切身体会当地的风土人情。这次的交流活动虽谈不上使我完全了解了美国,却让我真正认识了华盛顿这个充满魅力的城市。在适应校园生活的过程中,我也不断提升自己各方面的能力。

课程安排相当紧凑,经济环境、基金与债券、数据库和经济法四门课把三周时间填得满满的,除周末外,每天都要花大把时间完成作业并准备考试,再加上语言障碍,挑灯夜战到凌晨是常态。好在每个教授都很有给中国学生上课的经验,深入浅出地阐述了市场竞争、企业战略等多方面知识,与此同时,我们也在教授的带领下结合时事热点问题进行案例分析。我深切体会到美国课堂与中国氛围的不同,相比中国课堂的灌输式教学,美国课堂更注重启发学生的思想,我们可以在课堂上充分地表达自己的观点,教授也会积极地引导并鼓励我们交流彼此的看法。刚开始我并不适应这种氛围,但在教授和同学的带动下,慢慢融入进来。在这个过程中,分小组的语言拓展给了我很大帮助,两次语言练习在一定程度上提高了我的口语水平,更重要的是,让我敢于表达,可以自然、大方地与他人沟通,这使我在课堂交流和平时的沟通中受益良多。

不只在课堂上,在平时的参观中我也学到了很多。国会大厦、华盛顿纪念碑、林肯纪念堂、罗斯福纪念公园组成了美国历史的书页,记载了一个又一个伟大的领袖为建设美国所做的杰出贡献。从《独立宣言》到《解放黑奴宣言》再到罗斯福新政,字里行间都是美国历史上的重大转折。

到了周末,我把主要目标定在了各个博物馆。参观博物馆,并不为了某件特别的展品,我认为每件展品都是平等的,它们都是历史记忆的碎片,是历史的见证者,史书或可以含糊其辞,但沉默的文物是最真实的过去,静静袒露自己的秘密。相比中国博物馆对称的展厅,整齐的展柜,简约而大气,美国的博物馆更热闹些,也紧凑些,就像油画和国画的区别。大大小小的展品很少躲在玻璃展柜中,而是参差交错,布满四周,让人目不暇接,却乱中有序。不规则的各个展厅相互连接,参观一圈不必走回头路。这样的设计也体现了美国人思维的活跃与开放。

值得一提的是,我有幸参观了"两房"中的房利美公司,了解了房利美的企业历史、主要业务、盈利方式等。在工作人员的带领下，走进了员工办公室，真正看到了每个人的工作内容，在一定程度上甚至知道了房利美控制风险的几种手段。这是一个难得的机会，是平时课上所学的资产证券化、二级市场等多方面内容在现实生活中的体现和拓展，有利于将知识和实际相结合。

"You can either travel or read, but either your body or soul must be on the way." 就像罗马假日中说的，要么读书，要么旅行，身体和灵魂必须有一个在路上。可以说我在这次交流中，鱼与熊掌二者兼得。

华盛顿的清晨，是无比宁静的。这里，偶尔有三两声鸟鸣，很难听到汽车的喇叭声和人们嘈杂的说话声。总能看到几艘小艇从窗外的河边划过，惬意而和谐。乔治城大学很美，草坪、古树和天主教风格的建筑，仿佛置身霍格沃茨。走在路上总会情不自禁贪婪地按着相机快门。这里天黑得很快，这座城市总是比太阳先入睡，在这样一个静谧的地方，很容易静下心来学习和工作。之前一直很向往这样的生活，羡慕这里干净的空气、宜人的气候，但住了两个礼拜，又很想念北京的生活。这感觉就像得到了天空，却失去了大地，个中滋味很难描述。

"热情而礼貌"是美国文化留给我的总体印象。他们的温暖笑容、善意的眼神，会轻易打动来到陌生国度的我。购物和就餐时，服务人员都是热情洋溢的，这些热情会表现在对服务对象的每一句问候、每一个微笑中。"How are you? Have a nice day!"总能让我感到轻松和愉悦，会情不自禁地回以问候和祝福。这是人与人之间对彼此的尊重。在冰激凌店排队时，偶然遇到一个黑人小哥，主动搭话，滔滔不绝地聊起中国功夫，这样的热情甚至让初来乍到的我有些不适应，但这对当地人来说却是很平常的事。

8月15日下午，我离开华盛顿，在杜勒斯机场踏上了回国的航班。三个星期的 GU 生活磨平了来时的紧张与兴奋，只留下莫大的满足和些许或是分离的不舍，抑或是再见的期待。我不知道自己还有没有机会再回到华盛顿，但如果我回来，我想我不会再去爬一次国会山，国会大厦里总统的换届就像时钟一样规律而无趣；我也不想再去瞻仰华盛顿纪念碑，像之前的 100 多年一样，它今后依旧会静静矗立在那；我也不愿再去看看林肯纪念堂，可能还是博物馆奇妙夜里那个会动的林肯更吸引我。但我愿意再回到乔治城，顺着 M 街走回 Healy Hall。这次 GU 之行对我的"作用"，从功利角度看可能是履历上增添了旁人眼中精彩的一笔。长远来看，应当是对眼界、思维方式的提升。这种难以量化、难以描摹的改变却往往是最真实、最重要的。此前很多对国外高等教育的幻想也好，偏见也罢，都多多少少因此而改变，在不知不觉中影响未来的抉择。至于专业知识方面,我也着实学到了不少:以美国人的视角重新认识经济与金融学,认识金融实务体系。除此之外,各地的朋友也认识了一些。如此的三周,我自觉非常满意,若再有奢求,恐怕便是贪欲了。

(闫行骏　经济学院 2014 级本科生)

乔治城大学暑期交流项目感想

此次暑期交流活动使我受益匪浅,不仅使我开拓了眼界,体验了中美两国不一样的文化氛围,更体验了为期三周的全英文授课方式。通过全英文的"浸泡式"学习,我在英语的听、说、读、写方面都得到了极大的提高。

由于时差因素和完全不一样的语言环境,刚开始上课的前两天我有些不适应。还记得第一节课的时候,全英文授课对我来说是有那么一点点吃力的,我必须要全神贯注地用力去听、去看、去理解,才能跟上老师的节奏明白老师的意思。特别是听到一半的时候最难熬,总有一种听力考试到此结束,听觉完全下线的感觉。但是我可以深刻地感受到坐在我旁边的其他同学都还在聚精会神地听课做笔记,或是像我一样在努力坚持着,这也是我们团队的优秀之处,总有一股向上、积极的力量牵引着你,让你不甘愿掉队。

渐渐地,全英文授课让我不再那么难以接受。上课的时候我也能更快地理解老师所要表达的含义,并且可以完全接受整个上午或是一天的学习课程。老师们也在备课上付出了极大的心思,让知识更加生动地展现在我们面前。尤其有一次,教授为了让我们更好地了解当地企业,特意请来了两个经营甜甜圈店的年轻人,在分享他们美味的甜甜圈的同时,与我们交流他们的创业历程。他们对工作的热情、投入以及热爱深深地打动了我。令我完全没有想到的是,除了大家都可以想到的利用节日、社交网站、照片墙活动之外,他们竟然还将甜甜圈与画廊结合起来,与当地艺术家一起合作,让人们可以在享受艺术的同时品尝他们用心制作的美食。而且这个艺术店面完全摒弃了传统的厨房,只是简单的美味和与整体风格相搭配的艺术作品,让我不得不为他们的创意点赞。

此外,为了提高大家的英语交流能力,学校还特意安排我们每个学习小组和教授共进午餐,以及课后聊天谈话活动,以此为我们创造更多和当地人交流的机会。我也从一开始的害怕犯错、不敢开口,转变为大胆去表达,即使有的时候仍然不能非常准确地表达自己的所思所想,或者出现"蹦单词"的情况。但在老师的鼓励和同学的帮助下,我在口语表达方面取得了很大的进步。在取得这些小小成就之后,我也学会了去抓住和每个遇见的当地人"尬聊"的机会,每当出去吃饭、买东西的时候我都会和他们主动地聊天,哪怕只是一句两句的寒暄。最让我惊喜的是,每次攀谈都得到了热情的回复,这也可能和他们自由快乐的社会氛围有关。特别是我的口语得到一些人的鼓励和夸奖之后,激动的心情难以言表。敢于开口主动说话,让我和他人有了更多的交流,并且更加爱上了乔治城这个地方。

乔治城大学给我印象最为深刻的地方莫过于他们在学生荣誉感上所付出的努力。"HOYA SAXA"是每一个乔治城学子心照不宣的暗号。在开学之初,校方就为我们提供了和其他乔治城学生一样的校园卡——GO Card,它一直都被我们戏称为"狗卡"。有了这张校园卡,我们可以享受到所有和乔治城正式在读学生一样的待遇和服务,可以享受学生优惠并自由地出入图书馆、健身房、宿舍楼等场所。最为感动的是,这张校园卡的截止日期是四年后,这说明在这个有效期内,只要我们回来,依然还可以继续享有乔治城大学的一切优待。虽然我们只在这个大学停留短短三周,但我们却能够真真切切地感受到,乔治城大学是真心把我们每一个人当作她的学子来认真对待的,他们不会因为你是交换生而差别相待。正是这种包容性强、热情洋溢的校风和学习氛围,让我在这仅仅三周时间里便感受到了这所学校的无穷魅力,并深深地爱上了乔治城大学。

乔治城大学的每一位学生一定不会对杰克(Jack)感到陌生。他的头像几乎无处不在,灰蓝搭配的校徽也采用的他的形象,他就是这所学校的吉祥物——西班牙斗牛犬。好多人都会戏称它才是乔治城大学真正的老板,每次都会出现在大型活动之中,比如毕业典礼、篮球赛。平时会在主校区内随机出现,暑假的时候杰克由学生们照顾。这次交流很遗憾没能在校园偶遇杰克,但却在学校的商店买了许多印有杰克头像的纪念品。商店中学校出品的纪念品可谓涵盖了学生生活的各个方面,衣服、帽子、水杯应有尽有。当穿着印有校徽的衣服走在校园路上,再听到欢乐的校歌时,一种归属感和自豪感油然而生。而可以让一个只停留三周的人感到归属感,这种魔力也是学校在学生荣誉感建设方面的巨大成果之一吧。

在周末的课余时间,我也没有放弃出去走走的机会,来到华盛顿以后,这里的一切都那么新鲜,让我觉得眼睛看不过来,耳朵听不过来,脑子记不过来。尤其是这里隶属于史密森尼学会的博物馆群,让我穿梭在历史、艺术、自然的回廊之中。展品中繁长的英文介绍并没有吓退我的求知欲望,每次参观我都不是走马观花地看一遍,而是尽可能多地认真阅读每一个展品的介绍。虽然需要借助于字典查阅单词,但是我并没有觉得辛苦或麻烦,反而深深意识到了自己词汇量的匮乏,以及自己还需要付出的努力。

此次交流活动不仅仅帮助了我的英语学习,更加深了我对英语的理解。英文其实不是一门只用来考察我们成绩的恼人的学科,他更像是一个工具,一个助你在异国他乡学习、生活、感受的拐杖。这种感悟对于我的帮助巨大,因为我正处于考取雅思成绩的阶段。之前我只是单纯地觉得要多做阅读、多听听力、多练多写,达到目标分数以后一切万事大吉。但现在我端正了态度，为了掌握这门有助于我生活的技能，我在英语的学习上也变得更加积极。这不但是为了大学毕业后可以申请心仪的学校，更是为了今后可以打开这扇了解外面世界的窗户。

非常感谢这次暑期交流项目，让我得到了不一样的体验，收获了更加积极的学习心态。

（张东倪　城市经济与公共管理学院 2015 级本科生）

遇见 GU

初到美国,一切都是新奇的。刚下飞机时,看到湛蓝又直逼地平线的天空,闻着稀薄清冷的空气,不由得忘记离家万里的不舍,陷入这里的美好。记得第一天晚上,8点多钟天还是透亮的,犹如下午四五点钟的北京,我和舍友都很惊奇,可是突然间,未到九点,天骤然黑了下去,只剩下路边昏黄的路灯。

乔治城大学(GU)很漂亮,被我和舍友称为"现实版的霍格沃兹城堡",倘若到了晚上,钟声在暗夜里显得尤为清晰,更有了一种在魔法学院探秘的感觉。但GU并不是只有古老的城堡,它更给了我一种过去与现在并存,包罗万象的感觉,陈旧的古堡后面坐落着崭新的商学院。然而我最喜欢GU的是在第一天坐大巴来时,居然在大门前看到了小鹿,长得极像小鹿斑比,就那么安静地在校门前的草地上游荡着。

GU的旁边就是乔治城了,一幢幢漂亮的独栋小别墅错落有致地拼凑在一起,每次去市中心的路上,总能看到不同的风景。但其中最令我印象深刻的是乔治城中街道路口虽多,却几乎一个路灯也没有。每每走到十字路口,倘若有车,必会停下来谦让行人,没有人的路口,车辆也会减速经过;最令我感动的一次是和大家一起从市中心回学校,我走在人群最后,在大家都过完路口时我还未走到,但之前停在那里等前面行人的三辆车一直在排队等我,等我经过之后才一脚踩着油门离开。后来大家说起这件事时,都笑称乔治城的十字路口简直安全到可以"横冲直撞";但美国也并非都是如此,课程结束后去纽约的几天,我了解到"中国式过马路"并非是中国所独有的现象,纽约的街道虽大多为单行道,但异常拥挤,常常是人和车擦身而过,众多行人在路上急匆匆地走,急匆匆地略过红绿灯,闯过马路。比起纽约,华盛顿更像是一座适合养老的城市,遍地的草丛和跳跃的松鼠,行人畅意漫步的街头和天黑之后鲜能看到人影的街道,没有纽约高到令人窒息、密集的高楼,莫名地令人心安。除此之外,乔治城的人都很友好。有次下雨在哈根达斯,旁边有一个黑人小哥哥也在此避雨,竟主动和我聊了起来,聊起他有多喜欢中国功夫,还一直努力给我描述他最喜欢的叫 *Lotus Man* 的这部电影。在感受华盛顿人民友好的同时,也能深切地感受到美国人民数学不好的特性,售货员总是收下所有的硬币,然后再找给我更多的零钱。

可能是暑假的原因,所以未在学校见到许多学生。但每每在商学院的教学楼里看见他们,却很少有在低头玩手机的。商学院的二楼总是坐着许多埋头看电脑的人,或者就是一群看着很厉害的人端着咖啡、表情严肃地谈论着一些我听不懂的事;在地铁上也是如此,华盛顿的地铁上,学习的、看报的、聊天的远远多于"低头族",美国的年轻人似乎并没有像我们这样如此沉迷于手机。和弗朗西丝卡(Francessa)聊到关于手机的问题时,她说我已经和我朋友在一起聊天了,为什么还要看手机。他们也会热衷于社交软件,但他们不会像我们这样时不时地、习惯性地看手机,很少像我们这样把看手机变成了生活中难以改变的习惯。除此之外,美国人比我想象的更爱运动,见到人最多的地方大概就是操场和体育馆了,体育馆是免费的,大概是跟 GU 高昂的学费所配套,设施一应俱全。震惊的是,在美国居然也有打乒乓球的地方。

在 GU 的三个星期中,有四位教授为我们上课。教授们上课都很有活力,会一遍一遍解释我们不懂的问题,会一次次鼓励我们积极提问、和他们互动,尤其是西格蒙(Sigman)教授,不论最终结果如何,都会毫无保留地称赞我们。相比之下,国内的授课环境会更多偏向于老师单方面主导,老教授们上课会更喜欢学生在下面听,而年轻老师们的授课方式则更倾向于美国的教学方式,鼓励学生说出自己的想法,但大家常常会担心自己的答案正确与否,总是害羞很少去主动回答问题。而到了美国之后,在自由开放环境的渲染下,整个课堂的气氛变得更加活跃,大家会更主动地去回答、去提问,虽然有时候也会出现没人回答而冷场,但随着上课时间的增多,冷场的时间也在逐渐减少。在所有教授中,我最印象深刻的便是斯库巴(Skuba)教授和库克(Cooke)教授了,斯库巴教授总是能让枯燥的问题变得诙谐有趣,而库克教授会把法律流程编成舞台剧来帮助我们理解。西格蒙教授更是请来了两位 Donuts 的经营者来让我们理解如何更好地应用社交媒体。另外,VR 和手工 DIY 的体验也是格外有趣;多兰(Doran)教授的课程对我而言,在理解上稍有难度,但同时也学会了不少会计、金融的专业名词。去美国之前就听学长和学姐讲过,美国的教授大多喜欢布置一系列的阅读作业,大量的论文、书籍需要在上课之前阅读完毕,在 GU 上课的三周,这点同样令我感同身受。教授们的作业虽不多,但都是文章的阅读或者小组的计划,帮助理解第二天的课程。

美国的教育,似乎和我们的刚好相反。中国学生大多是度过一个疲惫的高中,然后在大学彻底放松下来,浑浑噩噩地熬完大学四年;但美国的学生高中则轻松许多,在间隔年之后,大家会进入一个学习压力极大的大学,学习今后的生存技能。在 GU 时,我宿舍旁边的休息室,每次进去取东西都会见到美国学生在那里学习,不论早上、晚上都是如此。可能是因为美国大学的淘汰体制比中国更为完善,因而学习也就更加努力。

在 GU 的三周,收获很多,认识了许多新朋友,学到了许多新知识,感受到了地道的美国文化,毕业之后的选择多了一个崭新的方向,感谢这次 GU 之旅。

(张明明　经济学院 2016 级本科生)

你好，乔治城

今年暑假，我有幸参加了乔治城大学的暑期交流项目。从7月中旬到8月初，历时三周，收获颇丰。

第一周我们进行了许多参观，美国国会大厦、林肯纪念堂、华盛顿纪念碑、国会图书馆、白宫、国会山……在导游周先生的耐心讲解下，我们不再是走马观花式的参观，而是真真切切地感受到了美国的历史与文化。令我印象最深的是美国国会图书馆，我倒是觉得这个图书馆更像一个宫殿，里面装修得富丽堂皇，华丽的雕塑、精美的天花板，让人目不暇接。要是没告诉我这是图书馆，我是绝对猜不到的。

乔治城大学的地理位置很好，学校边上就是华盛顿最大的商业街，我们经常在结束了一天的课程之后去M街逛街。学校的食堂菜品也很丰富且营养均衡，可以根据自己的喜好自由选择（除了价格略贵）。住宿条件也很不错，两人一间，有独立卫浴。我们宿舍窗户正对的就是一间美丽的教堂，每天都能听到钟声。我最喜欢的是学校的健身房，各种设备一应俱全。乔治城的居民也很友善，我们走在街区从来不用看车，因为所有的车都会主动避让行人，就算离得很远也会停下等你走过再开走，这让我很受触动。乔治城也有许多热爱运动的人，不论什么时间和什么地点，你总能看到正在跑步骑车的人们，这也是他们热爱生活的一个体现。

我们一共有四门课程，分别涉及商业环境、金融、美国法律和数据库。四位教授的讲课风格各不相同，但都有一个共同点——总是充满热情。斯库巴（Skuba）是我们的第一个教授，他的授课方式让我感受到了中美课堂的差异。在中国，同学们普遍不喜欢在课上回答问题，有问题也是攒到课后单独找老师。但是在美国的课堂上，老师鼓励同学们积极发言，随时提出自己的问题，课堂的参与度比较高。西格蒙（Sigman）教授的课堂比较特别，她请来当地著名甜甜圈店——District Doughnuts的两位创始人给我们进行宣讲，在学习之余还品尝到了美味的甜甜圈，之后我们分组为他们制定了进驻中国的社会性计划。课堂形式的多变性大大激发了我们的学习热情，让我们在短短三周里受益匪浅。

在第二周的周二。我们有幸参加了Startup Hoyas，一个精彩的大学生创业论坛。这是我第一次在美国参加如此social的场合，台上各位创业者精彩绝伦的演讲以及台下观众们的互动充满风趣。这又是一个有趣的经历。

第三周我们参观了神秘的五角大楼。走进楼内,实际上就像走进了一个大型的军事展览馆。在每个军兵种和国防机构的办公区内,宽敞的走廊两侧都精心布置着反映本军兵种的军史、战史的油画、照片、图表和各种实物,包括各个时期和战争中使用过的枪支、头盔等军械;著名军事人物穿过的军服,用过的手枪、望远镜、钢笔等物;著名战斗英雄、烈士的事迹和遗物。因此,当我们随军士导游走出五角大楼时,已在不知不觉中受到了一次国防和军事教育。

除此之外,我们还参观了著名的调料公司——味好美,以及房地美集团。接待我们的都是乔治城毕业的学生,在他们的认真介绍与讲解中,我们对美国公司与房贷业的认识深入了很多。在参观房地美之前,我们还看了电影《大空头》,这对之后的参观很有帮助。

弗朗西丝卡(Francesca)是我们可爱又认真的助教,在短暂的三周学习中,她为我们四个小组分别进行了两次口语练习。与印象中刻板严肃的口语练习不同,我们的口语练习是在轻松愉快的氛围下进行的,谈论的话题由我们自己决定。弗朗西丝卡还贴心地为我们准备了零食和饮料,大家围坐在一起,很快便没有了局促与紧张,你一句我一句,热烈的讨论与欢笑充满了整个房间。我们在口语练习中不仅提高了演讲能力,同时也了解到很多的美国文化。总之口语练习确实让我更自信、更敢开口了。

华盛顿是一个充满文化气息的城市,我们利用周末的时间,逛了很多博物馆。给我留下印象最深的是美国印第安人国家博物馆,它是美国第一个专门展示土著印第安人历史、生活、语言、文学、艺术的文化人类学专题博物馆,拥有世界上最大、最丰富的关于美国印第安土著人民生活、艺术展览品,共计8万余件,展品年代跨越1万余年。它以文化人类学的视角,将展览分为"我们的星空""我们的生活""我们的语言"等不同专题,从衣食住行用等生产、生活、文化方式的角度全面、深刻地向人们展示印第安土著人的物质生活和精神追求,十分有趣。

三周的时间匆匆过去,上午刚刚结束了最后一门小测验,中午便是欢送午餐暨结业仪式了。三位教授,助教弗朗西丝卡,和各位老师都参加了我们的餐会。我们观看了精心制作的视频,里面记录了这三周的一点一滴。之后教授为我们每人颁发了毕业证书,并合影留念,记录下美好的时刻。

项目结束后,我又沿着美东的几个城市旅行,但无论是繁华的纽约还是美丽的波士顿,在我的心中都远不及华盛顿。整洁的街道、便利的交通、因限高而展露的大片天空(华盛顿市内最高建筑是纪念碑)、良好的绿化、随处可见的便利店,以及热情的居民,这些都成了我喜爱华盛顿这个小城的理由。

在参加这个项目之前，我对自己的英语水平不是很自信。通过这次经历，我比之前更勇于开口说英语，敢于和外国人交流，这也是我觉得收获最大的地方。这真是一次令人难忘的经历。

（张馨月　会计学院 2016 级本科生）

HOYA SAXA！在乔治城的三周

2017 年 7 月 5 日,刚结束实习的我就启程前往华盛顿,开始了与乔治城大学的三周之约。12 个多小时的长途飞行后,迎接我们的是当地 20 点的夕阳。与北京相比,华盛顿气候中的大陆性气候的特点要更强一些,因此天气更加通透,未被云层剥削过的阳光将整个城市都染成了金色。

真正进入乔治城大学时,天已经完全黑了,因此除了那个印有斗牛犬杰克(Jack)头像的钟表,我只对其高低起伏的地势留有印象。真正的惊艳是在第二天早晨,作为一个历史悠久的教会学校,校园内大部分建筑都透露着古朴的气质,虽与其内部现代化的教学设备对比鲜明,却也韵味独特,配合着整点敲响的钟声,置身其中恍惚回到了过去。而地势的错落感更是让校园的整体景观立体了起来,着实让我这个从小生活在大平原的孩子感到几分梦幻。也许是因为正值暑假,学校里本身人就少,再配合其周边环境,乔治城大学让我觉得是个十分适宜安心治学的地方,它能让人静下心来,不必每天窝在图书馆啃书,在学校的各个角落都能专注于自己想做的事,即使每天过着宿舍、教室、体育馆这种简单的点线生活也不觉厌烦。

同是大国都城,华盛顿与北京有些相似,但又不尽相同,北京是庞大开阔且热闹的,承担了文化和政治中心的职能,又在经济上有着较为重要的地位;而华盛顿只是一个紧凑的政治中心,不如北京商业发达,少了些开放欢迎的态度,多了些政治历史所带来的沉重感,可能也少了一些活力,却也没了那份拥挤与喧嚣。感觉还是北京更适合年轻人带着梦想去闯荡,华盛顿则更适于中年人在此拥有一份体面的工作和平静的生活。但我很难讲这风格各异的两座城市哪个在我心里更胜一筹,这三周里,我常常是一边赞叹华盛顿清透干燥的空气与碧空如洗,一边怀念北京四通八达的公共交通与无处不在的手机支付。

当然这次美国之行最主要的任务还是学习,乔治城的麦克多诺商学院为我们安排了四位有着渊博的知识储备与强大个人魅力的教授,不得不说,遇见他们是万分幸运的事。主讲国际商业环境的斯库巴(Skuba)教授的演讲极具感染力,而他所用的跨国公司实例也都是那种很有名却并非人尽皆知的事件,往往是那些我了解过大概但不知晓细节的,配上他抑扬顿挫的声线和到位的表情,是最能引起我兴趣的,一天的课程通常是在意犹未尽中飞速结束。第二位出场的多兰(Dorian)教授,他主要传授金融市场相关的知识，与斯库巴教授演说家的风格相比，多兰教授更像是个沉迷于学术的研究者，讲课语气平缓，咬字清晰，但课程内容专业性极强，进度推进也很快。即使是开学即将升入大四的我，对于某些知识点依旧需要课后花时间去仔细理解，但不得不说这门课给了我莫大的收获，丰富了我关于利息及金融市场的知识面，正好为刚刚结束的货币银行学进行了补充。而随后见面的西格蒙（Sigman）教授与我们分享了关于社会性媒体和大数据在企业营销方面的应用。这是课堂形式最丰富的一门课，我们不再只局限于教室内，而是走进图书馆，亲自体验了 VR 与图章的印制，并聆听了生意成功的甜甜圈店主关于他们的经验与美味的产品的分享，这都有助于我们通过多维视角了解社会性媒体在日常生活中所占据的重要地位。最后库克（Cooke）教授则为我们介绍了美国的司法机构，这方面的知识是作为一个经济学学生之前知之甚少的，还好教授风趣幽默，所述美国历史上的经典案例内容十分详尽，也并没有什么晦涩难懂的词汇，使整个司法体系在我脑海里逐渐搭建起来。这门课最后的小考试算是最出其不意的，关于大法官们细枝末节的小知识，甚至是教授本人的日常爱好都包含其中，我似乎完全没有复习到点子上，也真的是为教授跳脱随意的性格折服了。

这次活动另一个使我异常满足的是，我们有充足的时间去到我们想去的地方。周末的时间完全自由，平时下课后也有诸多空闲时间可以随意安排，这让我觉得我们是被信任的，老师们相信我们有照顾好自己的能力，安全问题不再是局限。并且这次旅行十分好运气地遇到了诸多三观相符，能一起愉快玩耍的小伙伴，共同计划出行路线，选择合适的交通工具。我们几乎走遍了华盛顿所有的博物馆和名胜景区，且对整座城市的规划布局有了较为全面的了解，并从更细节的地方感受这座城市的气息。

在这三周的时间里，我还有一个比较大的感触，就是自己的口语真的要加强。我能读懂商品的说明书及教授给我们的阅读材料，看得懂路牌，听懂教授们及助教所说的内容也并不困难，可轮到自己张口去和别人解释什么的时候，总是比想象的费劲得多。我常常需要花时间组织语言，有目的的询问还好，一到聊天就会漏洞百出，忘记复数、弄错时态都常有发生，甚至有时会突然忘记一些极其简单的词汇。我深知当地人并不会恶意地嘲笑如我这种表述不清的外国人，因此与紧张感应该关系不大，恐怕还是因为平时练习的少，口语不比阅读或听力可以随便抽出零散的时间，通过各种各样的方法进行练习，我虽有用过如英语魔方秀一类的配音软件进行正音，却除了课堂展示外，少有涉及需要在分秒内地快速调出脑内储备组成句法的口语表达。因此在继续背单词的同时，如何提升语言组织能力以便精确地将我的思想传达给别人应是目前最应引起我重视和付诸努力的地方。

回国以后,在闷热的北京,还是有点想念华盛顿早早到来的秋意,甚至是下午时分突然而至的阵雨。以后如有机会故地重游,还是愿意再去乔治城大学看看,万一运气好碰到了真实的杰克呢。

(张雨菲　经济学院 2014 级本科生)

我所爱的乔治城

关于对乔治城大学(GU)的感想,我想分两部分来写,一方面关于在乔治城大学的生活和学习,一方面关于华盛顿这个城市。

乔治城大学是一个天主教学校,虽然没怎么感觉到宗教的气息,但学校的建筑确实是这种风格。乔治城校园的绿化做得很好,从正门进去就能看到一棵很大的树,平时会有学生靠着树看书休息,晚上也会有学生在草坪上聚会。学校建在山上,宿舍、教室、食堂这三者之间的路都有上坡和下坡,每天像爬山一样。乔治城的操场和中国的不一样,它只有一片绿地,没有跑道,而跑道是在体育馆里面。健身房也是在体育馆里面的,面积很大,器材很多,有很多我在国内没见过的。体育馆里面除了面积很大的健身房之外还有好多个篮球场、羽毛球场和一个游泳池,而且都是免费开放的。

乔治城大学食堂有三个,一个是按重量称的自助,一个是不管吃多少都一个价钱的自助,还有一个是点餐的。第一个按重量称的自助菜品比较多,几天一换,感觉是这三个食堂里最好吃的一个,也是三周里吃得最多的。缺点就是比较贵,一磅要 8～10 刀。第二个自助好像是 15 刀,但里面的菜不多,也一般,主要就是披萨、热狗、意面、汉堡。最后一个点餐的我只吃过一次,那里也只有三明治和汉堡而已。总的来说美国的食物热量比较高,味道不好吃还贵。出国那么多次、这是第一次让我觉得中餐有多好吃。

之后是在乔治城的学习。在乔治城一共三周15天的学习时间。来之前我就很想知道美国的教育是什么样的,美国的老师和中国的老师有什么不同之处。这三周的学习让我觉得美国的学习还是自主学习比较多。每次上完课老师都让我们回去看PPT,然后老师根据PPT和课上讲的东西来出小测验。每次上课的内容相比首经贸量还是多一些的。老师方面和中国的差别比较大,主要就是老师的个人魅力比较大,讲课也很幽默风趣,可以让我们感觉到他们是一些有趣的人,把教书和接触学生当成一种乐趣。

虽然一开始不习惯于白天太长、天气太奇怪、晴天太阳很大,雨天雨很大又很急,下完雨,天很快就变晴,生活节奏很慢、晚饭要在七八点之前就解决等一系列事情。但之后去了别的城市,反而更喜欢华盛顿。

相比波士顿和纽约,华盛顿的城市更干净。刚离开华盛顿到波士顿的时候,讶异于波士顿街道的脏和旧,觉得和华盛顿的反差很大。然而到了纽约的时候,发现纽约的洁净程度也和华盛顿差得很多。

华盛顿对人很友好。在华盛顿的街上,行人要过街的时候,汽车会隔很远就停下来等,不论昼夜。在波士顿、纽约、中国城市和我印象里的一些欧洲城市都不会这么礼让行人。虽然从北京刚到华盛顿的时候不太习惯,但现在回国后却很喜欢很怀念这事。我觉得这件事更多的还是意识和善意,更多地方的人开车大概没有这种礼让行人的意识,何况善意。

另外华盛顿很亲近自然和人文。华盛顿很多地方都能看到松鼠、喂松鼠的人和看别人喂松鼠的人。这点也可以看出华盛顿的环境和空气的良好,人们对自然的保护都很好。华盛顿的博物馆和艺术馆基本都免费开放。但去了纽约,那里的博物馆和艺术馆都得花钱,讲真挺贵的。但我觉得也不光是钱的问题,拥有什么气息的城市会免费开放博物馆和艺术馆呢?

最后我想说一下纽约。来之前我也没查资料,对纽约也不熟悉。然后去了之后从同学和导游那里听说了对这个城市的描述和评价,大概是国际化大都市和不夜城之类的。所以去之前虽然没有太大期待,但也没有觉得这个城市不太好,但到了之后还是有一些心理落差。总的来说这座城市更类似于中国的上海和香港。一方面是摩天大楼很多,另一方面是这个城市部分地方看着很繁华,其他地方看起来却很破旧。

纽约这个城市虽然叫不夜城,但大多数地方的"不夜"也都是关了门不关灯而已。除了时代广场很多地方关门比较晚之外,别的地方虽然灯还亮着,但在9点之后,也已经不营业了。感觉这个城市只是表面的亮丽,我不知道是什么造就了这样的纽约,但它给我的感觉确实不如华盛顿,甚至更小的城市。可能这个城市是那种只适合生存,不适合生活的地方吧。

(赵全　城市经济与公共管理学院 2015 级本科生)

享受差异

特别荣幸学校给了我参加乔治城大学暑期交流项目的机会,借由参加项目,我第一次深入地了解了一个地方的文化和生活,在这个过程里学习到了很多,也收获了很多。

因为是一个校园项目,所以我就从学校开始说起。参加这次项目让我真切地了解到了国内外学校之间的差异性。

从硬件上看,乔治城大学的规模虽然在美国诸多大学中已经算相当小,但相比首经贸来说依然大了数倍不止。而坐落在北京的高校往往无法拥有大面积的校园,这不仅导致学校内教学资源和住宿资源紧张,更无法建设更多其他的功能性建筑,导致学生可选择的空间也小。而外国的大学在环境和布置上发挥的空间更多,带给学生更加良好的体验。

此外,乔治城大学的种种细节都能让人感受到为提高学生学习生活便利性的考量。教室中每人座位前排的充电插座、坐落在校园各处的充电杆、每栋建筑都有的伤残人士自动门、卫生间里提供的卷纸与一次性垫圈、每个宿舍房间的独立卫浴、每道门前的免水洗手液……林林总总的小细节大大提升了日常生活起居的舒适和便利程度,也提升了生活的效率,从而给了我们更多可以自由支配的时间。对于首经贸来说,要达到这种程度应该需要不少的时间,但近几年学校所做的努力还是有目共睹的,图书馆开始提供插座,自习环境就过去而言已经改善良多。资金的限制依然是发展校园硬件设施的主要问题之一。前几年,大学对校园广场频繁的修理,同一笔资金如果能应用在替换损坏的课桌椅与空调上想必实用性可以进一步得到提高,这里或许反映的是更深层的问题。

而从教学和学术氛围上考虑,首经贸与乔治城大学相比,也依然有着不小的差距。我十分喜爱乔治城大学的老师和学生都能以学校为骄傲以及他们兼容并包的氛围。关于归属感,最初的惊喜是发现对方学校给我们办理的学生卡有着四年与本科学生一样的有效期,再到后面,老师和同学会把我们当作学校一分子,向我们介绍学校的一些特有风俗和本校学生喜爱的自称,再到校内老师带我们出去时,会对合作方直接介绍我们是学校的学生而非交换生或者暑期学生。林林总总的小细节让我们快速建立起了对学校的归属感和自豪感。在项目结束后到纽约旅行时,很多同学依然会以"我们学校"来指代乔治城大学,这让我觉得十分难得。往往国内优秀大学的学生会以这个身份为骄傲,而不那么优秀的大学中,大部分学生,甚至老师也无法建立对学校的归属感和自豪感。学校文化的建立我觉得十分重要,它可以切实改变一个学校的精神风貌,而且这不是仅仅通过学校喊口号就能制造出来的东西,它需要其中的老师同学和其他教职员工发自内心的热爱,去带动和影响新加入的成员。

而在教学方面,由于项目的时间过于短暂,很难系统学到相关知识,每门课程只有三天甚至更少的学习时间。所幸的是两校双方都在尽其所能地提高我们的体验价值,提供了很多让我们与教授交流的机会。值得一提的是,哪怕与每位教授只有三天的相处时间,其教学能力依然得到了很好的展现。教授们的很多观点都能触发我的一些思考,带给我很多原来没有过的看法和不同的视野,并且他们对我的疑问展现了出奇的耐心。另外,我同样更喜欢这边的一些教育机制,它会有大量的课下阅读要求,同时又经常举行小的测验以监督你的学习情况,让我在很短的时间里吸收相对较多的知识。而相对于我在国内接受的教学,很多老师自身水平和教学经验不足导致了许多并不愉快的体验,国内对高校教师以科研成果为唯一评价标准的考核体系更是让许多老师不会把过多精力放在讲好课程上;而每学期只有期中和期末两项考试也无法很好督促学生日常的学习。我清楚地知道自己自制力不足,感到缺乏监管和激励机制,从而时常陷入怠惰。

校方除了日常的授课还安排了许多参观项目,质量普遍较高,体验最好的是Fannie Mae 的参观。虽然具体的内容我已经忘得差不多了,但是结合之前课程的相关内容让我对金融行业有了相对系统的了解,形成了一些新的看法。此外,在参加学校一个创业活动时很碰巧地遇到了一些在乔治城大学读工商管理硕士(MBA)的学长学姐 ,通过沟通,对目前亚裔的申请留学和就业情况又增加了许多有趣的认知。

项目期间,我们依然可以拥有自由支配的周末时间,这让我可以好好对华盛顿进行探索。它的各种博物馆不负盛名,有幸见到了许多之前只能在网络上看到的实物,除了对展品基本信息进行展示,还会科普相关的基本知识,让我收获颇多。另外,我想方设法特意抽出时间去旁听了一场美国参议会的会议,并且见到了所有州的参议员与副总统,对会议流程有所了解。一个人对这里进行探索和比较、学习的过程是相当有意思的,可以对这里的文化和风格进行很多有趣的观察,当你一个人走在路上——彻底脱离母语环境的时候,反而是你最快适应、融入新环境的时候。当然这也归功于我在华盛顿遇到的人往往对我相当友善,让我能顺利找到自己的目标。这里不得不提项目结束后,我在纽约旅行时遇到的巨大反差——从当地人待人接物的态度到接触到的硬件设施与环境,让我实在难以对这里产生太多好感。从这个反差里，我在想是否因为纽约是一个太过巨大和混杂的城市，人们的素质因为各个地方的人的涌入而参差不齐，甚至在这里我受到不少的地域和人种歧视，让我对这个世界性的大都市不得不敬而远之。

到一个新的环境体验一段生活和去各个地方旅游的体验差异是巨大的，它会让你更深入地了解一个地方的文化，而不是像走马观花一样，只有一个粗略的认识。这次暑期项目对我来说是一个非常新鲜的体验，整个过程我都在熟悉与摸索中度过，也十分享受这样一个过程。它不仅带给我许多新的东西，也让我在比较和认识中去探索、去寻找什么是适合自己的。

（周汉璇　经济学院 2015 级本科生）

从小白到 DC "朱导儿" 的自我修养

2017 年 7 月中旬到 8 月份的上旬，我在华盛顿乔治城大学开始了暑期交流旅程，又在无限怀念中餐、无时无刻不在吐槽美国物价"感人"中悄然而逝，我的美国游就这样画上了一个完美的句号。

说实话，刚踏上美利坚合众国的土地我是拒绝的。因为我害怕和一群并不熟悉甚至是陌生人一起生活 25 天，害怕不习惯美国的餐食，害怕美国的大学宿舍不够舒适温馨，害怕自己会想家。然而事实并非如此，我逐渐爱上和我的赴美小伙伴们在下课后去市中心"血拼"，周末拉着上到研二下到 00 后的"中国旅行买买团"穿梭于华盛顿市区奇妙的博物馆，从难以下咽到慢慢习惯美国要么很咸、要么很甜、要么油腻腻的餐食，习惯乔治城大学宿舍的弹簧床和两个宿舍共享的淋浴，从每天和老妈邀请视频聊天到乐不思蜀忘记和她报平安……这漫长而短暂的 25 天，让我收获了华盛顿美丽的风景，让我和一群不同年级、不同专业、不同学院的小伙伴们一起玩得很嗨，让我从一个只会衣来伸手饭来张口的"懒蛋"成为一个天天拿着谷歌地图带领小伙伴们闯天下的靠谱"朱导儿"。

和首经贸不同，乔治城大学的校园大小适中，能在几天时间里把那几个独特的建筑认全，就已经很不容易了（然而我这个路痴熟悉了一周才能自己找到吃饭和上课的路）。我来到乔治城的第一个早上就碰到了我的高中同学，他告诉我乔治城的商学院大楼是这个学校的一抹独特亮丽的风景。的确如此，和复古而宏伟的城堡式建筑不同，McDonough 商学院是一个白蓝相间的现代性建筑，麻雀虽小五脏俱全，里面共有三层，拥有教室、咖啡厅、文印室等。

我们在这里与四位教学风格迥异却友好欢乐的教授度过了一段难忘的全美式课堂生活。虽然有时因为语言关要时刻掏出手机查单词，以及令人炸毛的财政学的公式，所幸的是这 21 天朝九晚三的学术生活顺利告一段落。

乔治城大学的"称重餐厅"成为我们每天必去的地方。所谓"称重餐厅"，就是里面的食物按重量算钱，对于饭量不一的学生们可以说是十分贴心了。这里有各种美式美食、瓜果沙拉、饮料等任君采撷，基本上每顿饭平均 10 美元左右。当然如果偶尔想换个口味的话，也可以选择一旁的披萨、三明治、寿司和乌冬面。

我觉得我可以在一个全美前 20 的学校学习与生活一段时间可谓三生有幸，但其实真正让我收获颇丰的不仅仅是这些。正如题目所言，我从一个到达陌生国家、陌生城市无从下手的中国小白，变成了给我几美刀再加上一枚公交卡就可以在华盛顿横冲直撞的 DC"朱导儿"。

为了方便我们快速了解华盛顿这座城市，乔治城校方贴心地为我们安排了城市游行程。我们在短短两天便把华盛顿最负盛名的景点绕了一圈，感受到了华盛顿独一无二的魅力所在。

慢慢地，我们也可以不再依靠校方提供的导游服务，随意去探索自己喜欢的地方。在这里不得不提的是，乔治城大学的校车服务简直不能更贴心，坐 15 分钟的校车就能到达中转站"杜邦圆环"站，然后就可以到达任何你想去的地方。

来到华盛顿怎能不转转博物馆？和繁华拥挤的大都市纽约和满是学术气息的大学城波士顿不同，身为首都的华盛顿当然要发挥它"又红又专"的职能，政府机构、博物馆林立于市中心。我们的第一站便是充满艺术气息的国立美术馆（National Gallery）。在这里不乏梵高、达芬奇、莫奈等一代美术巨匠的作品，在这里你会接受到纯艺术的熏陶，就算你不是个专业的美术生，你也会将这些名画视为珍宝。除了单纯地欣赏，我们也会和名作们合影留念，毕竟这样近距离接触大师之作内心也是有点小激动的。

自然历史博物馆（史密森尼博物馆）也是我的一个心头好，倒不是因为我之前看过《博物馆奇妙夜》想去寻找笨笨和糖糖的踪影，而是因为这里陈列的每一个模型，播放的每一个短片，都会让你对自然科学产生浓厚的兴趣。和地标大象合个影，跑到蝴蝶馆赏赏蝴蝶，去恐龙馆感受一下远古时期尖牙利齿的巨型动物……一切都是那么妙趣横生。

作为一个出过四次国却一次都没有到过唐人街的人来讲，唐人街一直都是我"心口的那颗朱砂痣"，不去看看外国人眼中的小中国未免有些可惜。不过我人生的第一个唐人街之旅就发生在了华盛顿，华盛顿的唐人街并没有想象中的热闹，反而有一份安宁的气息。在这里我吃到了来美国后的第一顿中餐，尽管这里的叉烧面并不如三食堂大师傅做的香，但能够在异国他乡品一品不那么正宗的家乡味何尝不是一段特殊的回忆。

最值得一提的是，一次我们突然兴起，在弗吉尼亚州（Virginia）逛完街后步行回到华盛顿，我们惊喜地发现原来乔治城和 Rosslyn（弗吉尼亚州离华盛顿最近的地铁站）居然只隔着一座桥。横跨这座大桥，欣赏着天边粉扑扑的彩霞，看着车辆川流不息，从一个大州回到我们的特区。

当然，这里的美食也是极好的。虽然摆脱不了美国人对甜度和咸度的极致追求，但是味道还是可以接受的。

我就这样完成了我的华盛顿之旅。在美国的 25 天，我来到了一个十分有趣的城市,和一群有意思的人完成了自己小小的"美国梦"。衷心感谢我的学院给我提供一个这么重要的机会,让我能在这个高等学府感受美国式教育,还让我拥有了一段独一无二的华盛顿之行。

（朱醒钰　经济学院 2016 级本科生）

在美国 GU 的回忆

炎热的 7 月中旬,再一次和父母拉着行李来到首都国际机场,但这次的我并不是和父母去旅游,而是和将近 40 位尚不完全熟悉的同校同学前往美国的乔治城大学(GU)参加为期三周的暑期活动。这次出行包含了我的多个"第一次",第一次出国,第一次参加暑期项目,第一次去国外的大学学习……

在进入大学后的不久,我曾偶然听说了美国的乔治城大学。虽然在中国不像哈佛、耶鲁那样有名,但作为美国排名前 20 的大学,乔治城大学无疑是顶尖学府之一,拥有悠久的历史,天主教氛围浓厚,校园景色也美丽优雅。在知道经济学院有前往乔治城大学的暑期项目后,我很快报了名,满心憧憬地经过了面试、上交材料、办理签证等环节,期待着梦想中的 GU 之行。

在将近 12 个小时的飞行后,我们一行人抵达了华盛顿。此时的华盛顿正好是晚上 7 点左右,与北京整整相差 12 个小时。飞机上极不舒适的睡觉姿势和寒冷的气温让我有些疲倦,但正值夕阳西下的华盛顿还是深深地吸引了我。我们搭乘大巴车一路向 GU 行进,途中我打量着华盛顿,美国这个多元自由国度首都的景色。就建筑物和基础设施来讲,与北京倒是没有太多不同之处(除了各处牌子上写的是英文),毕竟这两座城市都是有名的国际大都市。

直到我们经过一座大桥,桥下河水静静流淌,四周的灯光华丽闪烁,在桥的另一岸,我看到一座高大挺拔、类似教堂的建筑,这就是 GU。在这繁华的都市,带着岁月的悠长和宗教的虔诚,散发着静谧庄严的气息,而我将在这里度过为期三周的时光。

我们在 GU 要学习的课程一共有四门:国际市场营销、财务建模兼并与收购、电子商务与数据库,以及美国法律体系。为我们授课的都是 GU 麦克唐纳商学院的教授(但上美国法律的教授似乎来自法学院),他们已经与我们学校的暑期项目合作了数年。虽然相处时间较短,不能更多了解他们,但可以知道他们学识渊博,在课上能侃侃而谈,对待我们的态度友善且热情。我在刚刚开始上课时绝对是紧张的,毕竟语言关难过,而且面对的是美国顶级学府的教授。但不得不说,我那根紧绷的弦在教授开始讲话后就慢慢放松了。在这里一定要提及教我们国际市场营销的斯库巴(Skuba)教授,他来头很大,曾在白宫工作过,是国际贸易方面的专家,是四位教授中人气最高的一位。他讲课时很照顾我们,语速合适,吐字清晰,介绍的内容很广,不时谈到美国和国际上的一些时事。他还十分欢迎我们向他提出问题,这也是美国教授所共同拥有的特点。他的讲课风格幽默而风趣,时常在课上拿他的家庭举例子,他总带着夸张的庄重神色提到他的妻子,双手捂住胸口表达敬慕与忠诚,让我们忍俊不禁。他学术水平够高且机智风趣,自然人格魅力十足,我想任何一位学生都会发自内心地被他折服。不过时间有限,他为我们讲解的都是一些比较浅显的内容,无法进一步深入。

财务建模是我们上的第二节课。这个课程着实是我遇到的一个小山丘。课上涉及了许多美国金融的内容,而我的专业与金融根本毫不相关,称得上对金融一窍不通,更何况是英文学习。讲课的多兰(Dorian)教授给我们发了详细的讲义,并且很注重让我们动手做练习题,但许多内容我仍是听得一知半解。和我同来这里的同学大多有一些专业相关的知识,但我当初完全是因为仰慕 GU 才参加了这个暑期项目,虽然想过可能会听不懂课程,但还是不顾一切地选择了过来,结果当真遇到了困难。但身处顶级学府的我仿佛浑身上下充满了力量,即使硬着头皮,也不会被吓到。上完课后,我赶忙开始复习白天学习的内容,把课上不认识的单词一一标识,理解那些从没见过的公式,重做上课讲过的习题。如此奋斗了两个晚上后,我对这门课渐渐有了感觉,也意识到教授讲得还是一些比较基本的内容,只是这些内容,我大多没有见过。第三天上课的时候,我也终于不再是茫然的状态,对考试也感到得心应手,甚至自信满满(虽然我现在还不知道究竟考得如何)。

电子商务是西格蒙(Sigman)教授的课,教授很注重动手能力,带我们参观了图书馆,体验了 GU 的 VR 技术,的确很新奇。这使我不禁羡慕起国外顶尖大学的实力,因为这样先进的技术在中国大学内只怕还很难见到。我们还在课上学习网站制作,当时又引得我一阵紧张,因为我很不擅长电脑操作,制作网站在我心里绝对是高人上的事,我很怀疑我能否做到。但在短暂的尝试后,我渐渐上了手,甚至体会到了某种乐趣。我做的是一家卖水果的网上商店,制作过程相对简单,向教授解释时有些忐忑。但西格蒙教授笑容满面地给了我鼓励和建议,让我很是开心。尝试做到不敢尝试的事情,这就是我在 GU 得到的宝贵的收获。美国法律课则主要讲了美国的司法制度,并且讲课的泰勒(Taylor)教授详细介绍了美国的最高法院。美国的司法制度闻名世界,法律行业更是中国人难以想象的繁荣,乔治城大学的法学院也是美国前 14 法学院之一。

在 GU 学习的过程中,我也逐渐了解到国外高校与国内有着很大不同。在GU,学校基本都在 9 点钟上课,比国内学校几乎晚一个小时。一些课程的阅读量都很大,涉及许多书籍和文章,而国内的专业课可能也就仅止步于教科书的内容。总的来说,GU 有一种特殊的氛围。在图书馆旁边的草地上,时常看到有人坐在上面看书,或在树荫下悠闲地闭目养神。那里的健身房有许多人挥汗如雨,我也曾去过两次。

项目期间我们的时间是比较自由的,时常能够去到 GU 旁边的 M 街购物或随便逛逛,并且完全有时间熟悉整个华盛顿。来到国外才体会到当地的文化和风土人情,美国人随性、张扬、热情、多元,街上时常看到肤色不同的人们来来去去,不少女性身穿简约的背心在购物店里随意挑选,举手投足间透露出她们的自信与随性。来到美国,风景的美丽并不是最吸引人之处,美国的震撼人心永远是它现代化的成熟,而在这繁华之下,仍能保有私人安静歇息之所。学校另一条街上两侧都是私人小屋,车辆经过时向来轻声,从不贸然鸣笛。

每一段旅程都是一段新的人生经历。我不敢说在这段时间遇到了最好的自己,但至少我来过,圆了我心中的梦,并给了我变得更好的力量,这就已经足够。

(邹凯彤　劳动经济学院 2015 级本科生)

2017 美国,你好

"身体和灵魂,必须有一个在路上。"旅行,便是一个很好的机会。做不到说走就走,所以这次准备了满满当当。因为是跟着学校的暑期交流项目出国,所以除了旅行,还有一段时间在上课学习,体验国外不一样的教学氛围。

我们的合作学校是位于美国华盛顿的乔治城大学(GU)。2017 年 7 月 15 日,满载激动与好奇,我们一行人出发了,在经过十几个小时的飞行之后,就这么踏上了美国的国土。人并不多的杜勒斯机场,满眼的外国面孔,一切让我有些缓不过神来。入关时,海关工作人员看着我衣服上的"fabulous"跟我对话,突如其来的英语口语交流让我有些不知所措,努力听着每一个单词,生怕哪个没听懂就无法进行交流,好在微笑可以化解一切。就这样,难忘的旅行开始了。30 天的时间,我们感受了美国东部四个不一样的城市,心里也对下一次的造访留下了期许。

舒适的华盛顿

作为第一次美国之行的首站,也是我们本次暑期交流学习的学校所在地,华盛顿真的值得一去。在这里,我们度过了丰富多彩的三周时间,也在学习生活中与其他同学、老师结下了深厚的友谊。

在 GU 学习和生活的三周里,我们感受了美国的教学环境和教育氛围,学习了商务环境、金融基金、网页制作及美国法律体系等课程,给我印象最深的就是老师们风趣幽默的谈吐,活泼的课堂教学氛围以及严谨的教学态度。不同于中国的大学课堂,美国的教室是扇形的,老师站在前面的讲台上对学生的课堂反应可以一览无余。因此,在这里学习的三周时间,大家都无比地集中精神,积极地与老师互动。我们从最初的沉默,变成有不懂的地方就勇敢举手提问,我觉得这是一个很大的进步。而老师们从着装到课件的准备都展现了他们敬业的精神。在美国,没有"退休"这一说,我们的教授好多都已经到了可以退休在家的年纪,起码在中国是这样的,但是他们仍然在勤奋地工作,并且每次上课都是西装革履,精神饱满,这也是为什么教室空调开那么大的原因吧……

住宿方面,我们被安排在很舒适的学校公寓,而我有幸住到 500 房间,算是这次住宿的豪华配置了。

除了学习,在华盛顿的生活也是丰富多彩,三周的时间远远不够。校方给我们安排了丰富多彩的参观活动,很遗憾的是没有机会去谷歌(Google)和世界银行。但是我们有幸参观了五角大楼、房利美公司、味好美公司等,可以与企业负责人近距离地交流和接触。在参观城市建筑时,有幸遇到和蔼可亲的周爷爷,他带领我们参观并向我们讲解了林肯纪念堂、国会图书馆等来华盛顿必去景点的历史,丰富了我们此次的体验。

零散时间,姑娘们最喜爱的活动就是逛逛逛买买买,学校周围的 M 街,以及华盛顿著名的购物中心都是我们经常结伴而行的目的地,"血拼"一天,晚上回来给同伴们展示胜利品,也是一大趣事。

最难忘的,是在最后的结业典礼上,我和洪叔完成了在美国的"首次演讲",想想也是一个小骄傲呢。紧张归紧张,但是自己勇敢地完成了演讲(虽然对于泪点低的我来说好像是还含着激动的眼泪),这也是值得纪念的。三周,21 天,40 人,经历了各种第一次的冒险与探索,创造了难忘的经历。如果有人问我这三周最大的收获,那我会说,我收获了你们,一群志同道合可以一起谈天说地,一起疯狂的朋友们。

喧嚣的纽约

在结束了 GU 的课程之后,几个小伙伴相约去往下一站——纽约,我们的组合叫"洪叔与花少"。大巴刚进入市区的时候,只觉得高楼林立,置身于市中心,周围都被一幢又一幢高楼包围。像其他的游客一样,我们也走访了那些最有代表性的景点。我们暴走于市中心的各大商店,也在夜晚排队欣赏帝国大厦令人赞叹的夜景;我们冒雨前往自由女神像,也在华尔街铜牛进行了十秒一个的拍照活动。每到一处,"洪叔与花少"团都必须拍照打卡,走马观花中也有不少趣事,这是只属于我们这个小分队的。三天匆匆忙忙的行程,让我们有些怀念华盛顿的宁静。行程留下的遗憾,就留给下次弥补了。

热闹的奥兰多

行程越靠后,团队里剩下的人也就越少,我们四个女生离开"洪叔与花少"继续向南,来到了奥兰多,因为那里有我们无法抗拒的环球影城和最大的迪士尼乐园,一个不管多大都无法抗拒的地方。我对于哈利波特了解甚少,因此第一天的环球影城行程中就一直在被同伴科普,同伴倒是兴奋到不行。不得不说,美国的特效做的真很棒,项目也很刺激。第二天的迪士尼乐园,真的不愧是全世界最大的,一个园区我感觉就比整个上海迪士尼还要大,各园区之间都有轻轨来往,也很方便。这两个乐园的快乐只有亲身体验之后才会懂,非常推荐。第三天马不停蹄地去了奥莱血拼,是的我们买了一路,也算是最后一站购物,看着什么都想买,控制不住自己。总之在这个城市,紧凑的行程真的让人很累,每天都要早出晚归,累并快乐着。

悠闲的迈阿密

当初选择去迈阿密,是为了那著名的迈阿密阳光海滩。果不其然,从奥兰多到迈阿密,整个佛罗里达州都是刺眼的阳光,更让我怀念华盛顿舒适的天气。满满当当的行程终于要收尾了,在迈阿密悠闲地欣赏了海滩,还驱车前往了美国的最南端西礁岛(Key West),领略了不同的民族风情,当然也被晒黑了不少。我们和当地的lyft司机聊天,锻炼口语,也向外国人宣传了中国社会的样貌。

一个月,30天,四个城市,满满的回忆,我们相约还要一起旅行。重要的不是目的地,而是一起出行的小伙伴。最棒的一段旅行,弥足珍贵,也期待今后前往GU的学弟学妹们,创造出你们独一无二的美国记忆。

(常雅婷 经济学院2016级研究生)

乔治城见闻

在入学之前我便有去美国读书的意愿，因而开学之后就关注相关的信息。首经贸有很多类似的项目，但多方权衡后我选择了乔治城的暑期项目，主要是经济学院与乔治城大学的这一项目合作了多年，在安排的合理性、双方的默契等方面更有经验，事实上，在乔治城大学期间也感受到了这一点。然后，该项目住在学校，安全程度高，同时可以让我们更好感受美国的校园生活。最后，乔治城大学不仅是克林顿等众多名人的母校，特朗普家族的选择（其中给我们上课的一位教授，就曾教导过小特朗普和伊万卡），更是我一直追了六季的美剧《傲骨贤妻》中众位主角的人设背景学校。正是这些众多的原因吸引我毫不犹豫地选择了乔治城项目。

选择了乔治城项目后，就一直在关注项目的进展。寒假期间学院在公众账号发了安排和登记后，我便第一时间提交了申请。开学不久，参加了一次宣讲会，更加坚定了我前往的决心。随后是面试，我开始还为自己的语言而担心，但事实上这并不是一个问题，因为老师们会努力为我们争取，而且，我们出去就是为了学习语言的。在乔治城期间也会有中文的助教跟随。一般能达到四级的英文水平，自信开朗的同学，都可以放心大胆加入这个项目。

在经过面签等手续，以及多次行前会议，我们终于在十余个小时的飞行后，在黄昏时分到达了华盛顿。

第一站：华盛顿

华盛顿是我们在美国一个多月的生活中，停留时间最久的一个城市，也是我最喜欢的城市。干净整洁自是不必说，既有大城市的繁华与热闹，又有小城市的安宁与便捷，这便是这个城市给我的印象。

但在华盛顿，我们经历更多的是在乔治城大学的学习生活。在乔治城的学习生活真的是又愉快又充实，让我觉得这次的项目真的是值得的！

在课程安排上，因为项目本身，双方学校已经合作多年，乔治城大学的课程在多年的合作中，在时间安排上，课程的先后设置上，教师的选择上，都已经调整到了最适合我们的状态。例如，下课时间比较早，方便我们下课后再出去转一转。在教授的选择上，四位教授都是执教多年的老教授，更是各有不同的特点。比如金融课的教授，上课期间没有一句多余的话，简单明了地讲解了金融学的主要核心知识。

课后会准备大量的作业习题方便我们对知识的吸收与巩固。又比如法律课的教授,风趣又幽默,在考试的题目中有一道题目竟然是"我在业余的时间最喜欢做什么?"看似荒诞又无厘头,但却考查了同学们有没有认真听课。

今年又增设了交流环节,每组大概只有几位同学,一周一般有一次和美国的助教姐姐聊天的安排,其实主要目的还是为了增强我们的语言能力。

在游览等内容的项目设置上,乔治城项目也让我十分惊喜。在游览项目上,我们参观了美国国家图书馆、议会、最高法院、华盛顿纪念堂、林肯纪念堂白宫等。陪同的周爷爷认真又负责,陪同参观五角大楼的老师,也热情地帮我们翻译。而相对于景点的游览,最让我意想不到的是学校竟然安排我们参观了房利美和味好美两家企业。不是简单的走马观花式的参观,而是由两家公司的高层出面接待我们,与我们座谈交流,十分开阔眼界。还有就是一场创业路演大会。前往之前,以为会是类似于我们国内的创业路演,就是简单地讲PPT,专家点评。到了之后才发现是在一家类似于酒吧的地方进行的,而且说是创业路演,事实上,更是一个美国地道的酒会。创业者在自己的展位边介绍自己的项目,参会者拿着饮品、盘子四处聊。

在生活上,乔治城大学的项目住在校内的宿舍,宿舍环境好到没话说,我们幸运地住在了豪华大套间,不仅有两个标配的独立卫生间,卧室是单人间,还幸运地有厨房、客厅和豪华河景大露台(当然,这些都是公用的,要和小伙伴们一起分享)。配套设施上,不仅在学校里四处都有方便、高速而且免费的WiFi,学校发放的校园卡还可以让我们免费使用学校的体育馆。体育馆不仅器械充足而且种类丰富,跑步机、登山机一类自然不用提,室内跑道和泳池大概也是美国高校的标配,体育馆里还有壁球馆和高尔夫球馆(带球杆)。日常饮食方面,学校内有数个餐厅,我最经常去的是靠近校医院的称重食堂,菜品种类颇多,还有可以单点的河粉和寿司,并且附带可以偶遇众多穿白大褂的帅气小哥哥的福利。校车也可以免费乘坐,甚至都不需要出示校卡就可以在运营时间内在指定地点乘坐。课余时间,离学校步行只有十分钟左右的M街,基本可以满足大部分女生的代购需求,MK、coach、H&M以及各类化妆品店,推荐你们去TJ Maxx,总会淘到有趣的东西。周末的时间,当然是去华盛顿的众多博物馆,如果四个人打一辆Lyft去博物馆一条街,比坐地铁便宜又方便,还可以和小哥尬聊一番,了解风土人情,看人生百态,顺便提高自己的口语和听力。

三周的学习紧凑又有趣。学习压力不算太大,让我们可以有轻松愉快的心情游览,感受当地的生活节奏,这是出国留学接受学历教育的同学所不能拥有的惬意。同时,三周四门课程的学习,也可以让有留学想法的同学真实感受一番美国大学的学习与生活情况。

第二站：纽约

结束了三周的课程后的第二天，我们十余个小伙伴分两趟客车前往了纽约。到达纽约，我们在华盛顿养出的"崇洋媚外"的坏毛病，一下子就消失了。大概是我们去的都是游客必去之处，因而人多，环境自然也不是特别好，感受直线下降。再加上赶上阴雨天，所以对纽约的印象不是很好。

尽管纽约给我的感受比不上我们大北京，但纽约就是纽约，不仅有纽交所这样的金融中心，而且高楼大厦间随便的一家企业都是大名鼎鼎。比如我们从大中央车站去往联合国总部的路上就偶遇了制药界首屈一指的辉瑞制药。

因此我觉得纽约的美好可能需要以更加随意的姿态去遇见！

第三站：奥兰多

奥兰多的主要行程集中在了迪士尼乐园和环球影城。作为一个从小看迪士尼长大，初高中偷偷在被窝里读哈利波特的人，这些地方简直就是梦境。

迪士尼确实更适合小孩子，但奥兰多的迪士尼之大也确实超出了我的预想，不仅各个园区有大巴、小船、小火车等交通工具相连，更是有轻轨。让我对这个快百年的企业也有了更多的认识。

环球影城就更适合我们了，各种情境的过山车，不止有哈利波特的场景复原，漫威动画、侏罗纪公园、金刚、小黄人，甚至是大力水手，应有尽有。

第四站：迈阿密

迈阿密是美国最南端的城市，我们几个小伙伴一路向南一直到了最南端的西礁（Key West）小岛。沿途的海景美不胜收，整个迈阿密也是充满了古巴风情，英语在这里似乎都成了外语。

终点—起点：北京

在历时一个月的学习与游览后，我们又回到了我们的起点北京。回到北京，时差还有些倒不过来，甚至连熟悉的中文都有些不适应。但这些是表面的变化。其实在内心我们也变化了许多。

回国后我经常会对比中美的一些差异，然后思考。例如，美国的多元化让我对许多事情有了更宽容的态度，我也意识到了语言的重要性。我之前不喜欢背单词，觉得英语用处不会太大，出国旅游能保证基本的日常交流即可。但这次的出行却让我意识到，或许不需要人在国外才能感受外面的世界，学好语言，在国内也需要多看看外文的新闻,了解世界的动态。

另外,给未来想参加这个项目的同学一个建议,就是先明确你们的目标,再来参加这个项目。如果想提高语言,那就抓紧一切机会张嘴说,和所有人交流。如果是为未来留学做准备,那就多和美方教授和学校的老师交流,了解美国学习的情况。有了更好的针对性才会让你们真正地感受到乔治城项目的价值,不虚此行。

最后,感谢为我们出行准备一切的高老师,美国期间为我们排忧解难,照顾我们的馨丹老师和翠姐,幕后为我们保驾护航的郎院长、张院长等众多老师。当然还有,一路同行的众多小伙伴和我的三只室友小天使。遇见你们才是一路最美的收获!

(符尧　经济学院 2016 级研究生)

学习、挑战与收获

　　2017 年 7 月 14 日至 8 月 4 日，我很荣幸地有机会来到美国乔治城大学参加为期 21 天的暑期交流。通过交流学习，我有机会走出国门，近距离接触、了解、学习国外教学的最新进展，机会非常难得，所以倍感珍惜。整个学习过程中，我在非常努力地完成学业的同时，提高了自身的英语水平，学习了先进的教学理念，增长了见识、开阔了视野、更新了观念，取得了较大的收获，受益匪浅。

　　北京和华盛顿在地球的两端，长达 13 个小时的飞行让我疲惫不堪，美联航的机上餐饮还算可以，服务态度也较好。不过在登机过程中，看到长长的年轻的学生队伍，我又对中国学生的留学热情充满感慨。还记得我走入第一门课的课堂，看到满是陌生的外国人面孔，既新奇又激动。绅士而又帅气的老师走进课堂，以热情洋溢又诙谐的语调欢迎我的到来。因为我的英语有一定的基础，所以来到美国后很快就适应了当地的学习环境，听课几乎没有障碍，也能够参与到同班同学的讨论之中，同时也结交了很多好朋友。

　　在美国的英语课上，因为涉及很多相关知识的讨论和分析，最初的我显得非常格格不入，一是确实听不懂，二是讲不出来。慢慢地熟悉老师上课的模式后，我放开自己的胆子，和老师、同学们交流，即便说得不好也大胆说出来。因为美国的教学很注重与实践的结合，上课时老师经常利用人际关系请业界人士来为学生们讲述与当堂课所学相关的经济与管理知识，并且积极和同学们分享信息，非常关怀学生。

　　美国的饮食非常的简单，学校的食堂里充斥着诸如牛排、汉堡、三明治等高热量食品，也有墨西哥卷、通心粉等这种无法长期食用的不美味食品。学校周边有很多各国美食可以好好尝尝，也确实很好吃，但是体重极易飙升。因此学期里我大部分时间都是自己制作，超市就在学校附近，走路大约需要 15 分钟，而且在超市的附近就有校车停靠点，购物很方便。不过美国的超市里大部分都是极度便利的食品或者高热量的食物，这或许是美国人普遍肥胖的原因吧。

　　在美国只要拥有 Visa 和 Master 的银行卡就可以便捷四处走，身上几乎不用带着现金。网上购物也甚为便捷，支付后快递公司会立刻送货，乔治城大学也有专门的接收快递的地方，所以网购也是可行的。美国服务业人员的态度普遍非常好，让消费者感觉非常温暖。在美国去餐馆消费需要支付一定的小费，这或许也是他们极度热情的原因之一。但是时刻要注意自己的银行消费记录和学校的账单,因为美国是一个重视信用记录的国家。

美国的物价单看数字确实很低,而且物品的质量非常好,任何物品不管是否拆封过,只要质量上有问题,就可以拿去超市得到退换,即便是食物。在超市交费的地方有自助收银台,即自己刷所购之物的条形码然后自助结账,从这一个细节我也看出了美国社会人与人之间有着充分的信任。

美国人注意礼节,"Please,thank you,sorry"常挂嘴上,"女士优先"是人人皆知的行为准则。他们讲究仪表整洁,注重形象及风度,但生活勤俭节约。他们尊老爱幼,总给别人以信任和尊重,不论是家人还是他人。美国人务实、脚踏实地、实事求是,不喜欢空谈、假设和自诩。他们很喜爱宠物,常常与宠物一起外出放风,给其穿衣,放在车上与其同行。喜欢收藏,特别注意对历史文化遗产的保护,懂生活,会享受,按时上下班,保证自己有充裕的时间享受生活。尤其喜欢体育、驾车旅游、泡酒吧。美国人聪明、机灵但算术比较糟糕,她们对人友好,乐于助人,经常主动来帮助你,同时很幽默、风趣、活跃,不算计他人,不用好奇地目光去凝视和打量他人。工作时不多事、不闲聊,不受来访人的任何影响而专心工作。他们讲究诚实,讨厌说谎,如购物明码标价,不讨价还价。他们不喜欢大声喧哗,也忌讳在众人面前相互耳语,不喜欢同时与几个人谈话,与人接触总保持一定距离。陌生人也好、熟人也好,见了面总会打声招呼点点头、微微笑。假如一不小心碰了你一下,他们总会主动地道歉;在等车人多的时候,他们会不约而同地排队,这一制度没有写在纸上,却写在他们的脑子里面。没有人提出要这样做,但好像这已经成了一种无形的不成文的制度了。美国的公共汽车上,是十分安静的,下车时人们总是非常有礼貌地对司机说"谢谢"。

交换学习带给我的不仅仅是知识面的拓展和自我独立能力的提升,也让我感受到高度发达国度的风土人情,以人为本与高度法治和谐共处的社会形态。现在美国的很多高校里都有中国学生的身影,从我的角度看,有很多学生是砸钱镀金,消磨时光,只是别人文化的过客;也有学生崇洋媚外的心理非常严重,没有意识到对自己国家的批判在外人看来是种什么感受;也有学生真的为了知识和祖国未来能够更加美好而来到美国,兢兢业业做着科研,笃定地为着自己的目标前行。从外表上看,中国大都市的风貌上和美国已不相上下,但是若仔细观察城市的细节和小地方,如农村的景致,就能明显地感受到差异。在基础设施建设上,我们的差距是非常明显的,全校覆盖的高速无线网络、干净整洁的教学楼、各类体育设施、完善的法律章程都是我们有待提升的地方。但是相对于赴美的热情,美国人来中国学习的热情就低很多,一方面是文化背景差异过大,所以他们更愿意选择欧洲的学校交换,另一方面也是我们的国际化程度还不够,不能做到英文授课和教学。

感谢学校给我的这次交流的机会,也感谢这一路上帮助过我的许多人。每每回想,都会心潮澎湃,想起这难忘的一个月,想起自己如何在异国学习环境中找到自己的定位并且获得理想的结果。我校近几年在对外交流方面的工作做得非常出色,让很多学生都拥有了走出国门学习和交流的机会,这一点绝对是值得称赞的。也希望学校的交流工作越来越出色,提供更多的机会给优秀的学生,同时也真正向国际一流的大学迈进,成为一所有风格、有吸引力、有创新能力的一流大学。

（韩玲玉　会计学院 2016 级研究生）

我与 GU 的完美夏天

——记乔治城大学暑期交流有感

写在前面:人生之事皆可期,而犹多不可思议。(Everything in life is a wonder, many of which are even incredible)

一、美国初印象

很偶然的机会,我得知了经济学院暑期美国交流项目,毫不犹豫地报了名,因为这个远在大洋彼岸,让人既熟悉又陌生的国家太吸引我了。美国名校、学术前沿、尖端科技、美国职业篮球联赛(NBA)、好莱坞电影仿佛就在眼前招手。通过了面试后,我和小伙伴们很快结盟,查找攻略、准备签证、制定路线、确定行程、计算比价、安排时间、准备行李,忙得不亦乐乎。这场即将到来的美国之旅像是几个姑娘脑海中的一幅奇幻画作,被我们勾勒得越来越丰满,越来越具体。

我到现在还记得,2017 年 7 月 15 日,从北京首都机场直飞华盛顿杜勒斯机场的那天,北京闷热的天气,沉重的行李箱,突发的小状况,虽让我整个人无比忙乱,但却沉浸在一种久违了的兴奋雀跃的情绪当中。对于从未走出过国门的我来说,这场远行让我充满期待。期待这个夏天,我能学习到有价值的前沿专业知识,期待我能邂逅一个美不胜收的美国校园,期待结交新朋友,期待体验纯正的美国文化,期待亲自到访之前只在荧屏上、小说里看见的当地地标建筑,当然还期待英语水平的提高。带着这些期待,我们踏上了旅程,而事实证明,此行的确没让我失望,甚至还有了意外收获。

到达乔治城大学,已经是当地时间晚上 8 点多,虽然十多个小时的飞行让我们有些疲惫,但还是被夜色中的校园惊艳到了。随处可见哥特式的建筑,依山而建,高低错落,精致的雕塑,修剪整洁的花草树木,花园里谈笑风生的美国大学生,耳畔报时的钟声……我有种乱入美剧的感觉。我们的宿舍在校园里比较中心的位置,在大名鼎鼎的乔治城校园名片 Heally Hall 的后面,Old North 里的 Ryan Hall 的四楼。后来我看了宿舍楼下大厅里的展示板,得知这是乔治城大学最古老的一座宿舍楼之一,又得知这是最好的宿舍楼,不得不说美国大学宿舍真的很先进。从门禁设置到各项生活设施,如洗衣房、饮用水、活动室、零食贩卖机等高度自动化、人性化设计,没有宿管,既省了人力又保证了安全。宿舍内部像是酒店,多是两人一间,干净方便。参观了一通宿舍,又在豪华高配版的八人间召开了第一次GU会议后,大家迅速进入了倒时差状态,我们在乔治城的生活就这样拉开了序幕。

二、学在美国

不得不说我们此行最重要的活动——上课。我们的项目包含了四门课程,国际商业环境(The International Business Environment)、股票和债券(Stocks and Bonds)、电子商务和数据库(E - Commerce & Databases)、美国法律(American Law),分别是由四个教授查尔斯·斯库巴(Charles Skuba)、林恩·多兰(Lynn Doran)、贝新迪·西格蒙(Besty Sigman)和汤姆·库克(Tom Cooke)上课。对于这些课程,我有三个没想到:首先,老师的水平之高出乎我的意料。我本以为像我们这样的短期项目,校方会选派一些年轻的、资历尚浅的老师来上课,然而并没有。四位教授都是麦克多诺商学院非常大牌的资深教授,美国的大学教授对于学术水平的要求很高,四位教授都已经有终身教授资格,在各自的学术领域都是很权威的专家,有很深入的研究和丰厚的研究成果。从课堂上精美的PPT和紧凑的内容安排可以看出,教授们在课程前期的准备投入了大量的心血,每次上课都有精心准备的新内容,认真地斟字酌句,尽量准确地传达他们的思想。老师们知道我们是远道而来的中国学生,英文水平欠佳,上课时也会尽量放慢语速,清晰发音。此时此刻,眼前仍会浮现四位老师的身影,真是怀念在麦克多诺商学院的时光!

其次,课程内容之多出乎我的意料。我是学西方经济学的,我的专业比较理论化,是经济学其他应用型专业和分支专业的基础。对于应用方面的经济学、国际贸易和法律知识不甚了解,这也是我想要来乔治城大学交流的一个重要原因。此次项目的四门课程都是偏应用型的,其内容广泛庞杂,其中很多方面也是我一直感兴趣的,如基金和股票市场的交易理论和具体流程。这些新知识不仅对我以后在本专业领域的研究有帮助,还启发我找到了兴趣点,这相当于帮我打开了新世界的大门,这是我的意外收获之一。只可惜,我们的项目时间太短,很多知识不能一一展开,只能泛泛罗列,大致介绍基本框架。

再次,考核的认真程度让我意想不到。本以为我们这样的短期培训,老师的考试也就是象征性地测验一下,但美国教授的认真程度让我惊讶,不仅精心设计了考试题目,还对我们每个人的情况都加以仔细了解。原来美国的学习风气是这样严肃认真,不容马虎。这四次课程的考试前夕,我们都是熬到深夜看课件,总结整理知识点。这也是我们GU之旅的一个难忘回忆。让我印象最深刻的,是西格蒙

(Sigman)教授布置了商业计划企划案的作业,我们认真准备,同时琢磨英文语法,和不少同学们一样通宵达旦。而教授也不仅仅是查收作业、给个分数那么简单,让我们十分感动的是,她认真看了每个人的文字,给出了评语,还和助教弗朗西丝卡(Francesca)一起帮我们修改英文的语法错误!

中美之间教育水平的差距比我来美国之前所了解的要更大,这里对教育质量的追求渗透到每一个环节,相比之下,国内以单纯向学生提出更高的毕业要求、论文要求,向老师提出各种教学要求、教学任务等这种粗糙的方式,企图短时间提高我国的高等教育质量,但从根本上并没有质的改变。这也就是为什么美国学生尽管数理能力没有聪明的中国学生强,但他们的逻辑思维能力,尤其是创造能力、综合素质比我们强很多的原因(个人观点而已)。美国的教授鼓励学生提出不同意见,列举自己的观点和证据进行辩论,强调不要一味地被动接受灌输,要有独立思想和批判思想。

GU 的学习过程是有趣的,我的英语水平也有了很大的提高。几次参观教学也是意义非凡,我们几乎走遍了华盛顿特区的所有著名景点,国会大厦、国会图书馆、白宫、五角大楼、Baltimore 当地企业、房利美公司、里根纪念堂、华盛顿纪念碑、朝鲜战争纪念广场等,美国的这些场所几乎都免费参观,实现了资源共享。

三、生活在美国

身在美国,才发现不一样的美国。首先说说吃这件头等大事。来美国之前就料到会吃不惯,来了之后发现的确吃不惯,美国人主要以快餐、垃圾食品为食。GU里的自选餐厅还好,应有尽有,种类丰富,有菜有肉,中西结合,但外面就不一样了。刚来美国时,我们无论是外出就餐还是超市买吃的经常踩雷,频繁踩雷之后摸清了他们的口味:美国食物的特点就是要么没味,要么特别甜、特别咸(于是就明白了每家饭店桌上都有盐、糖、胡椒粉、辣椒肉桂粉的用意:自己调味!)。忘不了学校附近的中餐厅"龙华",简直拯救了选择困难以及经常踩雷的我们!不过美国的水果蔬菜真的很赞,薯片也是我们最爱的零食之一。

在美国出行不像在北京那么方便,地铁的覆盖面没有北京大,优步(Uber)、Lyft也很贵。但美国的公交车很人性化,和地铁一样有准确的时刻表,可以计划出行时间,这一点比国内完善。公交车上有绳子,想停下的时候可以拉动,不必跟司机师傅大喊大叫。我们坐着地铁、公交穿梭在华盛顿的大街小巷、各个博物馆、购物商场,渐渐也熟悉了美国的公共交通,也许我们觉得不方便是因为和美国人的思维方式不同而不习惯吧。

四、游玩在美国

课程结束后我们安排了自由行,因为我们要远赴美国西部的黄石国家公园,再折返回东部的纽约,所以我们这支小分队的机票费用是最高的。由于选了比较便宜的深夜航班,故路途也是最辛苦的。不过,当我们顶着寒冷,跋山涉水来到黄石的时候,眼前奇异的美景无声地告诉我们:值了! 以前只能在电视上、杂志上看到的奇景,如今也能身临其境大饱眼福了。导游一路讲解着黄石独特的地理和自然环境,结合眼前的景色更让人印象深刻。

惊叹于大自然的鬼斧神工,更惊叹于美国人的自然保护意识,他们认为大自然要以它自身的方式生存、修复、繁衍并维持平衡,不能人为干预,黄石公园 1988 年森林大火的痕迹至今还让人触目惊心,当时监管部门确定大火乃自然诱因后便不施救,导致 1/3 的森林被烧毁。

游完黄石公园之后,我们游览了摩门教发源地盐湖城,短暂停留后飞往纽约,赶赴下一个旅行团去美加边境的尼亚加拉大瀑布,一夜的飞机加上五个多小时的车程,我们都感觉快晕倒了,不过美丽的瀑布等着我们,虽然身体已经非常疲惫,但精神却是好的没有道理。尼亚加拉大瀑布的两侧分属于美国和加拿大,瀑布非常宽,超大水流量激起水雾弥漫,像是仙境一般。我们在桥上观赏之后还乘坐雾之少女号邮轮到瀑布底端,穿着雨衣都被淋湿,但景色实在壮观,真是不虚此行。

我之后还参观了布法罗(Buffulo)市的一些名胜古迹和尼亚加拉河的大峡谷,景色一样美不胜收。

结束了尼亚加拉的行程,我们返回纽约,之后我们自己规划,不再参加旅行团,为了节约房费,我们提前订了新泽西的民宿,六个人租下整栋房子,终于体验了一把住美国当地人住的独栋房子的感觉。经过大家的商议,我们确定了接下来几天纽约的行程。自由女神像、帝国大厦、大都会博物馆、第五大道、华尔街铜牛、纽交所、时代广场、百老汇统统不可错过! 领略自由女神的风采、品尝了纽约的美食、逛逛奢侈的第五大道、体验了大都会博物馆的文化魅力,登上帝国大厦 84 层尽览纽约灯火辉煌的夜景……纽约不愧为国际大都市,他让人们认识到自己的渺小,也能满足人们每一个闪着金光的梦想。

五、结束语

我想感谢经济学院搭建了这样一个好平台,让我得以走出国门开阔视野,领略美国的文化,触碰学科的前沿领域;也想感谢赵灵翡老师、高婧雅老师和张鑫丹老师从学习到生活对我们无微不至的关怀,让我初次来到异国他乡少了几分忐忑,多了几分温暖;还要感谢热心的丹尼拉(Danella)老师、迈克(Mike)和向导老师,每次外出都在想,要是没有老师带领该费多少周折;当然还要感谢一起结伴自由行的小伙伴儿们,一路走来,有彼此的相互扶持,一起分享沿途的发现与美好,收获友谊的果实……美国之行,历历在目,这份回忆太过丰满,吸引着我将来再次来到这片神奇的土地。

（黄丹　经济学院 2016 级研究生）

知识与艺术的熏陶

——GU 暑期交流项目感想

　　归国已有两周,开学也近在咫尺,才想起要整理一下这次暑期游学的内容以便以后能学有所用,或仅仅是学有所思并有所借鉴。

　　总的来说,这次乔治城大学(GU)之行充实而又美好:结识了很友好的老师,很有趣的朋友,感受到了美国课堂轻松和开放的氛围,体验到了美国人民的热情奔放和友好,享受到了艺术殿堂里的浪漫熏陶,购物商场里的疯狂感染,游乐场里的激情释放。好了,简介到此吧,恕我词穷,想不到更多的形容词来简略形容这次开心的出行,下面就从学习、生活和旅行三个方面一一细数。

　　首先聊一聊乔治城大学(Georgetown University)的课程学习。此次学习交流主要课程有:国际经济与贸易、投资管理、电子商务与社交以及美国法律。教授国际经济与贸易的老师斯库巴(Skuba)曾任职布什政府的经济顾问,对经济全球化的发展历程和必要性有着独到的认识。在课堂中斯库巴老师旁征博引,通过很多实例和亲身经验给了我们一些未来或工作岗位上有用的思维方式和知识。教授投资理论的多兰(Doran)老师尽管仅仅给我们讲授了投资学中用来计算投资资产收益与风险的公式,但是这些公式背后所蕴含的投资思维给了我们无限的思考。教授电子商务和社交的西格蒙(Sigman)老师带我们体验了完全不同于我们的美国学生的校园乐趣——手工制作、VR 体验、Doughnut 创业体验等。老师从我们这儿了解了很多关于中美社交媒体平台的不同,我们则从老师的课堂里感受到了一种全新的交往经验。教授美国法律的库克(Cooke)老师是最有个性的一位老师。印象最深的是那张有点"搞笑"的结课试卷,请允许我用"搞笑"来形容它,因为上面有太多关于老师私人信息的题目,这也不失为一种考验学生上课听讲认真程度和接受程度的好方式。老师和我们聊了很多美国的司法审判案例,美国的三权分立制度是一种和中国完全不同的制度(无论是在理念还是执行方面都迥然不同),通过陪审团投票来决定罪行有无,从某种层面来讲可以保证公众的参与权与司法公正权,但是这并不能消除其固有的、可能存在的舞弊问题(包括贿赂、党派利益争夺等)所带来的有失公允。总的来说,这一次完全不同于我们现在所接受的教育的学习体验,能够让我们开阔眼界。通过实践检验我们之前所学,而不至于做"井底之蛙"。

　　其次说一说乔治城大学的校园生活。健身房的运动、公寓的创业社交会、和漂亮小姐姐的畅聊、和教授们的午餐会、华盛顿的城市游等,我们在乔治城大学的生活可谓是精彩纷呈。M 街上让人眼花缭乱的商店,TJ Maxx 里面让人无法控制购物欲的打折商品,Safeway 里各式各样的自制餐饮食材,满大街都能找到的 Starbucks,排长队的网红甜品店 Cup Cake,店美人更美的甜甜圈店,做得不怎么样但是还是想进去尝试的中餐店,Macy's 百货里经常让人抓狂的自助式购物……华盛顿的诱惑过于丰富,这也是我为什么现在才鼓起勇气申请到国外游学的原因之一——在灯红酒绿里尽量控制自己的欲望,铭记此行目的并尽量保持理性。

最后秀一秀我们的美国五日游荡之旅。华盛顿到纽约到波士顿再到奥兰多,是一次从博物馆到艺术画廊再到主题公园的多样旅行。华盛顿作为联邦政府所在地,确实是一个博物馆的天堂,免费的博物馆之旅是华府给予我们的一场知识盛宴。虽然受语言影响我们没能一一欣赏每一件展品,但是我们切身感受到了美国政府在民众的通识教育上所下的功夫——教育面前,人人平等。纽约汇集了大都会博物馆、现代艺术博物馆、现代艺术画廊等艺术殿堂,在这里能够感受到除了买买买以外的别样浪漫。当你面对着莫奈的睡莲、梵高的星空和毕加索的裸体女人画作时,你会深深沉醉其中,得到精神的满足;联合国总部浓重的政治氛围,爱与和平的永恒主题让我们不禁思考当今社会、国与国的关系和当代青年的使命;帝国大厦86层观景电梯一开门的瞬间让人产生《北京遇上西雅图》的浪漫错觉;克莱斯勒大厦等林立的高楼本身就是纽约献给世界的艺术品。奥兰多是一个热情似火的南部度假城市,环球影城的主题公园用逼真的4D体验给人一种眩晕的刺激感受。美国本身就是一个存在很多可能的国家,由不同的州组成,由不同民族、不同文明里长大的人组成,多元文化、多样融合给了游客多样体验。

这个项目我从第一期开始就想申请了,但是彼时还在本科,受很多因素影响一直没有申请。现在研一了,有了更多自我安排的时间,也有更多对海外游学的认识,终于下定决心申请又很幸运地能够入选。带着去学习、去享受生活的理念踏上美国土地的一刹那,那一抹夕阳斜照耀眼又温暖,一下就觉得这趟出行是值得的。它和单纯的出国旅行不同,我们有不太难的课业需要完成,我们有连通中美文化、保持两所学校深厚友谊的使命需要承担,我们在简短的几天旅行中学会融入当地语言环境和文化氛围。当然,在享受资本主义资源的同时,也深深感受到了祖国的美好。

第一,接近 14 亿国人的中文环境。虽然我们从小接受英语教育,但是走出国门才发现,能说英语和会说英语是两码事。在美国的英语环境里,我们的英语能力仅限于简单的日常口语交流和课堂里的专业词汇的理解。但是当他们讨论某件事哈哈大笑或是飞快交流的时候,我们却很难找到他们的重点,这或许就是文化的障碍。

第二，高速的办事效率。美国人民或许更崇尚的是个人主义，更乐于享受悠闲的生活和相对慢的生活节奏。无论是在学校，还是在华盛顿大街上的苹果专卖店，当我们想要寻求一些帮助和服务的时候，都需要等待工作人员做好接待准备。相比之下，国内办事处在人流量极多的情况下还能够保持较为高速的处理速度，已属难得。

第三，安全的环境。大街上警笛四起，这样的感受在纽约的夜晚更为明显。这让人很怀念深夜还能在北京大街上肆意溜达的时光。

所以，总结一下，我们要好好珍惜象牙塔中的美好时光，抓紧时间给自己充电，去体验很多不一样的东西，从中找到自己的兴趣所在和自己真正在乎的东西，最后在生活中实现自己的价值。

（黄烨华　会计学院2016级研究生）

美国二三事

今年有幸参加了经济学院组织的前往美国乔治城大学的暑期交流项目,三周的时间里收获不少,现略作总结。

初到美国,事事需要适应,因为两国的不同之处有很多。最紧要的就是生活习惯问题,当地人无论何时都把空调开的最大,夏天冻死,以至于每次进教学楼都要在门口适应一会儿,还有不要忘了带一件外套。他们理解不了中国人喝热水的习惯,我们当然也理解不了他们为何如此热爱冰水,每次我见到美国人接满一大杯冰块,然后再用小小一瓶可乐把中间的缝儿填满了便喝,心里都好生敬佩他们。后来我得出一个结论:美国人吃肉多,火气大,不怕凉。

当然还有很多有趣的事情。比如美国人民的消费观念很有趣,他们可能觉得为妻子买一个好一点的包是浪费,但明天可能就买一台小型挖掘机带着俩儿子跑到野外掘土玩去了。我有时不禁想,这种男人在中国怎么混? 大学里的健身房大多是免费的,这也许跟学校学费有关,毕竟美国好一些的私立大学的学费高的都有姚明那么高了。在很多地区,没车就相当于残废。地铁没安检,环境比北京地铁差很多。美国人民的智商不体现在数学上,比如一个披萨 13.49 美元,你要是给他 15.5 美元,他就懵了。尽管他们的数学不好,可是他们的计量单位却是复杂无比——英寸、英尺、平方英尺、盎司、加仑、升,换算起来无比麻烦。

在美国,你会发现好多账是不能算的。有好几次,我在食堂的冰箱里拿出一瓶可口可乐,一看 2.99 美元,心想这在中国就是 20 块钱啊,于是就放回去了。可第二天,我就和几个同学一起吃了顿 23 美元的早点,之后这样的矛盾一直深深困扰着我。

我对美国女孩的印象。首先,我认为她们没有中国女孩漂亮,可能是由于基因和饮食的缘故,她们的身体都比较丰满,更进一步讲,很多是比较胖的。她们又特别喜欢穿很短的短裤和 T 恤,所以我总是感觉她们身上的肉呼之欲出,而我则更喜欢中国女孩的含蓄与内敛。

中国男生在某些方面是需要向美国男生学习的,虽然他们不懂得中国韬光养晦的智慧和翩翩君子之风,但是他们的直接与热情让人觉得很真诚。记得有一次,教我们电子商务的西格蒙(Sigman)教授在商学院的大厅里摔倒了,这时我们几个男生刚好从门口进来,我看到大厅里的美国男士立马赶上去把西格蒙教授扶起来,并且问"What can I do to help you?"直到确定她确实没有问题之后才离开。中国男生则讷讷不能言,面对这样的情景不知如何是好,在那里站了一会儿,犹犹豫豫地陆续离开了。这方面我们中国男士要承认落后,丢下面子,虚心改进,绅士风度是要有的。

华盛顿是个美丽、宜居的城市,与我之前的想象不一样。我之前认为纽约是美国的上海、华盛顿是美国的北京,到了才发现,纽约确实是美国的上海,而华盛顿却远远不是美国的北京。华盛顿是美国的政治、文化中心,市区有很多艺术馆和博物馆,我们的周末大都是在这些场馆里度过的。乔治城大学位于华盛顿的富人区,风景宜人、生活便利,周围全都是昂贵的别墅。这里的人整体素质很高,待人接物都非常礼貌,这也是可以想象的,毕竟这是美国首都。

美国之行让我知道了中国的治安是如此之好。在北京,无论白天还是晚上,你都可以放心地走在大街上,不用担心被人拿枪指着。但在美国不一样,晚上最好不要出去,因为治安真的不好,街头很乱,莫说是一个人,就是三四个人一同外出都有安全隐患。

美国人民很可爱,他们很热情,上下电梯的时候他们都会向你打招呼"How are you?"这时你最好也向他问候一句,而不仅仅是向他报以一个微笑,那样会让他满头雾水。他们太会夸人了,你发表几句稍微有模有样的讲话,他们就会夸你是"Ambassador"或者是"中国未来的President"。

商学院给我们提供参加商业路演的机会让我感到很有趣。美国人普遍成熟的早,20多岁的时候穿衣服就很正式了,而且不显得有什么不对劲,而中国同胞只要是个学生就永远脱不了学生气,穿西装也让人感到不自然。可是上台的人所做的展示并不能让人觉得眼前一亮,因为在中国这些都不是什么值得称道的创新,于是我对自己的祖国更加有信心了,只要我们国人的创新精神能够激发出来,我们一定能够产生伟大的企业,造出全世界认可的好产品。

在美国期间我遇到了一群很可爱的学弟学妹,他们很亲切地叫我"老干部""洪头""洪叔",这些名号我都很喜欢,因为我感到大家都很喜欢我,我同他们结下了深厚的友谊。

不上课的时候,我时常跟这帮1997、1998年出生的同学交流,他们与我有着不同的生活环境和人生经历,从他们那里我知道了不少之前不知道的事情。我也反思应该怎样才能和他们有更多的话题,因为据说在对话的时候我们组的好多成员听到我的话题时都尴尬至极。

乔治城大学之行让我对美国,对华盛顿和纽约有了直接的感受。美国是一个发达的国家,很多地方值得我们学习。当我们见到先进的制度和城市的时候,不妨放下身段,虚心向他们学习好的地方。无论何时,虚怀若谷都是中华民族的优良品德。

我曾对我的朋友说,希望未来我们从中国来美国就会像现在从山东到北京这么容易。华盛顿就是我们的"根据地",这里有我们的朋友,有教过我们的老师,还有我们再熟悉不过的道路和建筑,是留下过我们足迹和美好记忆的地方。

我要感谢每一位帮助过我的老师和同学,经济学院的赵灵翡老师和高婧雅老师,研究生院的张馨丹老师,为我提供了无微不至的关怀和帮助,使我在美国期间不曾有过任何后顾之忧,衷心感谢你们!还有乔治城大学的所有教职和工作人员,你们让我感到了被服务的巨大便利,愿我们的友谊能历久弥新。

(李洪运　工商管理学院 2015 级研究生)

美国生活全记录

很荣幸能在研究生时期参加学校的暑期交流活动！我参加的是美国华盛顿的乔治城大学（GU）项目，时间是 2017 年 7 月 15 日至 8 月 5 日，为期 3 周。之后的一周，去了黄石公园和纽约。在这次交流中我收获颇丰，提高了眼界也认识了很多朋友。下面我来就这次暑期交流做一个流水账式的总结。

有关航行

我们在首都机场集合签到后各自验票并领取登机卡，就来到了国际出发必逛之地日上免税店。对于妹子来说这里是购物的天堂，当然对于男士如果亲友有此需求的话也会在这里花上不少时间。但是我彼时作为一个化妆品和护肤品小白，面对琳琅满目的商品手足无措，不知如何选择，因此到后来并没有买很多东西。在回北京机场取寄存的东西时还不要了一件，只剩下两瓶要送人的防晒喷雾（在美国开了一个月眼界后，想起在国内免税店没有大买特买而感到非常后悔）。所以我要说的是什么呢？就是能在去程的免税店买东西尽量买，然后寄存，毕竟价钱是差不多的甚至更少，而且在美国买将增加你的行李负重（在美国国内飞行超重 50 磅是要付 60 美元的超重费的）。此外，在从美国回国的时候又会有一个免税店，但不是去美国的那个免税店了，会小很多而且东西也不全，所以还是建议在去程的免税店购物。说完免税店，下面说一下有关飞行的吧。从北京到华盛顿大约要飞 13 个小时。必须提一下飞机上是非常冷的，虽然当时是 7 月份吧，正值酷暑，但是飞机上你就是穿个羽绒服或棉衣都不为过。因此，必须带上一件厚厚的外套，几件长袖。对于我来说，我需要套两条裤子，三件长袖加一个棉衣（因为我还是非常怕冷的）。飞机外面的风景非常好，而且这 13 个小时中外面是不会天黑的，毕竟上飞机下午 7 点，下飞机还是下午 7 点，我们都是追赶时间的孩子。

下了飞机，接待的老师将我们带到了乔治城大学，坐大巴大概一个小时。然后我们办理了入住手续，住在了 Ryan hall，非常舒适的住宿环境。两个人一个房间，相邻两个房间共用一个浴室和马桶，洗漱台在各自的房间里。此外还有一个八人间，八人间设备非常齐全，有大厅和阳台，有厨房、冰箱、微波炉等。八人间分几个一人间和几个双人间，当然房间都是随机分配的，不是自选的。顺便一提，一开始我的床实在是太高以至于我无法直接爬上去，我需要先踩在椅子上，然后踩上桌子,最后跨到床上。之后我向宿舍中心反映了问题,几位外国小哥哥和小姐姐来到宿舍帮助我把床降下来了。

刚来的几天,倒时差是一个问题,我几乎每天下午6点就倒头睡了,然后在早上5点醒过来。在上课的前一天,学校组织我们来了一个华盛顿景点一日游。由一个退休做义工的华裔周先生为我们做向导。周先生非常儒雅,也为我们讲了很多故事。我们去了美国国会大厦、林肯纪念堂、华盛顿纪念碑、罗斯福纪念馆、越战纪念碑还有白宫等。后来,我们又有机会去了美国国会大厦、国会图书馆、美国最高法院,也是周先生做的向导。

结束了游玩,我们开始上课了,一共四门课,都非常有意思。第一门课是国际商业环境,我非常喜欢教授斯库巴(Skuba)先生,他的语速很慢,非常照顾我们这些英语不算太好的学生。上了他的几堂课,我感觉我的英语听力突飞猛进。第二门课是股票证券,多兰(Doran)女士讲的也非常好,但是语速稍快,我就有点跟不上了,不过她讲的内容正好与我专业相近,因此弄明白还是没问题的。第三门课是数据库,教授西格蒙(Sigman)女士让我们制作一个有关甜甜圈推广的网站和推广策划,非常有意思,成功制作一个网页也让我获得了成就感。最后一门课教授库克(Cooke)先生很风趣幽默,讲了美国的法律还有他自己的很多故事。在GU上的三周课,学习的不只是课本上的知识,更多的是一种英语的文化,一种英语的语言氛围,这可以大大提高我们的英语思维和交流思考能力。

关于购物

首先在GU旁边的M街是一条购物街,在其他商场有的品牌几乎M街上也有,完全可以满足小部分懒人的需求。此外我们还去了Tyson corner购物中心,需要从Rosslyn坐地铁去,周一到周五学校有校车接送去Rosslyn地铁站。Rosslyn这个地铁站有orange、blue、silver三条线,而且都在一个轨道上,你要根据来车车头上的orange、blue的标志来上车,站名的下面是该方向的终点站,可以由此来判断你乘坐的方向对不对。

又一次我和同学去Tyson corner购物,逛的兴奋忘了时间,回去有点晚了,大概9点。非常吓人的是,我们在桥上亲眼目睹了桥下的一场车祸,一辆SUV在道路上连翻了三个跟头,把我们吓坏了,吓得我们不敢独自从Rosslyn地铁站坐校车回学校了,所以向带队老师求助,请求老师来地铁站接我们。这里就不得不感谢我们的两位带队老师,赵灵翡老师和张馨丹老师,非常友好不辞辛苦地来接了我们回去。当然我们还有一位带队老师高婧雅老师,高老师为了我们这个项目的成功忙前忙后,为我们准备了许多材料,操了很多心,可以说没有高老师,这个项目的前期准备工作将会非常艰难,谢谢高老师,也谢谢带队老师赵老师和张老师的辛苦!

欢乐的时光总是短暂的

三周的学习时间马上结束了,学校为我们举办了结业仪式。结束了学习,下面就是自由行的时间了。我们六个同学组成一组,先去了黄石公园。从华盛顿出发,在芝加哥转机,最后到达盐湖城。我们报了黄石公园和盐湖城的旅行团,旅行团安排好我们的行程,让我们没有后顾之忧。不过旅行团需要提前预订的呦,不要忘了。

游完黄石,我们去了纽约。从纽瓦克机场落地后就直接参团去尼亚加拉大瀑布了。尼亚加拉瀑布在美国和加拿大的边界,河的对岸就是加拿大哦。

结束了跟团游,就真的是我们六个自由活动啦。由于纽约的住宿费很贵,所以我们在纽约旁边的新泽西订了一间民宿,也是提前预订的。然后每天打优步(Uber)进纽约市内游玩。因为我们有六个人,所以打的是六座的车,进市内每人大概五美元吧。去了纽约市内很多著名的景点,在马蜂窝订了纽约四个景点的通票,看到了我最想看的自由女神像。

最后一天,我们计划的是美国最大的奥特莱斯,在伍德伯里。伍德伯里也是通票中的一部分。但是! 由于我们没有提前两天预约班车,所以不能坐班车了。若自费去要40多美元,所以我们选择了离民宿更近的泽西花园奥特莱斯。

一个月的美国之行很快就结束了,终于也要回国了。在这一个月中,我真的非常充实,学习到了很多,也见识到了很多,所以特别感谢经济学院给我参加这个项目的机会,也期待学弟学妹们参加这个项目并得到成长!

(李欣月　财税学院2016级研究生)

梦幻乔治城，不一样的经历

  研究生入学的第一天，班主任在新生见面会上讲到她自己的研究生经历，说两年的研究生生活最让她印象深刻的便是在研一的暑假去乔治城大学交流，那次的经历无论是在学习方面还是在旅行方面都让她受益匪浅。那时她在上面讲着，看着她的神情，我已暗自决定也要去美国见识一番。之后的一年里，我一直在等待学校经济学院的乔治城大学交流的通知，在学校里走着都会不自觉地寻找最新的出国交流公告。终于，研究生部的网站上贴出了2017年乔治城大学暑期交流的项目通知，心里有些小雀跃。随后的报名、面试、签证……都让我无比兴奋与激动。

  终于到了2017年7月15日，怀揣着一颗忐忑不已的心与小伙伴一起赶赴首都机场与老师们会合，很幸运，我们的飞机没有误机。经过十多个小时的飞行，我们安全顺利地抵达华盛顿杜勒斯机场。虽然一切是那么陌生，但我们每个人脸上都洋溢着微笑，一点疲惫的感觉都没有，眼里浮现的尽是想要对美国华盛顿进行探索探知的目光。坐在大巴上，看着夜幕渐渐沉下，一路上尽显华盛顿的繁华。当走进乔治城大学（Georgetown University）时，一只小梅花鹿走进我的视线，它通体是金棕色又有像白珍珠似的圆点点缀着全身，不急不躁地走在仿佛天然铺成的绿色毛毯中，它就像在跟我们打招呼，欢迎我们的到来，我的乔治城大学的旅行正式开始！

  雨淅沥地敲打着宿舍的窗户，像是在迎接我们即将到来的城市游。我们坐着专属乔治城大学的校车，驶向华盛顿特区，依次参观了国会、林肯纪念堂、华盛顿纪念碑、罗斯福纪念公园、白宫，感受了美国百年来的历史文化气息。每一个参观地点，都在诉说着自己的故事……

  在愉快的城市游之后，我们迎来的第一门课是斯库巴（Charles Skuba）教授讲解的国际商业环境（The International Business Environment）。这是一个很诙谐幽默的教授，他曾担任布什总统的财务顾问，对国际之间的经济形势有很独到的见解，我从中得到很多关于中国与美国在经济上的合作以及分歧相关的知识。之后便是多兰（Lynn Doran）教授带来的股票、债券和价值评估（Storks & Bonds &Valuation）课程，这门课特别接近我所学的专业，所以有点如鱼得水的感觉。多兰教授比较严厉，对学生的要求比较高，会出很多关于财务方面的计算题让大家来做，只要上课认真听教授的课程，一般是没有问题的。但是结课考试还是需要好好复习一下，因为毕竟是有很多公式需要记忆。之后的一门课是西格蒙（Betsy Sigman）教授负责的电子商务和数据库(E - Commerce & Databases)。这门课对于我来说稍微有点难度,之前一直没有接触过类似的知识,但是教授人很好,会给我们讲解不明白的地方,会为我们讲解目前国际上的大数据以及中国大数据日后的发展趋势。教授还会和我们进行课堂互动,课堂气氛更加活跃起来。教授还请来了 District Doughnut 甜甜圈店的主人与我们进行了一次专业探讨,并以此留下课程作业,希望我们能为这家甜甜圈店进军中国市场设计一个社交媒体的商业计划,并在课堂上制作出关于甜甜圈店的商业网页。这些经历对于我来说都是一笔宝贵的财富,既能提高英语水平,又有了解专业以外学科的乐趣。最后一门课是由库克(Tom Cooke)教授为我们讲解美国法律体系以及美国的反垄断法等,库克教授对目前的国际形势以及政治格局都有自己的想法,听着老师的讲解,我对美国的政治格局也有了新的认识。

乔治城大学的三周课程虽然短暂,但是却从中体会到很多与在中国求学不一样的经历。风趣的教授、言论自由开放的课堂、先进的教学设施……在乔治城大学,我们就像乔治城大学的普通学生一样,每个人都有学生卡可以自由进入图书馆、餐厅以及到各种教学楼里参观学习,真正体会留学生的生活。

同时学校的暑期交流项目还安排我们去参观了国会大厦、五角大楼(Pentagon),去参观的每个地方都有独特的建筑风格,还有雕刻精美的雕像和有历史意义的油画,以此来纪念伟大的领袖。我们还参观味好美公司(McCormick Corporation)和联邦国民抵押贷款协会——房利美(Fannie Mae),从中我们了解了美国当地人的工作状态和工作方式。学习在美国二级的抵押信贷市场中,如何确保住房抵押贷款银行与其他贷款机构能够有充足的资金以低利率出借给住房购买者。这些参观活动不只是让我们看看而已,更多的是希望我们在参观学习的时候有所领悟。每个人的感受不同,只有亲自体会,才能知道这些书本学习不到的知识。并且在这三周的学习中,我们还十分幸运的参加了 GU 的创业路演(Summer Launch Final show case),体会了大学生创业的故事,有很多大学生或研究生都是在求学期间就有了创业的想法,并希望能够付诸行动。他们的创业活动很精彩,也给我很大的启迪。作为中国学生,需要开阔眼界,学习新的知识。

在愉快的学习氛围中,很不舍地结束了乔治城大学为期三周的学习生活。这三周的回忆满满,收获满满。在这三周的美国旅行中,通过多种多样的参观活动,了解美国的历史和美国公司的运作。通过与不同教授的交流,学习到很多书本上没有的知识。通过两次的对话,提高了英语交流的能力。总之,这次美国乔治城大学的暑期交流很值得,以前总觉得在国内想要了解国外的生活和知识,通过报纸和书刊即可,不需要真的去国外走一次。但是通过这次暑假的交流项目,我才真正了解到,行万里路的重要性。无论自己读过多少书,听过多少国际新闻,如果没有真正地走到当地去看、去听,体会的深度都会大打折扣。这次的乔治城大学让我了解到美国人的思维模式、美国学校的课堂氛围、美国建筑的文化、美国公司的运作,这些都足以让我从书本的知识中跳跃出来,体会不一样的国度,体会不一样的风情,感谢老师们给我这次机会。

(马莉萍　财税学院 2016 级研究生)

丰富多彩的乔治城之旅

今年暑假,我有幸参加了经济学院组织的交流项目,前往位于美国华盛顿的乔治城大学(GU)学习,短短的三周经历给我留下了深刻的印象,充满活力的校园、认真风趣的教授、丰富多彩的体验,甚至是独具风味的美食都让我怀念,整理翻看一张张照片,我的思绪仿佛又回到了在 GU 度过的那段时光⋯⋯

校园探索

因为时差的关系,到学校才是周六的傍晚,离我们课程正式开始还有一天的缓冲时间,但兴奋的我们并没有把周日的时间浪费在倒时差上,而是怀着满满的激动与好奇开启了校园探索。初逛学校,首先被古朴而现代的各色建筑物吸引了,校园正门对面便是乔治城大学最古老、最著名的建筑 Healy Hall。Healy Hall 建于 1877 年,为纪念乔治城地区第一位黑人领袖希利(Patrick F. Healy S. J.)而命名。沿着道路向西,我们经过了足球场,看到了标志性的 Hoya 和奔跑着打着橄榄球的学生,初到的我还不知道 Hoya 的含义,但已经被那只随处可见的"牛头犬"(Jack)头像吸引。一路向北,我们还路过了设施齐全、依山而建的教学楼,学生聚集讨论、恣意飞扬的小广场,还有穿着美剧里常见的手术服来往匆匆的医生的医院⋯⋯一切的一切都令我感到新奇,尽管不了解校园的故事,但是漫步其中第一次真正感到自己确实已经来到大洋彼岸!

前一天还在遗憾探索校园的路程缺少了"内容",第二天就是惊喜! 项目开始的第一个工作日,并没有安排课程,上午是在本校学生志愿者带领下的校园行,听他们讲学校的传统和故事,他们喜欢的学习休闲去处以及用途多样的学生中心,忽然感觉内容丰富起来了。之前令我们感叹的现代又古朴的建筑物(教学楼主体是两栋传统的欧式建筑,但同时又由现代的玻璃建筑连接起来),正是未来我们三周上课的地方——McDonough School of Business,而我们在 GU 的学习就要开始了!

课堂学习

在 GU 我们共进行了四门课程的学习,涉及国际商业环境、金融和法律等各方面,分别由四位老师单独授课。四位老师各有各的特色,课程十分生动有趣,很吸引人。

第一门课程是斯库巴(Skuba)教授为我们带来的国际商业环境,斯库巴教授对于中美商务贸易情况非常精通与专业,他在课上深入分析了中美最近的经济形势,对 TTP 协议的现状和未来都做了阐述。教授幽默风趣的教学风格,简单易懂的内容介绍让我们在欢声笑语中了解了世界经济状况,而他嘴里不时冒出的"My Wonderful Wife"成了我们最好奇和印象深刻的存在!

股票和债券(Stocks and Bonds)是内容最丰富的课程,多兰(Doran)教授分别对美国金融资本市场,股票的种类、特点、估价方式以及债券的分类和估价方式进行了清晰的阐述。作为会计专业的学生,我觉得课程内容并不难,但对于大多数非金融会计专业的同学来说,这是一门信息量颇大的课,很有学习价值。

第三门课是由西格蒙(Sigman)教授带来的电子商务和数据库(E - Commerce & Databases),西格蒙教授课上的互动非常频繁,并且十分注重与现实相结合,她对国际上和中国大数据技术的发展以及社交媒体的应用状况了解颇深。上课的第二天,教授请到了当地的 District Donuts 的创办者,讲述他们的故事,并以此为基础给我们设置了分组作业,即为这家甜甜圈店进军中国市场设定一个社交性媒体计划,这也成了我们最需要协作和运用发散思维的一个课程作业。除此之外,教授还带我们参观了位于学校图书馆的技术中心,让我们亲身体验了 VR 的奇妙和手工制作的乐趣!

最后的一门课程是由库克(Cooke)教授为我们带来的美国法律。库克教授是拥有深厚法律功底的教授,他的课堂让我们细致了解了美国当前法律体系的构成,一些相关法案案例的介绍也让我们颇长见识。当然,库克教授风趣的结课作业,也让我经历了这一生都不会忘记的一次测试!

生活点滴

在 GU,无论是衣食住行还是健身购物都非常方便。学校里有很多食堂、餐厅和快餐店,其中称重餐厅是我们的最爱,餐厅内冷菜热餐、甜点热汤甚至是中餐和印度菜,都可找到踪迹,可谓是多寡随意,丰俭由人。除此之外,自助餐厅因其水果和冷饮的丰富也吸引我们去过两次,但后期我们热衷于去超市购物然后自己进行制作,学校餐厅就去的不多了,而其他几个餐厅一直没有尝试也让我们觉得非常遗憾。另外,当有活动或时间非常短时,星巴克也是不错的选择。

交通方面,学校的校车可谓是方便快捷的首选。每个工作日,每隔20分钟都有校车开往市中心的地铁站或是不远的超市,此后若需换乘地铁或公交也是十分方便。校车运营到每晚12点,对学生出行是个有力的保障。整体而言,华盛顿特区的交通状况比美国其他城市要好很多,公共交通非常发达,地铁和公交都可以做到准时到达,不会随便停运。四五个人的时候我们也会选择 Lyft 约车,到市区通常20 分钟到 30 分钟,车费也相对合算。而我们最爱逛的就是超市了,基本上每隔两三天都会去采购一次,最常光顾的是校车可以到达的 Safeway,但遗憾的是我们一次都没有坐过,每次来回全靠腿,以至于到后期我们对学校附近的街道异常熟悉。

住宿方面,学校的宿舍设施也很健全,两个双人间共用一个淋浴和卫生间,而在其他的多人间里还配备了厨具、冰箱、沙发、露天阳台等设施,成了我们聚在一起聊天玩耍的好去处!

参观交流

这次项目安排了很多游历和参观内容,包括国会、林肯纪念堂、国会图书馆、联合车站、五角大楼、房利美、味好美等很多地方,并且每次都以讲解或深入访谈的形式展开,着实开阔了我们的眼界。特别感谢带着我们游览的周老师,他在 IBM 工作多年,对华盛顿非常熟悉,虽然头发花白,但是精神矍铄。退休之后他经常承担这种志愿者服务,为游客们进行游览介绍,帮助我们更好地了解了当地的人文风俗和历史背景。

休闲之余

特别值得一提的是我们直到走前最后一天才成行的划船之旅。在宿舍露天阳台可以眺望的那条波多马克河上,我们两两一组划着小艇,享受离开华盛顿前最后一个下午,心里有游玩的快乐也有即将离开的不舍。我们还特意划到了正对学校的地方,为 GU 的标志性建筑留下了珍贵的照片,还在我们来往华盛顿特区和弗吉尼亚州之间的那架桥下喷绘的 Hoya 自拍。尽管只有短短的三周时间,但是我们身体里也好像融入了 GU 的血液,看到标志性的 Hoya 都会兴奋不已!

这次 GU 暑期项目,令我难以忘怀,最终的收获也远远超出了开始的预想,我们了解了国外一些基础课程,体验了美国的风土人情,尝试了独自在异国他乡解决衣食住行的各类问题,更收获了老师和同学的满满友情。这是一趟丰富多彩的旅途,更是一次精彩刺激的体验,我很高兴自己能够参与其中!

（邵应倩　会计学院 2015 级研究生）

难忘的 GU 生活

虽然回国已经将近一个月了,但在乔治城大学(GU)的那段时间,可能是我 20 多年来,最令我难忘的经历。从在华盛顿特区的乔治城大学学习,到与小伙伴们一起去纽约、波士顿和奥兰多的自由行,都深深地印刻在脑中。借此机会,正好细细回味一下我恬适而紧凑的美国之行。

7 月 15 日晚 6 点,我们从首都国际机场出发,飞向华盛顿杜勒斯国际机场。经过飞机上漫长的 14 个小时,我们看到了华盛顿的晚霞。华盛顿接机的凯茜(Cathy)老师带着我们搭上了开往 GU 的校车。7 月 16 日,我们逛了逛校园,走了走周边的街区,熟悉一下美国的环境。整洁的街道、特色的小屋,让我们真切地认识到这里是华盛顿,美国的首都。

7 月 17 日,开始了我们的学习。一大早我们和教务主任丹尼拉(Daniela)在教堂门口会了面,她很欢迎我们来到 GU,希望我们能够享受这三周的时光。丹尼拉老师非常亲切随和,每次见面她都会微笑着问候我们"how are you",还会为了照顾我们能听懂她说的话而特意放慢语速,对每一位同学都关爱有加。我想正是因为她的温柔才使彼此陌生的我们拉近了距离吧。第一天的活动十分轻松愉快,在欢迎宴之后,我们在两位学生志愿者的带领下参观了美丽的 GU 校园,浏览的最后我们来到了 GO Card 中心,领到了属于我们自己的学生卡。拿着卡片,心里有一丝丝悸动,在美国的生活是真正开始了。下午,我们由周老师带队参观了华盛顿特区一些标志性景点,比如国会、方尖碑、林肯纪念堂。周老师虽然 80 多岁,但是腿脚非常利落,比我们这些小年轻走得都快。他详细为我们讲述了华盛顿的历史,每一个细节都富有特色。周老师之前一直生活在纽约,在 IBM 工作,曾经回到过中国,开发大中华区。退休后就来到了华盛顿,20 多年来一直坚持在做志愿活动。

从第二天起,四位风格迥异却同样认真负责的教授们轮番登场,为学生们带来了一系列精彩的课程。斯库巴(Skuba)是一位非常绅士的教授,他总能深入浅出地将死板的知识用生动的语言传递给我们,在轻松地闲谈时间总能够找到合适的时机表达他对自己妻子的爱意。多兰(Doran)教授给我们讲授的课程是金融,教授将课程分为三大部分:股票与债券、评估、互惠基金与对冲基金。她是一位说话干脆利落的教授,语速较快,课程内容紧凑。每部分知识点讲解后都会让我们做相应习题巩固知识,并会在练习后将答案发给我们,以便同学们对照参考,多兰教授的节奏掌握得很好,她的课堂总是那么井然有序。另外,多兰教授的课堂也不乏生动有趣,教授会给同学们放映讲解知识点内容的短片,例如关于股票的短片,投资者是怎么通过股票获利的,股票的风险等,一个小短片形象地说明了很多复杂的知识点,这是我在以往学习中没有体会到的,以往老师的讲授总让我觉得很多金融知识不是那么好消化,也或许是英文的表达更直白,没有那么多的专业词汇。第三个教授是西格蒙(Sigman),也是我最喜欢的一个老师。可能因为她的儿子在中国工作,她对中国充满了兴趣,随时都在课堂上对比中美的差异。而我们也在课堂上跟她充分互动,让她更多地了解中国,给她留下一个美好印象。她的课堂总是充满了乐趣,不仅带来了 District Donuts 创始人来分享他们的创业经历,还带领我们参观了学校的手工作坊,体验了 VR 技术和亲自动手制作小扣牌。第四堂课是法律,库克(Cooke)教授通过讲解一些案例和对最高法院的介绍让我们了解了法律知识。他就像一位大师级人物,表面看起来很严肃的样子,讲起课来却能与大家谈笑风生,他的满腹经纶不仅体现在了体型上,更融入了他独到的观点与思想中。

课堂之外,我们一起参观了国会图书馆、味好美公司、房利美,以及五角大楼,我们十分珍惜这些来之不易的机会,与那里的工作人员畅所欲言。最令我印象深刻的就是五角大楼,因为自己的失误,忘记带护照,但是凯茜老师在门口一直为我求情,由于我们是一个团队,最终勉强同意了。就这样凯茜老师把我从五角大楼的地铁站拯救出来,也因此和凯茜老师结下了深厚的友谊。还有帮我们融入当地学习环境的活动就是和弗朗西丝卡(Francisca)的对话了,由于我们是一个很活泼很有生活气息的组,谈论的话题总是很有乐趣。一个是美剧,另一个是旅行,当然还有一个附加的话题是婚姻。

短短三周,过得太快,我们还来不及回味,就已经过去了。很感谢每一位老师为我们的付出,感谢丹尼拉(Daniela)为我们安排的完美的行程,感谢弗朗西丝卡的讨论会和细心的作业批改。最后还要谢谢一下我们的中国留学生麦克尔(Michael),在他的指导下,我们在华盛顿的最后一天划了梦寐以求的皮划艇!

8月5日,离别的日子来临,我们和老师们一一道别,拖着行李,迎来我们的自由行。五天的纽约之旅,两天的波士顿龙虾之旅,还有两天的奥兰多环球影城之旅,每一个城市都有自己的特色。纽约不愧是国际大都市,川流不息的人潮和紧张的生活压力,也许只有在大都会博物馆和中央公园才能让我们暂时忘记这里是繁忙的纽约。波士顿在哈佛和麻省的照护下充满了浓厚的学术氛围,很安静但又不失活力,自由之路上还遇到了很多可爱的音乐人。在奥兰多的环球影城游玩真是放飞自我,跳楼机、绿巨人过山车、哈利波特的园区,让我们疯狂尖叫和欣喜。美好的时光总是流失得这么快,尽管每天走到精疲力尽,但每晚还是嘴角微扬地甘甜入睡。

第一次飞到地球的另一边,需要勇气和坚持,还有朋友们的帮忙和鼓励。学习仅仅是生活的一部分,我们还有更多的事情需要去感受。华盛顿之旅给我们不仅有视野上的开拓,更有友谊的收获。感谢 GU 之旅带给我的一切,我爱 GU,我爱首经贸!

(杨敬懿　会计学院 2016 级研究生)

美国一月行

首先,很感谢经济学院给我这次参加美国乔治城大学(GU)暑假交流项目的机会,也让我在这次行程中遇到很多有趣的人,看到很多美丽的风景。

暑假在美国待了一个月的时间,三周在华盛顿乔治城大学商学院学习,九天参团游览了美国黄石公园、美加边境的尼亚加拉大瀑布、纽约等景点。下面聊一下我这次美国行的感想。

乔治城大学篇

第一次出国,第一次处于全英文环境,多亏随行的老师和小伙伴,我才能比较顺利地完成这次美好的美国之行。特别感谢翠姐、高婧雅老师以及张馨丹老师对我们的照顾。

选择乔治城大学暑期交流项目的原因有二:一是听说它在美国大学中排名很靠前并且其政治学、国际关系学很有名气,出了很多有名的政治家,被称为"政治家乐园";二是它优越的地理环境,地处美国首都华盛顿特区,毗邻波多马克河,距离白宫、国会大厦都很近。

在乔治城大学的三周里,我学习了国际商业环境、股票与债券、电子商务以及美国法律四门课程;遇到了绅士、爱老婆的斯库巴(Skuba)教授,职场女强人多兰(Doran)教授,特别萌又热爱新鲜事物的西格蒙(Sigman)教授,莫名带着喜感的库克(Cooke)教授以及其他很多有意思的人。老实说,短期的访学要学到太多东西是不现实的,更多的是体验不同的文化、方法、感受。时间比较短,教授讲的知识也都很基础,也会发PPT,所以跟上课程进度不是很难。给我们安排的教室座椅呈U字形排布,教授一般会走到学生中间。在课堂中,教授随时会提问,鼓励我们思考和对话,也欢迎随时提问,相互探讨,而且无论给出怎样的答案,教授们都会报以鼓励,并认真地夸奖。在这样的氛围中,我们很快参与到了课堂中。在美国的课堂中,更加重要的也许就是与教授相互探讨中碰撞出的思维火花,而且在这种包容的氛围中,不需要怕说错或是说得不好,只要大胆发言,总会对你报以掌声。

学校很开放,正值暑假,每天都会接待很多参观者团与暑假项目交流团队。在美国的日子里,我发现美国确实是一个很开放的国家,无论哪里都充满宣传自我、展现自我的文化。美国的历史很短,但是华盛顿等大城市都有很多免费的博物馆、纪念馆。在华盛顿,国会大厦、白宫、五角大楼等都可以免费进去参观,并且每一处都会有免费的介绍小册子以及相应的礼品店,很多地方都在潜移默化地向你讲述美国的文化与历史。又如同在美国兴起的社交媒体——推特、脸书(Facebook)、Ins等,他们都在寻找各种方式展现自己,并努力向他人宣传自己。

三周的时间过得很快,但在与教授以及可爱的助教小姐姐的交流中感触良多,对于工作、学习等都有了很多新想法。对于学习,要保持一份主动性,积极与老师和同学交流。对于工作,之前也会考虑找工作是求稳,还是感兴趣。与助教小姐姐聊完天后,我觉得她说的一个观点我很认同,工作本身是一件令人疲惫的事情,如果再找个不喜欢的,只会更加折磨人。美国的青年人找工作会多次尝试后,找到自己喜欢的工作再稳定下来。

这次项目我的收获之一是重拾学习英语的信心,美国行前,我对英语一直处于"累觉不爱"的状态。在乔治城大学商学院三周的学习中,日常 3~4 小时的纯英文教学,以及纯英文条件下的频繁出行交流,我逐渐转变了对学习英语的看法,并且开始感觉学习英语是一件很有意思的事情(这在以前是不可能的)。美国行结束后,我的听力以及日常英文交流都得到了很大提升。另外就是思想更加开阔,并且结识了很多有趣的小伙伴。

自由行篇

GU 项目结束后,我和五位小伙伴进行了为期九天的自由行。第一站去了黄石公园,它是美国第一个立法保护的国家公园。黄石公园是一座活火山,也因此形成了独特的地理风貌,整个公园美如风景画一般,有很多壮丽的景色,大棱镜彩泉、老忠实喷泉、黄石大峡谷、牵牛花泉都值得再次游玩,很希望有机会去黄石自驾游。第二站从纽约出发跟团去了美加边境的尼亚加拉大瀑布,尼亚加拉大瀑布是自然形成的奇迹,我们坐着"雾都少女"号从大瀑布下经过,轰隆隆的水流仿若从天而降,溅起的水花形成一大片水雾,场景十分震撼。结束尼亚加拉大瀑布之旅,我们返回纽约。纽约是一个跟想象中很不一样的城市,非常接地气,在我的想象中,这个世界有名的国际化大都市,尤其是曼哈顿地区,一定是各种的高贵精英范儿。但真当我身处其中时,发现无论是大都会博物馆、中央公园、纽交所还是华尔街都很低调,并且纽约的中国人很多,到处都可以见到,让人莫名感到亲切。纽约游客非常多,很有中国节日出行的氛围。

最后,想再给将来参加这个项目的小伙伴提一些小小的建议:①美国人怕热,只要在封闭的环境(室内、大巴等),空调都会开得无比猛,备一些长裤、秋天的外套绝对有必要(在乔治城大学的图书馆待了 10 分钟,被冻到瑟瑟发抖)。②强烈推荐乔治城大学的健身房,超级棒。③在美国,中国餐厅是物美价廉的代表。推荐乔治城大学旁边的龙华餐厅,分量十足,又很好吃。④日常购物可以到 CVS 或是 Safeway,比较平价。

这个项目让我见识了很多,受益匪浅,祝愿经济学院的交流项目越来越多,越办越好。

（于鑫鑫　经济学院 2016 级研究生）

漂洋过海来看你

还能忆起七月初前往华盛顿之前,我每日积极准备,日日期盼的模样,如今,却已回国有月余了。返校后偶尔也会在校园里碰见一起前往乔治城大学(GU)的伙伴,大家总是调笑,我们是"漂洋过海的友谊",一起吃饭时也常常拿在 GU 的趣事出来聊,言语间甚是怀念。心知行程甚短,因此自在杜勒斯机场降落之时,便在心中努力记住每一分新鲜感和经历,为的是,到了今日,我对着冰冷的电脑屏幕回忆感受时,心头还能有清晰的感受和色彩。

当初参加学院的面试时,我用"希望身处如霍格沃兹般的校园,于草地上席地而坐,在阳光的沐浴下看看书、听听音乐"描述我选择乔治城大学的理由。这座学校那么古老,让人对其间的建筑和故事充满向往。我如愿前往,却被七八月份华盛顿的骄阳和暴雨吓退了当初的幻想,宁愿躲在冷气十足的宿舍或是图书馆里瑟瑟发抖。是的,美国人民实在是太不吝啬冷气了,教室、餐厅、宿舍、商场、机场,所有室内区域都足以产生出门时眼镜蒙上一层雾气的效果。因此,看到这篇文章的学弟学妹们,记得往你们的行李箱里放上几件外套,当你上课时看着不停搓胳膊搓腿的同学时,你一定会产生强烈的优越感。言归正传,在 GU 的三周内,我们上完了四门课,每节课均有一个简单的测试;参加了八次校外参观与学习活动,从城市游、参观国会大厦及五角大楼到参加高校创业路演、参观味好美及房利美公司总部等,充满了趣味;和 GU 的博士生姐姐进行了两次对话,和授课教授共进了一顿午餐,直到最后一天的告别宴,大家演讲、合影、拥抱、挥手、说再见。瞧,这三周我们干了多少事。积极些来说,三周行程张弛有度,在保证休息时间的前提下安排了各种形式的课外活动,专业知识、英语口语和阅历方面均有所增长;消极些来说,在如此短的时间内,所有的课程和活动深度相对有限,且部分活动对个人英语听力及口语要求较高,学多学少全看个人。别将所有学习英文的任务都放到来 GU 之后,英文水平,尤其是听说水平,决定了你对知识的接受程度甚至生活水平,尽管学院在选拔过程中对英文水平不做硬性要求,不过自我放松要求可就太对不起这并不算便宜的学费了。

关于学习部分,我便只回忆到这了。于我而言,相对于浅尝辄止的课程学习,经历与感受才是此行最大的财富。乔治城大学很美,蓝天白云映衬下的古老建筑与道路总是让人在异国的土地上生出丝丝的艳羡。班里有个自带单反且摄影技术高超的姐姐,自熟稔之后小伙伴们便一直吵着要蹭她的镜头拍一组"我与 GU"系列写真,结果却在拍摄当天突遭暴雨,差点淋坏了小姐姐的设备。华盛顿的天,娃娃的脸。我们的手机曾接收到三次暴雨洪水预警,洪水倒是不存在的,可那暴雨,真是下到让你怀疑人生。暴雨之后便是艳阳,于是导致三周过后我们对彩虹甚至双彩虹失去兴趣,比起最初兴奋地拿起手机拍来拍去,最后只会故作傲娇地说,"哼,都看腻了"。嘿,又跑题了,聊回正经的。GU 的美好不是浮于表面的,也不是特朗普的女儿即将求学于此这么肤浅的新闻。Healy Hall 承载无数荣誉,1789 年至今的历史积淀,充满贵族气息的校园氛围,全美排名靠前的篮球队和棒球队,Mc-Donough 商学院国际化的教学方式,这一切也许需要你用脚步丈量完 GU 的土地后才能得到切身的感受。去吧,不要害羞,这是一个走出去的过程。当你跳出自己的舒适圈,来到一个美丽、开放、食物热量很高但人民永远热情的国度,你需要学会用你哪怕有些拿不出手的英文进行交流,回应每一个同你热情打招呼的人;你需要在课堂上积极回应教室中间的教授,哪怕你的问题可能有些简单甚至幼稚;你需要感受另一种文化赋予你的精神,勇敢、热情并且保持好奇。这并不仅仅是你从一种环境跳到另一种环境的改变,更是让自己保持"在路上"的状态。我总能想起在美国的最后一天,我坐在芝加哥机场的候机室里,透过玻璃望向窗外的蓝天,心里充满遗憾却也充满感激。感激所有的相遇和碰撞,更感激自己的勇气和一颗永远年轻的心。

不过,美丽可爱的小伙伴更是这场游学中最美的点缀,微信群里陌生的昵称和头像都渐渐地与鲜活的人物对上了号。我们八人住在带客厅、厨房和露台的超豪华宿舍里,最后一天隆重而快速地开了一场睡衣趴,主题大约是:唔,北京见。和同行的带队老师最后都处成了哥们,每天蹭吃蹭喝蹭与老师英语对话的机会。这不是异国他乡孤独求学的少男少女成长史,而是你短暂地拥有了一段类似于《生活大爆炸》般的生活,拌嘴互怼中洋溢着轻松和幽默。当然,前提是你得让自己融入,不要变成令人讨厌的熊孩子,那样的话,当我们一起去波托马克河上划船时,你可能得一个人徜徉在温暖的湖面上了。准时、积极、认真、大方,准备好你的素质和钱包,就可以大胆地上路了。别怕,一个微信群的小伙伴给你撑腰呢。

最后是老学姐提供纯干货时间。手机装好 Yelp、谷歌(Google)和 Lyft,美国原版大众点评、百度地图和滴滴打车,享受生活不是梦想。备点泡面、酸辣粉和小零食,当大家哀嚎美国粗暴的饮食文化时,你可以靠着贩卖"家乡的味道"大赚一笔。GU 免费提供健身房和游泳池,全是荷尔蒙爆棚的肌肉小哥哥。学校附近的 M 街品牌种类繁多,适合逛街,随处可见性感小姐姐,走过路过千万不要错过。写到这里,我已经有些想念了。罢了罢了,那就这样吧,简单纪念我与 GU 短暂的缘分,也希望看到这的你能够拥有精彩美好的生活。世界那么大,不去看看,你怎么知道世界有多大呢。

(张姝悦　经济学院 2016 级研究生)

学期/学年交流项目

2006 年以来,经济学院与欧美十余所大学签署了学生学期双向交流协议,每年派出十余名本科生和研究生到合作学校参加 1—2 个学期的交流学习,同时接受合作学校的学生来经济学院插班学习。截至 2018 年 5 月,经济学院共派出 112 名本科生和研究生参加各类学期交流项目,接收国际合作学校交流学生本科生和研究生 100 余人入院学习。根据与合作学校的协议,学期交流项目免国外学费,个人承担住宿、交通、保险等费用。

2017 年,在外培计划的基础上,经济学院与美国加州大学圣地亚哥分校推出本科生学年交流项目,鼓励优秀本科学生参加长期交流学习。

相遇·巴黎

如果你有幸在年轻时去巴黎,那么以后不管你到哪里去,它都会跟着你一生一世。巴黎就是一场流动的盛宴。

——海明威

这就是巴黎,当你和它相遇时,连呼吸都变成一件浪漫的事。当人们谈起巴黎,时尚和浪漫是它的标签,法国女人的高跟鞋与香水诠释着法式情调,巴洛克建筑与法式大餐歌颂着法式风格。古往今来,多少历史事件在此奠定,多少风流人物在此扬名立万,她沐浴过文艺复兴的春风,受过大革命的洗礼,见过两次世界大战的硝烟。而如今,巴黎俨然成了许多人的乌托邦,无数爱情电影取材于巴黎,无数人来巴黎寻梦,素不相识的人在此相爱,爱人在此定下终身。当飞机缓缓降落巴黎戴高乐机场(CDG)时,我的巴黎梦也由此展开。

巴黎

人们常说,在法国只有两种人,巴黎人和其他城市的人。"Parisian"一词充斥着巴黎人对自我身份的自豪感。也的确,很难再有城市像巴黎一样,古老与现代并存。巴黎建都已有1 400多年的历史,它不仅是法国也是西欧的一个政治、经济和文化中心,巴黎香水有"梦幻工业"之称。巴黎是历史之城、美食之都和创作重镇。巴黎是著名的世界艺术之都,印象派美术发源地,芭蕾舞的诞生地,欧洲启蒙思想运动中心,电影的故乡,现代奥林匹克运动会创始地。巴黎又是世界公认的文化之都,大量的科学机构、研究院、图书馆、博物馆、电影院、剧院、音乐厅分布于全市的各个角落。

巴黎的历史感充斥于整座城市,走在巴黎街头,踩在脚下的碎石路可能建于19世纪;随意拐进一家咖啡厅,卢梭、伏尔泰可能与你共饮过同一款咖啡。走在街头,经常能见到建筑前标着"Paris Histoire"的牌子,上面用法文讲述着这栋房屋的历史,抬头仰望,不禁对它充满敬仰之情。但这样一座带有厚重历史感的城市却并未显得沧桑,反而生机勃勃。古典而带有精致装饰的巴洛克建筑如今可能是HM或ZARA的门店,曾经是皇家私邸的花园如今是巴黎人休闲的乐园,历史并没有被束之高阁而是被沿用,这难道不是铭记历史的最好方式吗?

"浪""慢"的巴黎人

巴黎是个浪漫的城市,但巴黎人大概只能被叫作"浪""慢"了。这其中"浪"是态度,"慢"是节奏。遵循着"liberté""égalité""fraternité","自由""平等""博爱"的法国人,生来带有"浪",即"反叛"的态度,不畏强权,个人意志为上。因此法国人大多性格张扬、自信,敢于表达自己的观点。而"浪"的特性大多表现在全年无休的罢工游行上。

关于法国人有句顺口溜:春天工作,夏天度假,秋天罢工,冬天过节。在法国,每年大大小小的罢工累计起来近千场:清洁工人罢工、铁路工人罢工、卡车司机罢工、教师学生罢工、企业工人罢工、公务员罢工,等等,此起彼伏,一年四季几乎没有不罢工的时候。罢工就像法国人的一日三餐不可或缺,并由此把罢工演绎成一种文化、一种社会风情,能做到这样的估计也只有散漫、悠闲的法国人了。

如果你以为法国人的连年罢工是受到了多大的委屈,那你可就错了。事实上,法国员工的待遇极好,一周35小时工作,每天踩着秒,准点上下班,哪怕多一分钟的工作时间都会要求加薪,一年至少7周以上的休假。同时法国的基本薪资为1 300欧,就连我的法国同学,一个月实习只一半的工作时间,都能拿到1000欧(目前欧元人民币汇率是1:7.75),如此令人羡慕。但即便拥有如此高福利的员工制度,法国人民并不想辛苦工作,工作效率并不高。为了维持高福利的社会制度,法国政府只能通过高昂的税收制度,这就导致了罢工、生产积极性下降、失业率提高、经济下滑等一系列连锁反应,如此循环往复。不过现在法国人自己也意识到了问题,在学习宏观经济学,讲到失业率和税收制度时,不少法国人对于高达45%的义务征摊金不满,相比于法国"杀富济贫"的税收制度,他们更向往美国的全民缴税。"浪漫"的法国人大概会针对税收问题进行新的一轮罢工,让我们拭目以待。

而法国人"慢"的原因,则是因为他们健谈。健谈的程度还不足以描述法国人,"talktive"一词或许更为准确。咖啡馆、街头、公园,一切法国人活动的场所,干任何事情,他们都以聊天开始,聊天结束。比如去车站办手续,经常要排很长的队,听前面的人与工作人员从天南聊到地北,哪怕自己的时间紧迫,也只能干着急。再比如去餐馆吃饭,肚子饿得咕咕叫,但服务员还在跟其他客人聊天,20分钟后,她才拿着菜单姗姗而来。几次下来,我也学会了把日程计划放宽松,习惯于悠闲自在地等待。

而说到talktive,不得不提及我们学校。每当老师宣布课间休息时,我的法国同学们集体穿大衣拎包走人,速度之快,令我们目瞪口呆,还以为这不是课间而是放学。我问他们这么着急去干什么,答曰,要去享受新鲜空气。但令我哭笑不得的是,他享受新鲜空气的地方,是我们学校的一个室外小广场,一到课间,这里聚集了大批人在此吸烟喝咖啡。此时,法国人健谈的属性显露,每个人都在跟自己认识的人贴面吻、寒暄,并且很快走向下一个熟人。一个课间,他们大概能跟半个学校的熟人打招呼。教学楼静悄悄,而楼外一片喧嚣。这种社交方式,真是令我大开眼界。

健康的巴黎人

法国是全欧洲健身率最高的国家,没有之一,而巴黎更是法国之最。在巴黎街头,很少能看见大胖子,每个人都身材匀称修长,这得益于法国人健康的生活习惯。在吃的方面,法国人很是讲究,健康饮食,荤素搭配。法国家乐福专门设有"BIO"有机食品专区,大多数人吃饭摄入量适度,很少暴饮暴食。同时法国人也喜好饮咖啡,众所周知黑咖啡是减肥饮品。这样即便法国甜点世界闻名,法国人依旧保持着苗条的身材。

在注重饮食的同时,法国人也热爱运动,更喜欢跑步。塞纳河畔,杜乐丽公园,大街小巷,无时无刻你都能看见跑步的人群。新鲜的空气与阳光也是法国人选择跑步的原因之一。法国人对这两样事物的热爱依旧是个谜,每年涌入南法度假的人群,于街边咖啡厅选择露天而不是室内吃饭,将享受阳光与空气的理念执行得淋漓尽致。

（任洁　工商管理学院 2014 级本科生）

巴黎游学不完全攻略

作为一名经济学院的大三学生,我很荣幸能够参加这次诺凡希亚高等商学院(Novancia)的交换项目,远赴巴黎感受异国风情,学习不同的文化和知识。在巴黎生活的五个月时间里,说短暂也并不短,说漫长却又是转眼即逝,最终留下了种种心得,把它当作攻略分享给大家。

首先是生活方面,在中西文化差异较大的情况下,如何尽快融入当地生活,是下飞机后的第一个问题。生活,基本来说是吃穿住行,每一样都马虎不得。对我来说,刚到巴黎最大的困难是其中的行,即交通问题。巴黎20个区如同蜗牛外壳一样从中央延伸,一圈一圈地构成了整个巴黎市区,而我住的地方属于巴黎郊区,又叫作外省,距离市中心和学校较远。从我的角度来说,一方面是暂时来不及找新的房子,另一方面是正在住的房子条件实在不错,所以我和室友只能每天坚持早起,坐一个小时的地铁去学校。而巴黎的交通系统如同这座城市一样历史悠久,在地下极其复杂的线路交错纵横,每天承载着大量的人流,还会时不时地发生罢工,所以它古老、精细却又不稳定。在我上学的三个月时间里,从郊区到市区的地铁线发生过数不清的晚点事件,为了避免迟到,我和室友只好再提前半个小时出门,以应对随时可能发生的突发情况。另一方面,巴黎的地铁票并不便宜,所以对广大市民以及留学生而言,办个月票是最合适不过的了。

对于生活的另外几个方面,我乐在其中。来到巴黎,我才亲身体会到法国人如何过着浪漫和悠闲的生活。有一个经常被误解的地方是,法国人的每顿饭都很讲究,会吃蜗牛和鹅肝,喝红酒,举止优雅,落落大方。事实上,法国人真正追求的是一种随意的态度,他们会在上班的途中夹着一根法棍匆匆而行,也会午休时坐在街边举着三明治和浓缩咖啡大笑着聊到上班,更会在夜晚降临时和好友聚在随处可见的小餐馆里,举着啤酒开心碰杯,抱怨着生活的不愉快。吃什么就显得没那么重要了,关键在于有没有可以愉快聊天的轻松氛围和开怀大笑的好心情。也许法餐并不那么对我们的胃口,觉得点心有些甜腻,法棍太硬了咬不动,但在这样快乐的氛围下仿佛一切都没什么大不了的,一切都是新鲜有趣的。这就是他们对于生活的态度,C'est la vie!

关于服装。巴黎作为一座大城市具有很强的包容性,所以无论穿什么样风格的衣服,只要合身得体,就无需过于在意其他人的目光。但出于对时尚之都的好奇与热爱,我和室友在闲暇时间经常会去逛一逛法国品牌的服装店,感受当地人的穿衣风格,去二手时尚淘货,观摩一下 20 世纪的奢侈品,去打折村看看有什么降价的好东西。所以要想更好地融入一座新的城市,可以从逛街开始,挑一件当地人喜欢的款式穿上身,走在街上假装自己是一个巴黎人。关于住就很简单了,尽量住在学校附近,避开某些特定人群的聚集区,这样可以节省路上时间,在早上多睡一会儿,给白天的课留下更多的精力。

适应了生活以后,最重要的就是要开始好好学习了。在这一方面我做得并不出色,可以给大家总结一些经验教训。

首先,诺凡希亚高等商学院(Novancia)是一个很美丽的学校,虽然它的占地面积不大,但在灰白色的巴黎建筑中却是一道亮眼的风景。校内的设施也一应俱全,在开学初,学校会有老师组织国际生进行校园参观,事无巨细地介绍各种公共资源的使用方法。所以在适应新校园的过程中,一切都很顺利。课程全部为英文授课,在课程刚刚开始的时候,每位任课教师都会体贴并幽默地提到自己浪漫的法式英语口音,所以对于国际生而言,适应老师的英语需要大概一两节课的时间,而对于中国留学生比如我来说,还有其他一些方面需要适应。与国内教学方法不太相同的是,法国课堂上几乎没有课本,十分重视实践的作用。老师会给学生尽可能多的时间用来讨论发言和案例学习,有一两门课每节课上都要到讲台前进行演讲,这需要我们活跃起来,尽量多多发言与老师沟通,加深自己对知识的理解。为此我花了一段时间才克服自己的害羞与紧张,努力脱离对书本的依赖。

在学习过程中有一点让我很感动的是,老师和部分同学虽然也并不十分擅长英语,但他们非常重视表达并体现尊重。有时候我在课上会因为表达不清楚自己的想法而想要放弃,老师却坚持要我慢慢来,要尽可能地把自己的观点说出来。这样的耐心等待不知道有多少次,慢慢地,我的发言越来越流畅。团队合作时,虽然会有某个人自己就能想到足够的解决措施来应对问题,但他们要每个成员都表达自己的意见,最后呈交上去的一定是集体的想法。这样的行为在我们中国学生眼里,有时是低效率的、没必要的,但实际上却体现了对每一个个体的尊重。

关于学习方面的经验教训,也就是我没有做好的两个方面:一个是与老师的沟通,如果生病请假或者是对课程有意见,一定要及时联系上老师,无论是发邮件或者当面告知,这样可以避免很多不必要的问题。另一个是,在一门没有讲义或者PPT 的课上,老师的口音有一点重,因此我们在听讲上有较大的困难,经常理解不了老师的语义或者看不懂板书。然而法国课堂十分重视平时的听讲,在期末不会提供复习资料、提纲一类的东西,所以知识一定要在平时就努力理解,在课下多花些时间来复习课上的内容。

所以学习方面,我的建议就是放松心态,多多表达自己。闲暇时间参加一些社团活动,这样可以认识很多当地同学,获得更多的生活情报、感悟或是珍贵的友情。在参加新生见面会时,我遇到了研究生艾伦(Alan),一个笑起来热情洋溢的法国南部人,给了我许多珍贵的建议,还留下了电话号码,在之后帮助我解答了很多疑惑。在黑暗晚宴的活动中,我认识了盲人凯文(Kevin),他坚持每周带着他的拉布拉多乔克(Joker)来学校上课,他的英语不好却喜欢聊天,每次打招呼的时候都会喊"Tian! How are you",看着凯文我感觉自己内心充满一种奔涌的动力。还有很多很多人,在我短暂的学习生涯,在我求学的过程中伸出了友善的手,无形地拉着我走到最后,在此对他们表达无尽的感谢之情。

最后,也是每个来欧洲的留学生比较期待的一件事,那就是游遍巴黎,再去欧洲各国环游旅行。

法国总是有各种各样的假期,上课也是经常上两周停一周。所以在假期千万不要宅在家里,蹉跎了大好时光,而是要走进巴黎的大街小巷,或散步或游览景点。有时遇到一位吹着萨克斯的老人,旋律悠扬,我坐在旁边的长椅上欣赏一会儿,为他献上一些硬币。这也可以成为一段美好的回忆。游历中,你会发现巴黎人并非是地铁站里冷冰冰的面庞,他们其实爱笑、热情,会亲自带着问路的你走街串巷,再忙碌也会抬头笑着对你说一声"Bonjour"。有时人情冷暖就在旅途上,亲身经历才能感悟,但也请切记,注意安全。

天气寒冷时,去奥地利,莫扎特的故乡听一场演奏,流连于维也纳的博物馆和音乐会之间;天气渐暖了,去西班牙、葡萄牙享受阳光明媚下的春暖花开,满眼都是斑斓色彩和古老建筑,在金色海滩上漫步至一家老餐馆,点一杯西班牙国酒 Sangría 搭配海鲜饭,一切尽在不言中;六月末普罗旺斯的薰衣草和向日葵花开绚烂,去法国南部度假,走在棕榈树大道上眺望无边无际的海天一线,感到心胸无比开阔,一切俗务仿佛过眼云烟。

再加上在欧洲,学生卡几乎等同于博物馆通票,可以尽情去看名师大家之作。卢浮宫的镇馆三宝,橘园的莫奈睡莲,奥赛的印象派著作殿堂……徜徉其间,知识之景美不胜收。或者跟着法国人一起看一场音乐剧,提前做好功课,熟悉剧本和台词,虽然听不懂法语却能在时而低沉时而婉转的美妙歌声中体会演员浓郁的情感。一场《红与黑》结束,跟着满场欢呼涌动,热烈鼓掌,内心更是无比澎湃。

时间过得如此快,直到快要离开巴黎,我还深感对这座城市的眷恋不舍和意犹未尽,还有那么多向往却未去过的地方。这篇文章的标题叫作"不完全攻略",是因为尚未完全,还有更多的可能性。我的巴黎游学之旅暂时结束了,而你们的才刚刚开始。

（田佳音　经济学院 2014 级本科生）

瑞典——纪念我难忘的半年

怀揣着不安与期望,经历了近 11 个小时的颠簸,我终于到达丹麦哥本哈根机场,注意,不是瑞典,因为从哥本哈根到韦克舍是最近的,只要乘 2.5 小时火车就能到。我之前去过美国和墨西哥,但从未去过欧洲。作为一个典型的文科生,上知古今,下知地理,那么去欧洲尤其是北欧,我的游览目的非常明确,看当地的建筑和博物馆,还有去看极光(我看到啦)。好啦,这个后面说,最主要的目的当然是学习。瑞典的住宿必须赞,一个人 20 多平方米的公寓,有独立卫浴,但厨房是共用的。而且外边是有门禁的,非常安全。在一层公寓里,你会看到浑身充满香水味的法国小哥,永远顿顿吃肉从不见吃菜的土耳其姑娘,不靠谱的中东大叔,还有高冷的希腊大哥和乌干达黑人老兄。无论是谁,见面都会一个微笑,打个招呼,非常和谐。

对了,作为交换生,不得不提 buddy 和 friend family。我很幸运,我的 buddy 是巴基斯坦人,曾经在武汉上过本科,所以中文溜溜的,他帮了我很多,包括带我去买床上用品以及教我公交系统的使用。还有古尼拉,一个今年刚刚退休的瑞典老奶奶,她是我和另一个小伙伴的 friend family。她经常会邀请我们到她家做客,还带我开车去了卡尔玛和马尔默,看了瑞典皇室的园林和古堡。她也去过中国,不过是 20 年以前,所以她的记忆还是北京全民骑自行车的时代。我与她聊了很多中国现在的情况,也了解了瑞典人的婚姻自由、宗教及老龄化的问题。瑞典的确是高福利国家,但随之带来的是年轻人背负了很大的税收压力。瑞典也是个非常包容的国家,对于不同的文化、不同的种族,接纳程度非常高,所以完全不会感到被排斥。

说到上课,我主要学的是管理方面的课程,还学了初级瑞典语。瑞典语是一个叫谢尔(Kjell)的老爷爷教的,人非常慈祥,经常会问 is that tricky? 非常可爱的老爷爷,学了基本的瑞典语,进入超市找东西会省事一些,因为全是瑞典语的标签,跟瑞典人交流也更亲切,入乡随俗嘛! 瑞典是一学期要修够 30 学分,每门课7.5 学分,一个月就仅上一门课,讲座(lecture)可以不去,没有人管你,但研讨会(seminar)要参加,作业必须交。给我最大的感受就是自我学习能力非常重要,一个月大概要看两到三本两三百页的书或论文。你可以去辅导,但没有人会管你,因为,老师会全力帮助你,但真正需要的是你自己。所以自律和沉下心读书很重要,阅读能力和展示(presentation)能力也很重要。

接下来是旅游,我在三月初,跟着林奈大学国际学生会去了拉普兰(主要是瑞典、芬兰、挪威的交界处),共去了八天。去了芬兰首都赫尔辛基,坐了游轮,看到了萨米人和麋鹿,去挪威北冰洋冰泳。最主要的是看到了极光,粉的、绿的、黄的极光不断流动,变换着形态和颜色,天上的星星清晰可见。你会感到自己是那么渺小,也感激大自然的馈赠。如果有机会,我还会再来看极光。

还有就是去西班牙,我主要去了马德里和巴塞罗那。但我最喜欢巴塞罗那,那有奥运村、弗朗明哥、海鲜饭 Paella,我吃到了传统海鲜饭、鸡肉海鲜饭、素食海鲜饭,还有墨鱼汁海鲜饭(吃完嘴全是黑的),还蹭吃了朋友的龙虾海鲜饭,真的很好吃。巴塞罗那还叫高迪之城,高迪,一位伟大的建筑师,他在巴塞罗那建造了包括圣教堂、古艾尔宫、巴特略之家等很多著名建筑,海洋元素和丰富的色彩使其独具魅力。之前去墨西哥,他们的吃饭时间很尴尬,早饭 10 点吃,午饭 3 至 4 点吃,晚饭 10 点吃,我还奇怪这是什么传统,现在知道这是受到西班牙的影响。

我印象比较深的是去意大利,因为我喜欢历史,主要选了五个有特色的城市:威尼斯、佛罗伦萨、锡耶纳、五渔村和比萨。在威尼斯我坐了贡多拉(当地的传统客船),还品尝了意式咖啡。在佛罗伦萨我去了乌菲兹美术馆,看到了许多名画,原谅我是个画盲,对艺术没有过多了解,但在小伙伴的讲解下,我也受到了艺术的熏陶。在锡耶纳,哥特式的建筑令人印象深刻,不愧是世界文化遗产。五渔村的风景真的是美得不可言语,在海边观赏着整个村庄,喝当地的柠檬酒,逗一下当地的小猫,真的是不能再享受了。比萨,能看到许多人站在栏杆上跟神经病一样摆拍,做出推着比萨斜塔的姿势,当然我们也推啦!

然后就是挪威,天天下雨,天天下雨,天天下雨,重要的事说三遍!我们去了奥斯陆、沃斯和卑尔根,我印象比较深的是沃斯(Voss)那边的大峡谷,非常壮观。同时作为吃货,最喜欢的就是卑尔根的帝王蟹和各种海鲜啦,真的非常鲜美,是我吃过最好吃的海鲜。

最后回到韦克舍,要问来瑞典我收获了什么,我觉得是国际视野。以前觉得瑞典是高福利国家,就一定生活很幸福,但其实也是有问题的,也许只有你出了国,到每个国家,你才会发现问题,也会发现当地的美好。每到一座城市,你能感受到当地深厚的文化底蕴,会爱上这座城市。当我要离开韦克舍,离开这个生活了五个月的城市的前一晚,我睡不着,脑子里闪过一幕幕城市的景观,闪过帮助我的朋友和伙伴。在这里,我学会了包容、平和地对待人和事,我知道了珍惜和家人在一起的时间,我珍视每一个在我人生中出现的人。

瑞典,不再见,欧洲,还会见。因为,我相信我还会踏上欧洲这片土地,瑞典,不是我国际旅行的结束,而是开始。

　　最后,希望之后的学弟学妹不要仅仅关注你的成绩的高低,多听多看多体验,培养国际视野,这才是出国最需要得到的。

（成欣睿　经济学院 2014 级本科生）

学在瑞典,乐在瑞典

对我来说,北欧一直是一个神秘的地方,静谧而美好,对它的一切想象都来自纸上,有文学作品更有学术文献。2017年1月12日,在学校的帮助下,我们一行四人终于踏足这片土地,在瑞典的林奈大学开启为期五个月的学习生活。

这里的一切都是新奇的,每周只有两天有讲座(lecture),小组讨论、研讨会、论文写作占据了大部分时间。一份论文的成型要先提交至少两份草稿,为了通过一门课程要去啃三本以上的英文原著和五篇以上的全英学术论文,有时甚至多达十数篇,这是第一次。论文每推进一个阶段就要有研讨会和展示,和教授及全班同学分享,每次探讨中,研究方向都会在交流中进行微调,最终成型的论文是我一开始完全预想不到的样子,看着十五六页最终成型的论文,会有满满的成就感,这是第一次。一门社会经济学的课程只有三个人,居然也能开课,这也是第一次。老师是英国人,学生一共三人,分别来自中国、美国和瑞典,一节课屋子里只有四个人,竟然有四个国籍。也是在瑞典,我第一次发现以英美为代表的盎格鲁—撒克逊(Anglo – Saxon)国家的福利制度有那么多的弊端,就业率问题、工资水平问题、社会贫富差距问题、老龄贫困化问题等,都可以追溯到残补式福利制度。

在研讨会上,我们模拟联合国去讨论如何解决难民问题,区别是我们更加综合和全面。不仅仅是政府,联合国安理会只不过是15个国际组织中的一个罢了,我们还有红十字会、非洲联盟(AU)等15个国际组织来协商解决难民危机。这些国际组织,有的耳熟能详,有的却是从未听说,我还记得我代表的是欧盟边境管理局,从了解它开始,一点点地和小组成员摸索,最终在研讨会上发声,那真是一个紧张又兴奋的过程。

在林奈大学学习让我受益良多,在瑞典的生活更是丰富多彩。我们一起去学校的酒吧跳舞、喝酒,与瑞典人碰杯,就像开学典礼上老师提过的那样:人们都说瑞典人保守内向,在这里你可以看到真正的瑞典人,更重要的是你可以学到怎么让瑞典人打开心扉跟你做朋友——一杯威士忌。的确,喝了酒的瑞典人热情健谈,会有人夸奖你的衣着,会有人邀请你加入他们的舞圈酒桌,还会有人加你的脸书(Facebook)。参加性向平等的游行,这是在中国很难发生的事情,男女老少走上街头,举着彩虹旗表示支持性向自由,同性恋、双性恋、无性恋都是自由的,应当得到尊重。和中国各地的留学生一起过年,元宵节甚至一起包了汤圆,到瑞典小伙伴的家里举办生日派对,烤巧克力派,参加学生会举办的各国美食大赛,教瑞典同学做糖醋里脊……如此种种,是在国内永远体验不到的经历。

我们还跟着学校的国际学生组织去了北极,一下车感觉甚至连鼻腔中的水蒸气都会被冻住。积雪及膝,清晨、傍晚之时,白雪皑皑,远处是树林,树林之上笼罩着一层冰晶般的薄雾,再向上看是淡粉色的天空。但这还不是北欧童话的极致,真正的绚丽在夜晚,北极光在天空流转,不是一道极光,整个天空都是壮丽的极光,缓缓地变动着形状和色彩,相信我,那是任何相机无法记录完全的美丽和震撼。跟着来自全球的学生,我们也疯狂了一把,在山坡上的桑拿房蒸透,然后一路冲向北冰洋,扎进北冰洋的海水之中,很冷,一瞬间双脚就像失去了知觉一样,但是却那么爽快。头顶蓝天,脚下是湛蓝的北冰洋,前方是尖叫着的来自世界各地的青年,身边就是皑皑的雪山,醉倒在如此美景之中。在萨米人的小屋一切都静下来了,萨米族的老奶奶敲击着古老的乐器,唱着传承了几百年的民族歌曲,很难想象一个那么瘦小的老人如此中气十足,那歌声嘹亮又悠远,一群不同发色、不同国籍的年轻人围坐在火堆旁边,一时间却又寂静无声……

这真的是太美好太珍贵的回忆了! 我们从首经贸走出去的四个人甚至还利用小学期的假期走过了丹麦、波兰、意大利、西班牙、挪威……经历过错过火车的焦急、赶错机场的尴尬、点菜现翻字典的窘迫和定好的住宿又被人退订的焦躁,现在回想起来却无一不是美好的回忆。

在瑞典的这半年,我终于跳出了中国,从世界的角度回看中国。看到越新的文献越是会频繁地提及中国,提及中国的发展对世界的贡献,提及中国对非洲的投资援助抑或是"新式殖民"的论断,提及发达经济体对自由主义经济发展模式的反思和质疑,我感到眼前的路豁然开朗。所谓开阔眼界,不外如是。学术研究,尤其是经济方面的研究,中国问题是个热点,甚至有三门课程,老师都在台上特意询问有没有来自中国的学生,在其中两门课上我都是班里唯一的中国人,举起手的一瞬间感到压力很大,似乎此时此刻,在这间教室里,我就代表着中国,那种感觉,有点忐忑也有些自豪。前文提到的难民问题研讨会,老师曾一度提议聚焦中国,研讨中国的相关问题,我还惴惴不安许久,可惜最终没能成型。

瑞典与留学大热的英美不同,学在瑞典能够更加客观地去看世界眼中的中国,去看世界眼中的英美。比如,我们总是说现在的很多国际问题和国际冲突,美国需要负很大责任,那么世界的年轻人是怎么认为的呢? 他们受到的教育,他们所在的社会有类似这样的共识吗? 我是带着这样的疑问出去的,在小组讨论解决难民问题的时候,我们一度陷入了僵局,然后组里的一个瑞典妹子揪着头发说:"我们就不能跑到美国跟他们说停止吗? 美国做的事情把麻烦全扔给了欧洲和非洲!"然后组里另外两个妹子异口同声地："exactly!"尽管只是三个人而已,但管中窥豹,也许我的疑问有了答案,这也是我最初参加交流的初衷——走一走,看一看,看世界更看中国。

在瑞典,学到的,看到的,想到的,让我受益良多。

（张伊蕊　经济学院 2014 级本科生）

你还记得吗?

你还记得吗,2017 年 1 月 12 日,欧亚大陆遥远的陆地之上发生的事。

其实北京那天的天气依然不好,飞走的时候看到空气是明显的灰色的。你曾很想念北京的霾吧,虽然不是什么好朋友,但毕竟已经是你很熟悉的家伙了。

6 点多的时候看窗外的日落,是前所未见之美景。细细的一条天际,颜色纷繁,从最上面的蓝黑色变为亮黄色再变成殷红,是只有在飞机上的特定时间才能见到的奇景。随着太阳的消失,刹那间黄色就消失了,一个走神,再看就只有丝丝红色还残存着。

离开半年的北京,希望你好。

你还记得吗,2017 年 1 月 27 日,韦克舍深沉的夜色之中。

除夕之夜,附近的中国人齐聚一堂,带来了自己的拿手菜肴,摆了满满一桌子。吃到深夜,每样都剩了一些,正好讨个"年年有余"的彩头。

这似乎就是你们该有的样子吧。逢年过节,之前认识的不认识的,通过各种途径聚在一起的中国人一边干活一边谈天说地。大家一起做出一大桌子菜,围坐在周围慢慢吃慢慢聊。就算没有派对闹哄哄的样子,但也是个幸福的派对啊。如果在国内的话,即便是来自同一个省可能都不会很亲近。但如今大家同在异乡,又逢除夕,说着天南海北中国话的你们,这就算是一家人了吧。

酒足饭饱之后,大家刷盘子洗碗,每拨人拿了一袋饺子各回各屋了。

是一个新鲜而幸福的除夕夜呢。

回到自己安静的小屋,北京的天已将明了。

新年快乐。

你还记得吗,2017 年 2 月 10 日,韦克舍初晴的白云之下。

中午回家的路上,你和伙伴们一路走一路聊着天,聊着聊着一抬头,瞬间停住了脚步。

2 月 9 日,曾在纷纷扬扬的雪花中许下了希望第二天放晴的生日愿望。

这便是你 21 年来收到的最棒的生日礼物。

晴天了。

厚厚的白云似乎被撕裂开来,清蓝色的天空露出了一线,又一线。

好久不见,蓝天。昨天它听到你说的话了,隔着多厚的云,它也能听得到。

很感谢这个世界。

你还记得吗,2017 年 3 月 2 日,伊纳里晴朗的夜空之下。

那夜极光极好,看到了欧若拉女神的舞蹈。就在你面前,跳跃着奔腾着,宛如绿色的裙摆,又如同拨动的竖琴。彼时没有人照相了,每个人都仰着头,敬畏着自然的奇妙。

你躺在白天才和大家一同建好的雪屋之上,给极光照相,一不小心没有避开友人,还没来得及张口,一看预览图,她的背影简直是神来之笔。夜空中极光的舞蹈,雪地上专注的背影,顿有"江畔何人初见月,江月何年初照人"之感:极光时时有,不知从几千年前起人类就是如此仰望着夜空中或明或暗、或静或动的光影。然而千百年以来极光并不会有明显的变化,在这时间中走过的人类却是经历了生生世世,不论是哪一代人,初见极光时都必是讶异而欣喜的。

你还记得吗,2017 年 4 月 7 日,巴塞罗那圣家堂的穹顶之下。

那教堂的光线、结构堪称一绝。每扇玻璃都不尽相同,采用各样的彩绘绘制了图案,并按照每天太阳升起和落下,不同立面采用了不同的色调,让每天上午和下午教堂内部的色彩发生变化。但是不论是什么颜色,都是柔和的、包容的,没有侵略性、温和的颜色,那是上帝无往不爱的平和之心;教堂顶部采用的是黄色的彩色玻璃,虽然不大,但因为高度原因和材料原因,整个教堂顶部弥漫着朦胧的黄色;顶部中央的黄色三角形喻示着上帝的降临,它就处在这一片迷蒙的黄色中央,宛如漂浮着一般,似乎正是浮于人间、俯瞰众生的耶和华。在那片让人心生虔诚的圣光之下,是一个巨大的华盖,遮蔽着被钉于十字架上的耶稣。与其他比圣家堂小很多的教堂相比,并不大的十字架被吊在半空之中,让前来参观的人们不得不走近仰起头才能看清,无形之中又凸显了耶稣之永恒和众生之渺小。正如"寄蜉蝣于天地,渺沧海之一粟",果然中外文化是相通的。

你还记得吗,2017 年 5 月 2 日,韦克舍绚烂的阳光之下。

你们依落地窗而坐。曾记得你冬天也曾坐过这里,但彼景不同昔日阴郁的白雪,那日阳光和煦,微风从肩膀上滑过。透过落地的玻璃窗,有人枕着阳光坦坦然躺在台阶之上。

许是迷于背后的温暖,那日并没什么写报告的心情。囿于效率低下,没待多久便起身去了那仰头便可亲吻阳光的所在。从楼的后门出去,开门便是绿意盎然的草坪。从台阶上直直而下,脚底似是踩着绵软的衣物。草地上的白色野花和黄水仙竞相在春风里摇摆着,像是娇艳欲滴者能得什么好处似的。不远处,网球场里少年们奔跑的身影让这慵懒的午后多了一丝春天的动静。

你还记得吗,2017 年 5 月 14 日,韦克舍凝然的傍晚之中。

晚饭后天色还是朗朗如同清晨一般，你便去了湖边。那日的天空色彩奇幻，是浅浅的蓝色，云是纯白，阳光映得白云上打出一层粉色。湖水清澈偶有波动，将天空上的景色完整得收入囊中，倒真如同个调色盘一般，混乱而美丽。

你走回来的时候故意绕了挺多个小远儿，今日的舒适度让人流连忘返。在粉色天空的映照下，你抬起头，看到两群鸟正腾空而起，飞向你不知道的家园。你想你是看到了 1 000 多年前陶渊明眼中的景象：云无心而出岫，鸟倦飞而知还；景翳翳以将入，抚孤松而盘桓。除了森林代替了孤松，此情此景或许是和五柳先生之时并无二致。

你还记得吗，2017 年 6 月 13 日，韦克舍安宁的日出之前。

3 点 10 分出门，天已经半亮了。隔壁楼有几个人，坐在二楼边烧烤边聊着彻夜不休的天。你们先去了湖边的观景台上有几个木头长凳的地方，看着远处已经出现了红和紫色，但因云并未散去，只有光从缝隙中透出来，打在镜面一般的湖面上。等到 4 点左右，太阳的光已经呼之欲出，东方的霞光已经变成了炫目的黄色。但由于云层与树林的层峦叠嶂，无法直观地看到太阳腾跃而出的瞬间。大概四点一刻，最后一次踏上从湖边回家的小路时，细密的雨丝飘在脸上。回到宿舍区的时候，半空中出现了一道虹，无数的鸟围绕着它鸣叫着。

这是韦克舍留给你们的最后一道虹。

也是最美的一道。

（李肇晗　经济学院 2014 级本科生）

缘溪行，忘路之远近

　　德国西南部黑森林地区的小城像极了陶渊明笔下的桃花源，山清水秀，民风质朴。富特旺根应用科技大学所在的富特旺根市也是一个精致版的桃花源。说它精致，是因为绕其市中心漫步一圈所需不过 20 多分钟，但在这迷你城里，你可以找到德国闻名的钟表博物馆、德国海拔第二高的学生宿舍以及多瑙河的源头。

　　当然，桃花源一说不过是我这个回国两个月且身在帝都者的感慨。富特旺根的交通并不方便，我需要从法兰克福机场乘坐四个多小时的火车到特里贝格后，再乘公交才能到达学校。细雨下的德国小城柔和而平静，鲜花点缀的德式别墅，广阔的绿色草坪，平复我思乡之苦的同时，也让我十分期待在德国半年的学习生活。然后随着公交车在山路上穿梭，窗外的景致已不再是温和的烟雨蒙蒙，而是大雪纷飞。我对德国生活的所有期待几乎都要被寒风"冻碎"了。我们首经贸的同学和扬州大学的同伴拉着大箱子在方向感并不太好的德国同伴带领下上坡下坡，在雪地里艰难前行了一个多小时才顺利找到了宿舍楼。后来我才知道，富特旺根只有两个季节，漫长的冬天和短暂的夏天。对于不爱冬天更不爱运动的我而言，冬天的富特旺根显得闭塞而无聊。

　　幸运的是当我逐渐适应"村儿"里的生活时，夏天也悄悄来了。理论上讲，纯交换生的课程并不十分紧张，但我们这些身在工科院校的经济专业生则需要上两门商业咨询的硕士课程。同班同学大多数是本科工科且有多年工作经验的印度学霸或越南女强人，和他们一起学习大大开阔了我的眼界。以前几乎不了解咨询这个专业，对很多商业研究方法更是听都没听过，但在德国，我学习了商业过程管理、咨询技巧与方法、Matlab 基础运用，旁听了几次密码学的课，这些都是我在本科阶段很难接触到的。

　　在德国的夏天里，我还遇到了比阳光更温暖的人。在一次为菲律宾妇女祈祷的活动中，我遇到了忘年交克斯廷（Kerstin）。这位和我姥姥岁数差不多大的德国老奶奶是一位英文文学教授，她总是热情地开车带我们几个中国女孩去爬山、吃黑森林蛋糕、喝下午茶。她喜欢听我分享中国的故事，我也喜欢听她讲富特旺根的曾经。她会微笑着听我用蹩脚的德语跟她交流，会慈爱地听我分享各种笨手笨脚的经历，直到现在我们还保持着友好的书信往来。

　　毋庸置疑，出国让人独立，增长见识，但对我而言，出国交换对我最大的启发是发现自己、做自己、享受生活。德国人不重视所谓的学校排名,德国学生更没有普遍根植于中国学生的"清北情结"。他们选择一所大学,很可能是单纯因为学校离家近,或是单纯喜欢这个专业。他们该学学该玩玩儿,探险攀岩独自旅行。身边的德国女孩就算身材不太苗条,也显得充满自信。我想我也应该像他们一样,不去盲目与别人比,就跟自己比,不去让任何外在的因素禁锢自己的选择。

(刘玥章　经济学院2014级本科生)

在第戎的那些日子

十分感谢、珍惜学校给予我这样一个机会来到法国第戎高等商学院进行学期交流。一学期说长不长，说短也并不短。四个多月的国外学习与生活，让我着实在各方面成长了一大截。真的很庆幸当时坚持了自己的选择，虽然缺少了一份国内四个月的实习，但是我从这四个月的海外学习经历中得到的应该远远比那四个月的实习多得多。

正式抵达法国第戎是在 2017 年的 1 月中旬，遗憾的是没有在国内和家人一起过春节。那时的欧洲正好迎来寒流，那天我坐了五个小时的学校大巴从巴黎到达第戎，冒着大雪，拖着箱子，在晚上 10 点多的时候十分狼狈地到了之前预定好的公寓。那是一个类似集体宿舍的地方，只允许女生入住，由于房东奶奶的严厉看管，我们亲切地管那里叫"girls prison"。对于只在国内匆匆学过几十个学时法语的我来说，办理入住就是个大难题，房东不会说英语，我也只好是她让我写什么我就写什么。还好有一个会说一点英语的员工给我大概讲解了一下注意事项。第一天，我夹杂着疲惫以及对未来四个月的期待匆匆入睡。

学习篇

第戎高等商学院（ESC Dijon）创办于 1899 年，是一所高等专业管理学院，为法国高等专业学院会议（CGE）成员。学院拥有在校生 1 200 人，其中 150 名是来自 25 个不同国家的国际学生；共有专职教授 40 名，另有 250 名是来自 65 所合作院校和机构的兼课或客座教授。它是一所典型的欧洲商学院，面积并不大。

学校对于国际学生很是重视，在我们入学的第一周，学校就给我们安排了各方面的入学教育，帮助我们尽快适应国外的学习与生活。另外，国际学生还被按洲分成几部分，分管亚洲学生的玛丽（Marie）是个会说一点中文的和蔼的女老师，学习与生活上有任何问题都可以去她的办公室咨询。

早在去第戎的前一个月就有一位专门负责联系国际学生的老师，通过邮件的方式跟我们确认各项事宜，其中也包括选课。一学期的课程被分成两部分，其中一部分是每周都会有课，但不是每天都有的课程。另一部分是周结课，就是一整周上一门课，叫"elective courses"。要求学生通过五天的课程对一门课有深入的了解，对于授课老师来说是一种很大的挑战。所以一般来说，老师在课程开始的前半个月左右,会给我们的邮箱发一些我们需要做的课前准备,包括翻看一些参考书籍,观看一些关于课程方面的视频,等等。等到正式上课的时候,老师会在前三天左右集中于他课程的讲解,其中穿插着小组的案例学习。不同于国内的授课方式,国外的课堂上更加注重的是老师和学生的互动性。中国学生相比于国外学生来讲,比较羞涩。对于老师提出的问题,国外学生都很积极地去表达自己的见解,即使说的不是很到位,也不会感到尴尬,老师也更不会觉得不妥,反而很高兴他所提出的问题有人感兴趣。兴许是受到周围外国同学的影响,我也很快适应了国外的授课方式,对于老师抛出的问题,心里有什么想法就会很大胆地跟老师在课堂上提出,也很开心能得到老师的反馈。这样下来,每节课就过得很快,也不会给我们开小差的时间,大家都完全聚焦在课堂上,课堂效率就很高。这是我觉得国内授课方式可以改进与借鉴的一小点。

针对小组的案例学习,老师们深知相同国籍的学生在一起讨论不会得到太大的锻炼,所以倡导不同国籍的学生组成小组进行讨论。小组中的每个成员都需要用英语表达自己对问题的看法,并且,可以把自己国家的一些东西介绍给其他的成员,类似于头脑风暴。比如,在营销创新(Marketing Innovation)的课堂上,西方国家的学生包括老师对于中国的一些公司并不是很了解,所以我也经常会和国外的同学和老师介绍中国现今发展好的公司。再比如,在这门课刚开始的时候,老师带了很多乐高玩具,让我们以小组为单位创造一个有意义的产品,起初中国学生抱团组成小组,在最后产品展示的时候,国外学生的创造能力明显强于中国学生,这也是我们需要学习与改进的。

每节课的成绩一般是由出勤、小组展示以及扩展成报告形式的小论文,或者是期末考试组成。几乎每节课都会有很多次个人或者小组展示。所以在这短短四个月的课余时间里,很多时候都是小组成员共同或者个人在课下搜集很多资料最后整合成 PPT。由于在国外谷歌(Google)没有被限制,Google Talk 里的在线编辑文档很大程度上方便了国际学生的小组讨论。每个小组建立一个共享的文档,每个成员都可以在上面表达自己的想法,其他成员都可以看见,并且可以在线进行更改和讨论,十分方便并且提高了效率。另外,国外的老师提倡 PPT 一定要简单明了,除了自己充分准备展示之外,我也注意观察了很多国外同学的展示。他们 PPT 上大多只列出一些点,或者说是提醒自己的一些线索,然后把 PPT 作为一个辅助自己展示的工具,更多的是很自信地向全班同学讲述自己准备的东西,关注点都在自己身上。渐渐地我也试着去学习这种方式,我发现,只有对自己所要讲解的东西具有充分的准备才可以达到那种效果。

在这四个月的课程中,有一门课我印象深刻,可能是因为老师的授课方式十分新颖吧。这门课叫作"How to be a top leader"。刚开始选这门课的时候觉得这门课听着很水,应该很容易应付。但是却恰恰相反,这是四个月的课程里压力最大也是最充实的一门课。这门课的老师叫 V 先生,他是一名企业的高管同时也是曾经在第戎高等商学院就读过的校友,这次回来也是为了回馈母校。老师很有个性,并且善于运用一些类似 Poll Over 的教学辅助软件。同学们同样被分成了好几个组,然后每个组之间经常要针对各种问题进行对抗,所以为了赢得每一场小小的胜利,小组成员经常要在课下做很多的准备与讨论,可以说这位老师激起了我们每个人的胜利欲。我们经常更换上课的地点,并且时常要在其他同学面前做即兴的展示,虽然只有一周,但每天都很充实。通过这门课,老师让同学去找寻自己的价值,只有知道自己的价值在哪里,他人才能信服于自己。

生活篇

第戎(Dijon),是一所法国东部城市,勃艮第大区的首府和科多尔省的省会,也是该大区内人口数量最多的城市,位于巴黎东南大约 290 千米。第戎历史悠久,其城市建于罗马时代,现市内留有大量的历史文化遗迹。另外,勃艮第也是法国四大美食之都之一,蜗牛菜、芥末、勃艮第牛肉火锅等都是第戎的传统美食,第戎附近还是法国勃艮第葡萄酒产区。第戎是法国东部重要的经济、文化、交通和教育中心。

第戎总体来说是一个交通十分便利的城市,从第戎乘坐 TVG 高速火车至巴黎只需要 1 小时 40 分钟(每天 16 趟往返列车),至里昂 1 小时 30 分钟,至伦敦和日内瓦 3 小时,另外,第戎距离德国也很近。在课余时间,同学可以在周末花上 1~2 天时间去附近的童话小镇科尔玛、斯特拉斯堡、安纳西,大城市巴黎、里昂,或者瑞士日内瓦、德国弗莱堡等进行短途旅行。

特别幸运可以住在 foyer de La Tremouiile,房东奶奶虽然很严格,但是那么大的一个大型公寓,在她的打理下十分干净整洁并且有情调。在那里我认识了很多不同国家的女生,我们经常一起做饭,一起在大客厅里聊天,打乒乓球。虽然我住的只是一个单间,厨房和浴室都是公用的,但是如果我住在一个整套的公寓里,也就不会认识那么多要好的女生朋友了。房东奶奶专门安排一个员工负责举办女生公寓的各种活动,我参加过一个 Sa Sa 舞的教学课,每周一个多小时的时间和大家一起转着圈跳舞真的又锻炼又开心。

第戎是个安静的小城市,刚开始到的时候,很奇怪,那里的商店每天基本上晚上 6 点多或 7 点就关门了,然后每到周末,周六人头攒动,周日街道上安安静静,商店几乎不开门。随着在那里的日子长了,也开始和其他法国人一样,时不时和新朋友们找一家咖啡馆呆上一下午,有时候写报告想要放松一下,就会找一天和朋友们去个小酒馆。法国是一个热情奔放并且自由的国度,没有人会在意你穿什么,做自己就觉得很酷,第戎也同样有这样的气氛。这个女生公寓位于第戎的市中心,周围很便利,走到学校只需要五分钟,周围有一个大型的市场,里面的蔬菜水果都很新鲜,周边还有很多小型超市,能满足基本的生活需要。另外还有很多家餐厅和商店围绕在周边。

法语确实是一门很美丽的语言,生活在法国,不会说法语确实也是一件很头痛的事情。还好除了学校给我们安排的每周一节的法语课之外,在女生公寓还可以经常和法国女孩一起聊天,耳濡目染,学习正宗的法语。

总之,这四个月像做梦一般,过得飞快。很庆幸当初坚持了自己的决定,没有因为流程烦琐而放弃,很幸运来到了宁静美好的第戎,这样一个留学的经历让我倍感珍惜。这个经历对于我的人生观和世界观都会有很大的影响。通过留学,我不仅学习到国外先进的科学技术,领略到国外先进的教育理念,还体验到国外丰富的文化和风俗,丰富了自己的人生阅历。对于我们学生来说,出国留学是大有裨益的,从学习上来讲,可以掌握一门外语,而且还可以学习了解到国外的历史文化等各方面知识。而且我们中国的学生大部分的独立生活能力都不如国外的学生,出国留学可以很好地锻炼我们的独立思考能力与独立解决问题的能力,可以很好地开阔视野。这对于我们以后的工作和生活是很有利的。而且在独立生活的过程中可以不断锻炼自己合理安排时间、理财以及人际交往的能力。对于国家来说,21世纪是信息时代,科学技术正在高速发展,我们与国外的差距是客观存在的,出国留学可以使我们接触到先进的科学知识和管理手段,将来回国之后可以提高我国的科学技术水平,通过不断学习可以不断缩小我们与世界先进水平的差距。同时,我们也可以看到中国现在在其他国家人民眼中的地位越来越高了,这点我们也很自豪。

短暂的留学经历,却让我收获满满。我想我会永远记得这小半年的时光,希望有机会还可以回第戎看看。

(于洋　经济学院 2015 级研究生)

法国第戎高等商学院学习心得

  首先,非常感谢首都经济贸易大学给我这次到法国第戎高等商学院进行一个学期的交流学习的机会。在法国的四个月里,我受益颇多,不仅增加了知识,也大大丰富了我的阅历。今后,这段经历也将在我的学习和生活中发挥积极作用。

  在申请交换项目之前,我了解到法国第戎高等商学院是一所超过百年历史的高等学府,是法国最早的商学院之一。第戎高等商学院自创立以来就和葡萄酒产业关系紧密,为勃艮第葡萄酒的世界闻名做出了自己的努力。为了延续这个优良传统,第戎商学院在1988年开设了全球第一个葡萄酒管理培训课程,并且在1991年设立了法语授课的 MS CIVS "葡萄酒与烈酒国际商业硕士"学位,这个项目至今在法国的硕士专业排名"SMBG"葡萄酒类专业排名中位列第一。所以,在交换的一个学期里我也会学习管理类的相关课程。

  我于2017年1月13日到达法国第戎,一到第戎火车站,就受到了学校学生会同学们的热情欢迎,并带领我们去到住的地方。紧接着学校就开学了。第一周是介绍周,老师先介绍了本批交换生是由来自20多个国家的100多人组成的,目的是让大家多多进行跨文化交流。之后老师们还为我们提供了第戎的衣食住行等各方面的信息,介绍了在未来的四个月里我们要学习的相关课程以及注意事项。学生会的同学们还带领我们逛了校园以及第戎市中心的一些景点。开学第二天就是令人期待的一日游了。在一天里,学校老师带领我们去了位于第戎周边的葡萄酒庄和伯恩济贫院。在酒庄里品尝到了法国著名的"SUPER CASSIS"。在济贫院里,通过陈列和讲解,仿佛看到了这里救济穷人、救死扶伤的场景。在这一天,我认识了很多来自世界各地的同学,美国的、瑞典的、德国的、阿根廷的……之后的几天除了一场法语水平测试外,基本上都是一些欢迎会。其中有一场是第戎市长在市政厅为我们准备的欢迎仪式。在这里,我们感受到了第戎对我们的热情,使我们对接下来四个月的学习以及生活充满了期待。

  接下来的第二周就正式迎来了课程的学习。第戎高等商学院的所有课程分为两个部分。一部分是密集课,一部分是核心课。核心课就跟国内平时上课一样,每门课程一周上一至两次,学期结束后统一考试并且提交报告。密集课就是在一周里每天上一课,一周结课,时间非常紧,课程强度大。本学期第一周就是密集课,我选的是营销创新(Marketing Innovation)。刚上课,老师就让我们分组用乐高积木设计出一个对人们生活有用的产品并进行阐述。这让我感受到了国外教育方式跟国内的不同。国外老师非常注重学生的创新思维以及老师与学生之间的互动。经过四天的学习,老师布置了学科作业,要求我们周五上午展示,下午是个人的课程测试,周末之前提交报告。这让我们几个中国交换生感受到了压力,这种"速战速决"的课程我们都是第一次上,所以对于考试和报告也是非常重视。值得一提的是,那周周五是中国的大年三十,是我第一次在国外过年,非常想家。我们中国交换生相约一起吃年夜饭,度过了一个意义不同的春节。

第三周也就是开学的第二周仍旧是密集课安排。由于我的硕士毕业论文选题与旅游业有关,所以就选了国际旅游运营(International Tourism Operations)。结课作业是让小组每个成员选取一个国家的旅游业发展情况进行介绍,并且比较各个国家之间的优势与劣势。上完了第三周的密集课品牌管理(Brand Management)之后就是核心课程。关于核心课程,我选了国际谈判(International Negotiation)和营销策略与规划(Marketing Strategy and Plan)。上完三周的核心课程后,就是法国为期一周的春假了。

在春假里,我们四个人一起结伴去了巴黎、布鲁塞尔和阿姆斯特丹。在巴黎,最让我印象深刻的就是卢浮宫和凡尔赛宫。在凡尔赛宫看到了法国王室昔日的奢华。金碧辉煌的大厅、美丽宽阔的后花园都在向参观者展示着他们旧日的生活。在阿姆斯特丹的梵高博物馆里终于看到了梵高的名作《向日葵》,在风车村和羊角村体会到了生活的静谧与悠然。

春假过后,就是后半学期的课程了。前两周依旧是密集课。其中我觉得收获最大的就是"Be a leader in you"。该课老师是从美国聘请的一名教授。在课上,老师非常注重学生与老师之间的互动,课堂气氛非常活跃。课上,老师会利用一些软件让我们无记名回答一些问题,当他看到答案后再展开对每天课题的讲解。所有的任务都让我们按组完成,意在培养我们的团队合作能力,并且让我们体会一个团队里领导的重要性。之后的结课作业是一个既定主题的展示,要求我们尽可能表现得有趣活泼,让观众印象深刻。这一下子激发了小组成员的参与性,不同国家的人坐在一起开始头脑风暴,到了最后一天,各组的展示都让老师非常满意。在课下,老师邀请全班同学跟他一起共进晚餐。用餐期间,他会仔细询问每一个学生对未来的打算,特别是我们交换生,会问我们国内跟法国教育制度和教学方式的差异。经过这周的学习,在管理学知识储备上以及英语沟通交流能力上都有了很大提高。在那周密集课结束的时候,正赶上 St. Patrick's Day,也就是我们俗称的"绿帽子节"。国外的同学邀请我们去酒吧共同庆祝这个节日。在酒吧里,男服务员穿着苏格兰裙子,很多人还戴着高高的绿帽子,大家都喝着绿色的啤酒,仿佛绿色是那天的吉祥色,这对于我们中国交换生来说非常新鲜。

之后就是连着四个礼拜的核心课。由于是学期的最后一个月,老师也都开始期末的报告主题。我们开始分组准备。国际谈判这门课有一个作业是将同一个国家的学生分成一组,分别展示自己国家的商务谈判规则。在各国同学的展示中,我也学习了各国文化的习俗,比如对于迟到的态度,对谈判中讨价还价的态度等。另一门核心课程营销策略与规划的期末作业是让每组选一个企业进行分析。由于我们组的成员恰好都是中国学生,所以我们选的是百雀羚。我们认真准备,终于在最终的报告日报告完后,得到了老师的肯定。最后一周,伴随着法语考试的结束和两篇课程报告的上交,我在法国交流的一学期也圆满结束了。

在这四个月的交换学习中,我的学习能力、生活能力、适应能力、交际能力等方面都有了很大提高。

学习方面

首先,我在法国学习的是管理学相关课程,跟我本科和硕士期间所学的经济学属于相辅相成的学科。国外的老师很喜欢的教学方式是先把学生分组,而且一般都是不同国家的在一起,然后布置论文任务,相当于预习,之后上课的时候老师先让学生进行 PPT 展示,自己再开始讲课。这种授课方式不仅使学生更容易理解知识点,也提高了自主学习能力,还能提高同学间的团队合作能力。

其次,我提高最大的就是英语能力。因为我们是英语授课,法国的老师讲英语有一点点口音,刚开始我有点听不懂,过了两周,适应之后也就没有障碍了。平时我们所有课程都是分组合作,小组里会遇见其他国家的同学,大家英语都说得很好。初到法国,我的口语也不是很好,不是很敢主动跟外国同学交流,后来经过几周的上课,英语特别是口语水平得到了很大的提高。

之前提到过,法国的课程设置有密集课。这种速战速决的课程,时间上非常紧迫。白天要上一天,晚上还要花很长时间写作业,周三或者周四就要开始准备最终的 PPT 和考试,在周五完成报告和个人考试后,周末之前还要把报告递交上去。在这种训练下,我们对知识的吸收和理解非常迅速,这为学习能力的提升提供了机会。

生活方面

由于是第一次在国外生活,初到法国,各方面都有些不适应。生活中最大的障碍就是语言。在法国,英语并不是那么普及,所以刚开始去超市买东西、办电话卡、开银行账户等都存在着沟通障碍。当这些问题一一解决之后,感觉自己的适应能力有所提升。

由于法国的生活习惯跟国内不太一样,比如法国周日所有商店,包括餐厅和超市等都不开门,这跟国内越到周末越热闹的景象完全不同,所以刚开始也有些不适应。过了几周后,渐渐习惯了过一天安静的周日生活。

交流方面

对于我来说,交际方面最大的不同就是语言了。由于交换生来自四面八方,大家交流起来肯定都是用英语,所以就要渐渐适应只要开口说话就要用英语的氛围,也渐渐习惯了外国人见面打招呼的方式。

跟国外学生交流起来最重要的一点就是尊重对方的文化。比如说,法国人的时间观念并不是非常强。比约定时间晚到 20 分钟之内都在情理之中。跟国外同学同组做报告的时候,她们倾向于每个人都有自己的看法和见解,每个人都要参与进去。

总体来说,在法国的四个月里,感觉时间转瞬即逝,在最快的时间里适应当地的生活习惯和生活节奏后,跟同学们度过了非常快乐、非常充实的几个月。虽然中间也会有意外的小插曲,但是积极面对,把它当成一种体验、一种经历,在问题解决了之后,会觉得收获很大。在课程结束后,我们一行人开始旅游。去了法国南部最大的城市——尼斯及其他周边城市。之后去了挪威、意大利等。在旅途中也结交了不少自助游的年轻人,我们在一起聊天,交换旅行心得,结伴同行,感受到生活中处处都是一些小惊喜。

最后还是要感谢首经贸,感谢学校让我拥有了这四个月美好的回忆,这将是我以后人生中不可多得的一段有意义的旅途!

(高朦 经济学院 2015 级研究生)

瑞典林奈大学春季学期交换体会

时间如白驹过隙,眨眼间就走过了在瑞典交换的五个月时间。在这五个月中,学到了一些,感受到了一些,也见识了一些。记录一下自己的"我见我思我想",也是具有别样意义的吧。

林奈大学春季学期在一月中旬就开始了,我们一起去林奈大学的四个人也带着我们满满的行李,踏上了前往瑞典韦克舍的旅程。在入学之前与学校及时沟通,对我们帮助很大,与国际办公室的每一封邮件的最后都会写着"如果有任何问题不要害怕,请与我们联系"的字样。而林奈大学在学期开始前的 buddy 活动也让我们率先结识了一个瑞典的小伙伴,对当地的学习生活有了初步的了解。

学习

林奈大学课程上非常丰富,并且都是全英文授课,不会存在语言障碍。当然,有时候英语其实也算有点语言障碍的,将英语转换成我们在国内学习中用到的术语,可能会需要一些时间,从而不是完全能够跟上老师的语速。但是林奈大学的课程大部分都是研讨性质的,所以通过一门课程也不会很困难。我选择了一门管理学的大课和瑞典语。

那门大课其中有四个模块,每个模块相当于独立的一部分。在课程的一开始会强制要求所有学生参加开课介绍(course start),老师会在开课介绍发布课程任务,并且按照任务的难易程度与重要性分配整个课程的学分。一般来说,任务大致包括研讨会、小组作业与展示、小报告、课程论文和笔试。不过只有一个模块要求进行闭卷考试,其余都是期末考(take - home exam)或者课程论文。有课程论文或者期末考的课程大部分都需要在课程中期或中后期提交初稿,以便于老师针对学生的初稿给出修改意见。平时的阅读材料会比较多,因为每门课程大概都是一个月的时间,而在这一个月内,基本都需要阅读至少一本教材,有的课程会包括基本教材和其他相关论文。

在开课介绍之后,老师会开始一些课程,这些课程有可能是老师自己授课,也有可能是邀请从事相关研究或工作的老师或专家进行授课。这些课程不是强制的,可以说在林奈大学所有的讲座(lecture)都不是强制的,你可以根据自己的需要选择想要参加的讲座,在讲座上不管来的人是多是少,授课老师都会非常高兴地讲述自己的内容并且积极与你交流。而林奈大学的考试不是在学期的期末进行的，它所有的课程都是在课程结束之前进行考试，这意味着基本每个月都有一门考试，而到了考试的时候林奈大学的图书馆也会爆满。

与国内非常不同的就是那边的授课方式了。相对于国内来讲，北欧的老师是非常看重学生发表个人看法并与之沟通的，并且研讨会这种形式非常多见。在第一次参加研讨会之前，我曾经非常紧张，但是后来发现其实语言真的不是你表达看法的障碍。而在阅读材料之后与同学和老师的讨论与沟通，可以加深对材料的认识，从而进一步形成自己的看法。

林奈大学也长期有对国际学生开放的基础瑞典语课。课堂很有趣，可以与世界各国、各个年龄层、各个专业和职业的同学交流。老师也都风趣和善，很有耐心，常常会介绍瑞典和斯堪的纳维亚的生活和文化之类。不过到最后印象深刻并且能够记住的还是一些基本的瑞典语，毕竟它的语系和中文大不相同，单词发音对于亚洲学生来说也存在困难。

生活

瑞典的街上行走着世界各个国家的人，而当中很多会说流利的瑞典语，用肉眼并不能判断遇到的是不是瑞典人。所以在超市或是各类店里，即便我们显然是外国人，店员与我们说的第一句话仍然是瑞典语。如果我表示听不懂，或者用英语回答了他，那他就会换成流利的英语，也不存在语言障碍。而且尽管韦克舍不算是瑞典比较大的城市，甚至可以说韦克舍非常的小，但是当地人的英语水平依然非常高，并且没有什么严重的口音，所以在瑞典基本不会存在语言障碍。

瑞典纬度很高，韦克舍位于瑞典南部，不过因为有暖流，气温不算很低。在冬天，气温和体感基本与北京类似，甚至还没有这边寒风凛冽的感觉。而且室内供暖充足，短暂地在室外走动也不会感觉到寒冷。偶尔能看到行人穿着春装甚至短裤在大雪里泰然行走。不知道是欧洲人体质好还是别的什么原因，同学们普遍都不怕冷，经常在上课的时候穿着短袖。所以，我一直觉得北欧其实并不冷，但是直到四月我才发现，原来北欧的冷不是体现在温度，而是体现在长度。因为它的冬天真的很长，在国内 3 月就开始回暖，并且马上就会进入夏季，而在瑞典到了 4 月底才脱掉了羽绒服（当然我也是比较怕冷啦），夏天的衣服基本用不上，带几件短袖就足够了，或者也可以考虑不带然后到这边来买。

高纬度地区的昼夜长短差异在我眼里也非常神奇。冬天的时候下午 3 点就会开始黑天，而夏天晚上 11 点才会天黑，所以这边的课程在前两个月大都是 10 点才开始。在冬天需要早早拉上窗帘开灯，而在夏天每天早上会被明亮的阳光叫醒，这种感觉既新奇又美妙。

我在韦克舍住的是单间,有卫生间和 24 小时不间断的热水,整个房间大概 20 平方米,一个人用绰绰有余,里面的家具也非常齐全。厨房是公用的,里面的大厅里有餐桌和沙发,分配好的冰箱和橱柜,做饭的地方有八个灶眼,烤箱、微波炉、咖啡机、烧水壶和洗碗工具都非常齐全,总的来说,住宿环境比国内好太多了。在学校附近有两家大超市,生活所需的物品都可以在那里买到。并且由于这边是没有食堂的,所有学生都是自己做饭,在课程不紧张的时候可以研究许多新菜式,在五个月的时间里厨艺也会进步。并且从这边的超市和学生做的饭都可以看出外国人的生活方式与国内是不同的,这边的超市里有许多材料,不管是做主菜、做甜点还是自己 DIY 烤肉,一切的一切都喜欢自己做。而这边不论男女都会有自己的拿手菜,并且他们的厨艺完全能够保证自己的生活所需。其实做饭真的能够体现一个民族的生活情调,在每一道菜里都体现了人们对生活的热爱。

在欧洲,享受生活是非常重要的主题,甚至老师都会发邮件给我们说因为这一周是他的度假时间,所以他的意见会在下下周给出。在他们的眼中,工作只能在工作时间进行,其余的时间他们会做自己喜欢做的事情来享受生活。瑞典有个非常普遍并且神奇的活动——fika,可以狭义地理解为下午茶,但是也不仅仅是下午茶,因为它不限制时间不限制地点甚至不限制你是否吃东西。瑞典人非常热衷于fika,这是他们相互之间交流沟通、交际的非常重要的方式,端起一杯茶或者一杯咖啡,吃着小饼干悠闲地和友人聊天,真的是非常惬意。

瑞典人热爱运动,生活方式也非常健康,天气暖和的时候,户外有大量运动和晒太阳的人,学校的健身房也常常让人忘记韦克舍不高的人口密度。这里空气质量相当好,每天享受各种美食、甜点、巧克力和糖果,你必须增加自己的运动量,所以我最常做的运动就是去绕湖跑,当然不跑步的时候会在宿舍里做一些运动。瑞典餐厅的食物价格高昂,而且几乎没有"瑞典菜"餐厅。当地学生解释说,瑞典人把在餐厅吃晚餐看得很重要,而当地菜在家里就可以做,如果在餐厅吃饭的话,当然会想体验一些新的东西。

需要注意的是瑞典的垃圾分类体系非常完善,厨房里总有三个垃圾桶,套着不同颜色的塑料袋,扔垃圾的时候偶尔要处理一下再扔进去。习惯了会发现没有很麻烦。宿舍里的吸油烟机主要是吸锅里冒出来的热气,对中餐的油烟没什么作用,炒菜有可能会触发火警。

游历

在瑞典的五个月,我利用课余时间去了拉普兰(北极圈以北地区)、西班牙、波兰、意大利(米兰)、瑞士(苏黎世)和挪威,当然还有瑞典的各大城市。我们没有跟团游,都是自己查找攻略、设计行程、购买各种交通票或者门票,这也进一步锻炼了我们的能力。在这多次的旅行中,我深刻地发现出来交换或者出国游玩最主要的收获就是见识,你会见识许多与你原来的生活、学习不一样的人和事物,而这种见识带给你的不仅仅是眼界的开阔,更重要的是在体会自己不足的同时又增加了你的自信,增加你的包容性。见识增加的同时,你会慢慢变得不因为别人与你的不同而戴上有色眼镜,而是进一步了解并且尊重理解这种行为、这种认识。包容、理解、尊重,在游历的过程中你会获得这些。

五个月的交换经历除了让我体验瑞典的课堂和学术氛围,也给我机会了解北欧甚至欧洲的生活方式与态度,见识了许多原来不曾知道的人和事物,增加我对生活的热情,启发我去发现生活的其他可能,我对此常怀感恩。

(郭群　经济学院 2015 级研究生)

难忘芬兰

芬芳幽兰,匆匆那年。

不可胜言,似水流年。

五个月的芬兰生活结束了,在这场如梦的旅程里,我收获了成长、新奇、知识、情谊、眼界等许多许多。别样的经历,将是我最美好的回忆,终生难忘。

初到芬兰,那是一个静谧、雪白与安逸的梦幻国度。有上天眷顾而洒满北极圈的极光,有圣诞老人故乡送出的具有深厚文化底蕴的 Santa Claus 礼物。他们每个人脸上都会带着微笑,与人友善,让我并没有感觉自己到了一个陌生的国家,反而很适应。有时自己心里也犯嘀咕,是因为全球化了还是因为早已习惯上学离家独自闯荡? 总之,出乎意料的适应能力为我的这次旅程开了个好头。而且今年刚好是我的本命年,于是在国外过了一个别样而又有特殊意义的春节。接下来,随着生活逐渐走向正轨,我便可以用心体会欧洲与中国的不同,比如芬兰作为高度自由发达的资本主义国家的优势,国民高品质生活的原因,全球最好教育制度的体现,等等。

一提到芬兰,我们也许会想起它的著名品牌诺基亚。的确,诺基亚手机极富创造性且质量高,可谓是手机中一时的佼佼者。我想芬兰人的创造力并非是天生的,与老师在课堂上的鼓励分不开。在芬兰的课堂上,学生们较为随意,老师上课提问问题时,学生们可以自由发言,不必拘泥于形式,说自己所想即可。而老师们也会充分肯定每位学生的想法,因为老师认为每一个问题都没有一个绝对的标准答案,每位学生都有自己的想法。这样便充分尊重了每位同学的思维模式,鼓励学生多思考,多发言,让学生多了自信,更充分地发挥想象力与创造力。我国古代劳动人民也是极富创造力的,四大发明便是很好的证明,而现在我国整个社会却缺乏创造力,更多的是等到某产品被创造出来后走捷径去竞相模仿,然后模仿的产品质量都差不多,于是只能以低价策略抢占市场份额,最后打价格战。这导致没有充足资金去发明创造,进而形成恶性循环,最终造成中国产品质低价廉的局面。我想我国也可以适当借鉴一下这种教育模式,改变我国固有的教育氛围,老师们可以不再如此严厉,不用唯一的标准答案去衡量学生的思维成果,要多鼓励学生,充分肯定学生们的思考。也许我们自己也可以更肯定自己,让自己更有自信,相信自己有能力去创造一个好的产品,创造一个好的未来。

我国的第三产业正处在发展阶段,而芬兰的服务业让我感触颇深,它的服务业完善、成熟且井井有条。初到芬兰,我们遇到过各种问题,有生活上的,有学习上的,无论去哪一个地方处理这些事情,都会有专门的工作人员认真倾听我们的困难,然后很耐心地讲解。由于语言障碍和文化差异,有些事情需要确认好几遍,工作人员也会不厌其烦地对我们微笑服务。而且各个行业之间是用强大的网络体系连接起来的,当我们在住房机构办业务时,如若牵扯到银行业务,工作人员会戴上耳机进行沟通询问,进而解决问题。各个机构和行业之间互为支撑,相辅相成,使整个服务业流畅完善,这样就提高了办事效率和服务质量。当然,我国的网络也很发达,国内的手机支付和诸多应用程序(App)功能都比国外强,只是在行业之间的连通程度还不够。我国与欧洲的国家相比,网络的利用率在不同方面各有所长,我国可以借鉴其优势,充分利用中国庞大的网络体系,将服务业的质量提升。另外,我国的服务业整体上还需细化和系统化,每个行业的每个机构每天都在为顾客处理着各种问题,如果针对顾客的这些问题,将服务细化一些,做到"有求必应",则会大大提高顾客的满意率。而且不论是产品还是服务,私人企业还是公共服务部门,对顾客的服务都应该重视质量,尤其是公共部门,如公共交通等部门,可以多设置咨询台为顾客解决问题。

不过,在国外的这几月确实让我体会到了什么是"家国情怀"。的确,在诸多方面,国外比我国要有优势,领先我们很多。芬兰有很多我国各地的交换生,他们感觉芬兰比中国好,于是就想移民,在芬兰生活。以前这种事情只发生在大人们的饭后谈资里,电影和电视的桥段里,但现在真真切切地发生在身边,感受到在这种背景下两种不同的抉择。一种是有人看到国外比国内先进,于是想去国外学习他们的长处,再回国弥补国内的短处。他们向往国外的生活是因为他们有责任感,有爱国情,他们把祖国当作自己的家,想看看国外和国内到底有什么不同,然后将这些差距缩短,补上,进而让自己的国家强大。另一种则是感到国外比国内先进时,只会一味地想到国外好,要去国外,然后抱怨国内的种种不好,最后貌似理所当然地移民到国外,带着从国内挣的钱去享受国外的生活。我很庆幸我属于第一种,我想这就叫"爱国"。以前在父母和爷爷奶奶的教育下,感觉只有中国好,其他国家都不好。尽管我知道我国很多方面不如国外强,但不能贬低自己国家,长外国气焰,有一种偏激的"爱国"情感。出国的这几个月,我的思想发生了变化,开始用一种全新的方式去理解"爱国"二字,用切身体会感受"爱国"二字。通过这几个月的国外生活,我真真切切感受到了国内外的不同与差距,开始承认这些差距,承认世界的多样性。然后理性地向国外学习,学到本事,报效祖国,弥补国内不足,缩短我国与世界的差距。我也因此真真切切感受到习近平总书记在欧美同学会成立100

周年庆祝大会上提到的"留学人员要把自己的梦想融入中国梦",我们作为即将步入社会的新一代青年,我们有责任为更好建设自己的国家而做出贡献。美国总统肯尼迪曾说过:"不要问国家能为你做些什么,而要问你能为国家做些什么。"我们每个人都能感受到国内外差距,但不能一味抱怨国家对自己不好,给自己福利少,我们也要想想自己能为祖国贡献多少,想方设法去让祖国变强大,自豪地以"中国人"的姿态立于世界民族之林。

这次的芬兰学习旅程虽然只有一个学期,但却是我人生中华丽的一笔,因为其教会我成长,教会我独自面对各种问题与挑战,教会我用开阔的眼界去看待每件事与物。所谓"半学修心半读书",就是将知识与感悟转化为自己的双翼,为理想和未来插上翅膀,回报学校,报效祖国,这也是我现在及未来要做的。

（张盛楠　经济学院 2016 级研究生）

最美不过遇见你——芬兰

我对芬兰的第一印象就是"白"。飞机降落芬兰时,入眼是一片雪白,天空正飘洒着鹅毛大雪,半年的交换生活正式开启……

风土人情篇

我的交流学校——Haaga – Helia University of Applied Sciences(简称"哈格")坐落在芬兰首都赫尔辛基。国际新生入学时,哈格学校组织了机场接送活动。我因为签证下来的晚,没赶上接送服务。正在我忧心如何找到学校和宿舍时,哈格学校的老师——马拉(Ulla)主动提出专门去机场接我。马拉在大雪纷飞的寒冬带着五岁的孩子来机场接我,教我乘坐公交,参观学校,并亲自把我送到宿舍。她的热情和友善像一缕阳光,在这寒冬给予我温暖,让我对这陌生的环境少了一份忐忑与不安。

我的助教(tutor)——Timo 是一个很友善的芬兰男孩,他是我在芬兰的第一个朋友。未到芬兰时,我们通过邮件联系。他会及时向我发送有关哈格学校的消息,并详细地回复我的疑问。到芬兰后,我们约在学校下面的咖啡厅见面,我们畅聊中芬的文化,Timo 向我详细地介绍哈格学校的情况,帮助我适应新的学校生活。在芬兰的五个月里,不管是学习还是生活上出现问题,Timo 都会热心地帮我解决。对此,我十分感激。我很希望有一天 Timo 能来中国,使我有机会能够一尽地主之谊,回报一下他的好意与友善。

赫尔辛基是芬兰的首都,被戏称为"芬兰唯一的城市"。这里有最著名的赫尔辛基大教堂,有世界上不可多得的海上军事遗迹——芬兰堡。赫尔辛基大教堂又称白教堂,高高地挺立在议会广场上,让人油然生出一种崇敬感,它是芬兰建筑艺术的精华。芬兰堡建在赫尔辛基外海上的一串小岛上,从赫尔辛基南码头乘轮渡20 分钟即可到达。芬兰堡四周环水且完整地保留着原貌,有教堂、军营、城门等,给人一种壮丽感。

拉普兰是芬兰有名的旅游区,在这里有震撼心灵、千变万化的极光。2 月月末,我和几个小伙伴开始了极光之旅。初到拉普兰,刺骨的寒风向我们吹来,着实让我们感受了北极圈的寒冷。遥记第一天晚上,我们背着被子,在陌生的森林穿梭,寻找最佳的观看点。最后我们找到了一个开阔且无光的滑雪场,等了许久,始终不见极光的踪影。后来,途径的旅友告诉我们,今晚阴且有云,极光出现的概率极小。我们只好背着被子又原路返回旅舍。第二天,我们提前看了当地的天气,晴朗。于是,晚上9点我们又兴冲冲地一路北上到达滑雪场。在滑雪场我们遇到一对法国的年轻夫妇,我们边聊边等,等到晚12点,还是不见极光的踪影。法国夫妇建议爬到山顶去等,并邀我们同行。于是,我们借着路边昏暗的灯光开始向山顶前进。一路上我们欢欢笑笑,好不快活。到达山顶时,我被眼前的景象震惊了,拉普兰的万家灯火赫然展现在我面前,天上的星辰好像触手可及。我躺在山顶的一块平地上,望着漫天星辰,听着周围雪松的窃窃私语,感觉像进了梦境,那般不真实……山顶的寒风过于刺骨,子夜1点时,我们沿山路而下,回到滑雪场焦急地等待着,头发和眼睫毛都已结冰,脚和双腿早已失去知觉,心想难道此次与极光无缘了?正当我们心灰意冷,想要返回时,同伴的一声"快看,极光",让我们欢呼雀跃。我们呼喊着,尖叫着,激动得感觉心脏都要跳出来了。我们目不转睛地望着天空,感受着大自然的神奇与美妙……

课程篇

在哈格,我选修了国际商务专业的六门课程,在课程的学习过程中,我收获了知识也收获了友谊。在进入目标市场(Entering the Target Markets)课程中,我结识了来自越南的兰(Lan),巴基斯坦的瓦列里(Valeriy)和上海的湘琪,我们一起讨论问题,交流思想,共同探索 Fiskars 的国际化进程。我们畅谈各国的不同文化,自己游历各国的有趣见闻……在与他们的交往中,我发现了交流和共享的乐趣,自己也变得更加开朗。在国际商务(International Business)课程中,我和四个小伙伴为新晋船公司 Celeri 设计出口荷兰的策划书。Celeri 刚成立不到两年,我们能掌握的信息还不到两页,但经过我们两个月的努力,最终形成了28页的方案,受到老师的好评。在这个过程中,我感受到了通过努力从无到有的神奇过程。销售演示与谈判(Sales Presentation and Negotiation)课程是我认为最有趣和最实用的一门课。教我们课程的老师Plira之前是一名芭蕾舞者,气质颇佳。她教我们如何使用肢体语言来增加自己的存在感和自信。我们在一个放松的教学环境里,自我推销,做销售展示,模拟商业谈判……

在哈格,我与来自不同国家的人交谈,碰撞思想,相互学习,共同成长。我想这便是交流的意义所在吧。

集会篇

来芬兰交换时,已临近春节。原本心想自己的本命年没在家里过,多少有些遗憾。可不曾想，芬兰的春节庙会给我带来了惊喜。春节那天，赫尔辛基的天气出奇地好，阳光明媚，天空湛蓝，万里无云。春节庙会下午 4 点开始，场地选在中央火车站广场上，我和同学相约一起逛庙会。广场的开端搭建着一个舞台，中国驻芬兰大使和赫尔辛基市长依次发言后，中国传统艺人们便开始了他们的表演。精彩的表演获得人们阵阵掌声。广场上搭起一顶顶红帐篷，一排是各种各样的中国传统小吃，人们争相购买着，称赞着；另一排则是内涵丰富的中国文化，外国友人在认真地学习书法，小朋友带着京剧脸谱，咯咯地笑着……广场的另一端，哈尔滨的艺人们用冰雕出一只栩栩如生的雄鸡。雄鸡昂首站立，英气十足。回望庙会，我突然感受到中国的崛起，中国文化的影响力逐渐加深，我仿佛看到中国就似这雄鸡般傲立在世界。我油然生出一种自豪感。傍晚降临，舞台的大屏幕上实时直播着春节联欢晚会，当我听到那熟悉的声音，见到那熟悉的面孔时，我的眼角竟不觉得湿润起来，突然想起一句话"出国本身就是一次爱国教育"。不知不觉，已到了丁酉年的倒计时，望着大屏幕上变化的数字，听着耳边人们的呼喊，新的一年已来到我身边。丁酉鸡年愿是美好的一年。

5 月 1 号对于芬兰人来说，有着别样的意义。除了大家熟悉的国际劳动节外，还是大学生节。在这一天，所有的大学生都戴着白帽子，走到街上庆祝。我们跟随人流走到赫尔辛基街心公园喷泉的女性裸体雕像——阿曼达旁边。阿曼达是著名的芬兰艺术家的雕塑作品，象征着赫尔辛基是波罗的海的女儿。大学生给阿曼达戴上白帽后，就是节日的正式开幕。年轻的、年老的走上街头，坐满公园，载歌载舞，把酒言欢。可以说，赫尔辛基没有任何一天比这一天更热闹了。

告别与不舍

五个月转眼间流逝，感觉刚刚适应了芬兰的天气和饮食，融进了国际的交际圈，却到了要说再见的时候。我与友人一一道别，相互倾诉着不舍之情，期待着再次相遇。离开芬兰的那天，天空阴阴的，飘洒着小雨，一如我不舍的心情。在去往机场的路上，巴士缓缓地开着，望着窗外熟悉的景物一点点地倒退，消失在视野中，眼角又不由得湿润起来，默默地在心底说了一声"再见"。

（吴欣欣　经济学院 2016 级研究生）

"富村儿"的大小事

新鲜

3月1日,我和小伙伴如期到达了德国的法兰克福机场,在去富特旺根的路上得到了火车站老爷爷的帮助,这位老爷爷幽默且乐于助人,顿时让我对德国的好感倍增。后来事实证明,德国人有时严谨甚至固执,但是总乐于助人。初到富特旺根时,下着大雪,在公交车上便遇到了扬州大学的交换生。然而第一天注定是不轻松的,由于没有与校方对接的小伙伴联系好,我们自己推着大箱子,爬着坡,顶着雪来到了宿舍,羽绒服已经湿透。第一天对"富村"的印象便是雪、陡坡、交通不便。

通过学校组织的介绍和参观,我们渐渐对校园熟悉起来。接着我们开始了德语集训,在出国前我对德语一点概念也没有,经过两周从早上7点到中午12点的德语课程的学习,我掌握了日常德语,也惊讶于德语的复杂,单词还分阴阳性,为什么台灯是阴性的,小男孩是阳性的,女孩是中性的? 没有为什么,死记硬背吧!

学校为学生提供了很多学生活动,类似于国内的学生社团,组织和教学都是由学生完成。这些活动种类丰富,有古典舞、街舞、攀岩、跳绳、电影欣赏、拳击、体操、瑜伽甚至还有电玩。开始的第一周让我忙得不亦乐乎,没有一天晚上是闲着的。

平淡

慢慢适应了富特旺根的生活,这里没有KTV,没有电影院,没有购物商场,几乎全是老人,年轻人都去了像慕尼黑和柏林这样的大城市工作,我们也开始戏称这里为"村儿"。我大"富村"位于黑森林地区,多的是美好的自然景观,在山间可以看到松鼠和梅花鹿,同时也是欧洲第二大河多瑙河的发源地。但总归是缺少了年轻人的活力,多余的精力没处释放。在村里唯一的乐趣便是逛超市,村子不大倒有四家超市,在我们临走前的一个月又开了一家,四家大型和一家小型的。在这里可以说一下德国超市,真的不贵! 德国人喜肉爱甜食,在德国除了羊肉,其他的肉都可以轻易在超市找到,都是包装在盒里新鲜又干净,速食产品种类多样,披萨1.5欧一张拿走,水果、坚果、燕麦1.2欧一大包拿走! 饼干零食也是任君挑选,奶制品更是不用说了。不过相比之下,蔬菜的种类就少了很多而且价格也高,茄子小小的一个就2.49欧,在国内几毛钱的大白菜在德国价格1欧左右。在村里的中心位置有一家蛋糕店,听说很多德国人会驱车特意来这边吃蛋糕。悠闲的下午,德国的爷爷奶奶也会在外边吃着蛋糕或者冰激凌晒太阳。另外,很多面包店里的甜品也很是不错,价格都是 2~2.5 欧一块,我每两天就会来一块。

出游

在村里待够了,正好赶上欧洲的假期,四个小伙伴便计划起旅游。一个下午的时间,有分歧,有讨论,我们在假期来临的前三天就把整个行程订好了。首站去个安全点的国家吧,比利时和阿姆斯特丹。此次的旅行顺利并且愉快,而且比最初的行程还多去了一个城市。此后我们便一发不可收拾,西班牙的巴塞罗那,希腊的雅典和圣托里尼,德国的柏林和慕尼黑……半年的时间我们总共去了五个国家,但终有遗憾,未能去成英国和丹麦。

不舍

在学校里和舞蹈课上认识了一群同龄人,来自不同国家,有德国的,越南的,印度尼西亚的,新加坡的,韩国的,法国的,哥斯达黎加的,捷克的,印度的,土耳其的。我们一起开派对一起嗨,一起做饭一起吃。村里有个教堂,在一次从超市回来路过教堂正赶上为菲律宾妇女祈福的活动,神父盛情邀请我们参加。和村民一起唱歌,虽然并不懂德语,但也能勉强跟上,来个浑水摸鱼,捐个款表达一下心意,最后还有幸品尝了菲律宾美食。从那以后和教堂有了不解之缘,教堂每周一都会有一个 Coffee Corner,当地人自发教难民学德语,帮助他们尽快融入德国生活。每周一我也会按时到场,帮助布置,结束了帮着收拾,同时还可以学点德语。在那里我认识了学校里计算机科学专业的老师哈娜(Hana),人超级友好,有次教堂活动后还带我逛了逛校园,了解了一下她所在的学院,并开车送我回了宿舍。另　位是德国老奶奶克斯廷(Kerstin),她有个香港的儿媳妇,虽然我们见面次数不多,但每次都聊得很开心,一起聊她的生活,她年轻时的故事。克斯廷会在周末的时候开车带我们出去兜风,去她的家里做客。在我们将要离开德国前,带我们去了一个有了很长历史的正宗德国餐馆吃下午茶,并且亲手包了一个小礼物给我们每一个人,这让我们真的是很意外。萍水相逢却是照顾有加,这也是德国人很典型的一种性格。

对于我这个已经完成了国内学业的研二学生来说,在德国生活的半年更多的不是学习上的收获,而是开阔了眼界,也反思了很多,改变了生活态度,整个人都变得平和了很多,没有以前那么浮躁。我会想念那里的。

（宋喆　经济学院 2015 级研究生）

保研直通车项目

针对应届毕业生出国深造的强烈愿望,经济学院专门与国外大学联合开通了外国名校读研直通车项目。2007 年,学院与法国图卢兹一大达成协议,图卢兹一大每年接收经济学院 20 名左右的本科毕业生攻读研究生学位项目。申请者在国内接受 550 学时的法语培训,通过法语考试和面试后,前往图卢兹一大攻读硕士学位。近年来,学院先后与法国图卢兹二大、美国伊利诺伊大学芝加哥分校、美国德州大学圣安东尼奥分校、新西兰坎特伯雷大学等高校合作,拓展了保研直通车项目的范围,为更多本科生和研究生提供了国外深造的机会。截至 2018 年 5 月,该项目累计派出学生 200 余名,为多个学院的毕业生提供了出国深造的平台。

在巴黎留学的那些日子

初到法国

经过 10 个小时漫长的旅程,我们终于到了巴黎,顺利和老师汇合。听过老师的一再嘱托,我们坐上了去学校的车,一路掠过巴黎这座古老与现代并存的城市。

到了宿舍,首先见到了迎接我们的法国老师和几位中国的学长学姐。他们非常热情,带我们办好入住,帮我们检查宿舍的情况。

这里还有一个小插曲,起初是学长、学姐帮我检查的宿舍,发现很多问题,他们跟老师说过以后,老师亲自来查看了一番,经过老师和宿舍管理处的沟通,给我换了一个房间,比之前的干净了很多,还多了一个阳台。

安顿好以后,我们在餐厅和学长、学姐以及老师们一起吃饭,吃完饭就直接去教学楼办理注册了,学长、学姐们全程陪着我们,给我们介绍学校,帮我们翻译,一切都非常顺利。办完这些时间还早,老师知道我们有很多必需品要买,就借给我们购物袋并开车送我们去超市,学长、学姐们也一直陪着,让初到的我们瞬间感到家的温暖。

生活惬意

我们的宿舍是单人间,有卧室、洗手间和一个小的厨房。从我住的宿舍出发走五分钟就有超市,走十分钟有食堂和 rer 车站,非常方便。因为是 crous 的房子,360 欧/月的房费去掉 100 欧/月的房补,每月只要 200 多欧,在巴黎算是非常便宜了。

到学校的前几天,老师和学长帮我们办了银行卡、公交卡、手机卡,由于法国这边的工作效率比较低,申请完都要等一段时间才能收到。

学习

我开始了第一年的预科 DUFLE 学习,刚开学有一个测试,老师会根据法语水平分组,水平低一些的会有额外的课程。语言课程有听力、口语(包括语音)、阅读、写作、语法、文化(包括一些实用的比如保险,还有法国历史地理),另外每人还需要旁听一门本科的专业课,以适应法语的专业课。刚开始老师会说得很慢,之后越来越快,虽然并不能都听懂,但是可以随时提问,老师会很有耐心地解释。

班里一共 16 个同学,12 个中国的,其他几个来自美国、乌克兰、越南、萨尔瓦多。到这以后的前两周办理各种手续,了解学校和课程,第三周开始正式上课,和国内的大学相比,这里课程很多,周一到周五几乎是满课,老师要求很高,小考不断,还是很有压力的。

学校是巴黎南边的一个小镇,离巴黎市中心也很近,非常安静,很适合学习,周末想去市中心玩也非常方便。

总体感想

出国必不可少的就是一大堆手续,所以一定要有耐心,好在不管是负责项目的中国老师还是法国学校的老师都非常认真负责,所以一切都非常顺利,又有小伙伴们一起,跟自己通过中介申请的同学比起来真是幸福多了!

国内学校安排的法语课程也很好,认真学习,打下一个好的基础,在法国基本的沟通就没有太大问题。其他的习惯与国内相差不多,适应起来没有很大的困难。

所以这是一段愉快而收获颇丰的体验。

(韩映雪　经济学院 2013 级本科生)

法语学习技巧

回首这段时间的学习,总体而言,我觉得我的感受是新奇—高兴—消沉—快乐。刚开始时,我带着对法语的好奇去学习法语,开始的基础课程是简单的发音,基本没有什么难度,慢慢接触之后更觉得学习法语是一种快乐。随着学习的知识点的增多而我又没有多加练习,许多东西很快就忘了,慢慢地我觉得学习法语好难,渐渐失去了当时的兴趣,觉得索然无味。到最后法国的文化又一次激发了我对法语的兴趣。

通过这段时间的学习,我了解到汉语和法语在语音体系中既有相似点又有不同点。汉语语音体系从出生开始就刻入我们的记忆中,对我们潜移默化的影响不容忽视。只有将两种语音进行对比分析,方可在法语语音、语调学习中做到有的放矢,有针对性地进行语调训练,培养自己的语感,即培养自己对语言的节奏感、韵律感、语音感和语调感的认识与理解。

我认为,无论学习什么,都是有捷径的,这里的捷径便是对自己而言最佳的学习方法。语言学习的捷径也是有的,对自己有效的就是一个人学习的捷径。每个人都有他适合的方法。但是,就算有捷径,任何学习也绝不是可以一蹴而就的,勤与恒永远都是书山学海里最值得拥有的助力。

兴趣始终是人类学习任何一门知识的原动力。对于大多数把法语作为二外来学习的同学而言,更是如此。

第一,大多数同学估计一开始总是怀着满腔热情和雄心壮志进入语音阶段的学习,认为这门语言和英语如此相像,自己有了良好的英语基础肯定会事半功倍的,可能有为数不少的同学在语音阶段还未结束之时就开始打退堂鼓了。正因为自己对法语有先入为主的印象,法语和英语开始了拉锯战,而很多同学在两种语言的交锋中无所适从,于是导致学习兴趣下降,甚至于有人为了不影响自己的英语学习,而放弃了法语学习。实际上学习任何一门语言,初学者可能都会把新学的语言和自己的母语或自己较为熟悉的另一门外语对比来学,这实际上是很正常的现象,但在这个过程中如何调整自己的学习状态以适应新知识的吸收和消化才是更应该关注的问题。学习兴趣的下降实际上是新知识难度的提升以及自己学习时间布置的不合理等诸多因素造成的。所以,在初学阶段应该特别注意保持自己的学习兴趣。学习语音阶段的过程中和刚接触到系统语法的过程中,应该让自己尽可能多地感受法语气氛，比方说可以通过看法语电影，听法语歌曲，上相关网站等来让自己更多地体会一门活的语言，从而感受到学习的意义。生活中也可以学会做个有心人，留心诸如法国时尚、法国艺术，甚至于法国饮食方面的知识。其实包括上"家乐福"超市你都应该能吸收到相关的法语知识。实际上从触手可及的周边事物上关注法语，也是从侧面了解和掌握法语的最佳手段，也只有这样同学们才能坚持自己的学习兴趣，而不陷入"越学越厌—越厌越憎—越憎越难—越难越厌"的恶性循环中去。同时，也只有这样才能让学习达到"低投入，高产出"的效果。

第二，要正确处理好法语和英语的关系。正如刚刚所谈到那样，大多数同学选择法语是因为觉得法语和英语有很多相似的地方，但正是因为这个印象，接下来的学习过程中，一旦碰到法语和英语不相似的地方，同学可能会固守在英语的思维上，而实际上这会给初学者带来很大的困惑。所以，我建议同学们在刚开始学法语的时候，可以稍微将英语放一放，不是说将二者绝对对立起来，而是强调这毕竟是两门不同的语言，存在不同点是必定的。我们应该从一开始就接受这些不同点，并且把学习的重点放在这些不同点上，只有这样，才能逐步适应法语的思维。而实际上，随着学习的深入，同学们会慢慢发现这两种语言还是有很多共同点的。在已经学会如何区分这两种语言的基础上，再逐渐摸索这两种语言的共同点，这会同时有益于这两种语言的学习。实践证明，如果真正将法语学习融会贯通，这个过程会对英语的学习有很大的促进，所以我最开始提倡的将英语放一放只是暂时的，鼓励同学们学习完基础法语知识之后，再将英语和法语对比来学习。

第三，想强调一下，对于初学者来讲，法语学习初级、中级阶段应该特别注意的几个问题。首要的是语音，这是学习任何一门语言的敲门砖，而法语的语音相对而言是非常规则的法语单词的读音，单词的重音，句型的重音都是有规则的，只要记住了这些规则，语音阶段结束之后，就能熟练朗读句型和课文。但在这个过程中，法语有较英语而言更为复杂的连音和联诵现象，所以在学习语音的过程中同学们还需要记住一些基本的连音和联诵规则，因为这会直接影响到听说表达能力。实际上很多同学没有信心学好法语的第一个原因就在这一点上。但前面已经提及，因为基本上的读音都是规则的，所以只要有耐心和毅力并辅以足够的练习是完全能打倒这个拦路虎的。此外，在初学阶段要注意法语中的阴阳性问题，法语的名词和相关的限定词，诸如形容词、冠词等都有阴阳性的变化，这是英语中极少涉及的现象，这其中的名词包括有生命的名词和没有生命的物质名词。如空气、水，男、女，关于名词的阴阳性同学们需要找到一些诀窍。比方说有很大一部分的位置名词是能通过词尾判断阴阳性的，所以应该先掌握这些相关词尾，而不能盲目死记硬背，这达不到理想的效果，还打击了自己的学习热情。

学习法语的日子,忙并快乐着。做自己喜欢的事情是很惬意的,更何况还可以有出国的机会。很多人在为学法语而苦恼,自学的人苦恼更多,没有人督导,没有动力。我在这一年中也尝尽个中滋味,酸甜苦辣,不过到最后是苦尽甘来。

自 2016 年 9 月开始,我就报名参加了学校的法国留学项目,并且进行了为期一年的法语学习,目的就是为了在大四这一年能够去法国留学。我们一共有三名法语教师,一名中教负责教授发音以及语法,另外两名外教负责教授法语交流与写作。

刚开始的学习快乐轻松,毕竟只是一些简单的发音和一些日常用语。发音的学习从简单的字母发音到词组发音再到拼读生词,老师带领我们反复练习。

与此同时,外教按照法语教材开始给我们讲解一些简单的语法以及一些常见动词的变位。老实说,刚刚接触动词的变位实在不是一件容易的事情,每个动词都有八个人称的变法,或相同或不同,但是学习的时间长了之后,逐渐摸索出一套自己学习的规律,也就没有那么晦涩难懂了。

接下来的八个月我们积极地学习法语。2017 年 5 月 24 日,我们进行了法国图卢兹二大的面试,但是最后遗憾的是没有被产业化项目管理专业所录取,不过经过老师与校方的协商,我被图卢兹第二大学的人文社科专业录取。接下来,我积极地准备法语 TEF 和 TCF 的考试和最后一道关卡:面签。现在回过头想想,虽然一路坎坷,但是最终的面签还是非常顺利的,一周之后就拿到了签证。

经过这一年来的学习,我就法语学习总结一下我的学习心得。

第一,目标明确,早练口语。我觉得如果大家都把法语学好的话,学校的面试和面签应该不是问题。重要的是,我们要确定自己学习法语的目标是仅仅通过面签还是为了在将来去法国留学之后能够帮助快速融入社会,我觉得应该选择后者,所以口语要及早练习,要适应用法语进行交流与沟通。当时我学习法语的时候,口语一直都不太好,除非我所说的话在说之前已经查过字典了。但是在到面签准备时期,我还是锻炼自己现说现思考,提高自己的反应能力。虽然过程比较痛苦,不过经过一段时间,口语确实有了进步。

第二,反复练习,温故知新。我当时在跟外教对话练习口语的时候,每次都是老师提前拟定一个或两个主题,下课回去准备。将我想说的内容写成法语小作文,经过外教修改后,再和另一个外教或者同学练习同样的话题。要说到非常熟练,那就需要反复地练。没有一个人是语言天才,不学就会说,也没有人聪明到一遍就能记住。

第三,持之以恒,突破瓶颈。每个人学习语言都会遇到几处比较大的困难,我当时遇到的问题多数是语法方面的,因为时态太多:现在时、复合过去时、最近过去时、未完成过去时、简单将来时、最近将来时。宾语前置的问题刚开始是不太习惯，老出错，坚持天天说法语，说多了就习惯了。其他的像条件式、虚拟式，可以等法语达到一定程度后再研究。学语言是为了交流，所以说这些问题不要放在心上，语法会慢慢好起来。

第四，方法得当，事半功倍。方法在学习中是最重要的，一个好的方法会让你事半功倍。学习语言，单词一直都很重要，所以一定要积累词汇量。我觉得中国人从小学开始学英语，为什么很多人大学毕业后还是口语不好，学成了哑巴英语？因为学语言就得说，不断地说，练习，一遍一遍地练习。有句谚语:熟能生巧。这个方法在我学习英语的时候就有所了解，只是学法语的时候才真正把它用到得心应手。

（张思奇　经济学院 2014 级本科生）

好好学习,享受生活

转眼间来到法国已经三个多月了,从一开始的不适应到现在的慢慢从容,加之法语的不断提高,我也开始慢慢享受这种生活了。

班里一共有 15 个同学,11 个是中国的,其他的分别来自美国、乌克兰、越南和萨尔瓦多,所以说上课最有意思的是可以分享不同的文化、生活经验,以及对各种事物的理解。因此,每一节课、每一个主题,都能带给自己一些新的认知。

这里的老师都非常负责任,经常给我们加课,各种小灶开个不停,有的老师一两年后就退休了,讲起课来还是激情四射,说实话每次想到这儿我都会怀疑自己到五六十岁是否还能够保持这么饱满的职业热情。学长学姐们也都非常热心,第一天来到巴黎,整整一天都是老师们和学长学姐们陪着我们采购东西,帮我们大包小包地拿到宿舍。记得当时自己的宿舍环境不是特别理想,我还没来得及开口,接待我们的老师就开始和宿舍的管理人员交涉了,最后成功地调整了宿舍。试想想,一个刚到国外一天的异乡客,经历了这些,只剩感动了。

来这儿也认识了不少球友,大家每周末一起相聚在 Ecole Polytechnique 打球,放松,聊聊自己的生活。

我们的法语课程内容非常全面,涵盖了方方面面,除了普遍的口语、写作、听力之外,还有文化、历史和地理,总之都是为了帮助你透过法国文化来适应法国生活。上学的日子不会特别轻松,日程满满当当,日子也过得比较充实。

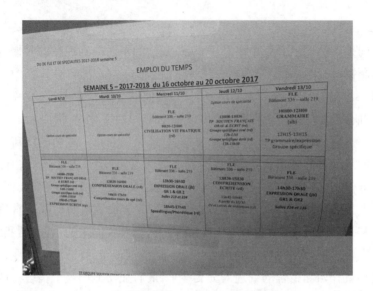

除了日常的上课之外,这里还有丰富的课外活动,老师们为了让我们更好地了解法国文化,还给我们组织了和当地居民联谊的活动。我的接待家庭是一对法国夫妇,俩人特别热情,临走还送我们自己亲手做的果酱。

十一大坐落在巴黎南郊,周围山清水秀,特别安静,刚来的第一天大家都在感叹学校环境真好,进入校园,仿佛进入了一片原始森林。周围的马场和山间小路,让我每天早上上课都感觉在度假。

希望自己在接下来的时间能够从容一点,两个目标:好好学习,享受生活。

（卢根　经济学院2013级本科生）

玫瑰色的图卢兹——我的"一帘幽梦"

与法国的第一次见面还要从琼瑶阿姨的电视剧《又见一帘幽梦》说起。古堡、断桥、薰衣草花田,来自南法浪漫的气息扑面而来,恐怕没有哪个女生不被这样的场景吸引。四年前,我以游客的身份和她见了第二面。金碧辉煌的卢浮宫,碧波荡漾的塞纳河,文艺复古的地铁站,再一次吸引了我,让我产生了强烈的探求欲望,想切身地感受这个浪漫之都的生活。对我来说,赴法留学是实现这个梦想的最好选择。

大四那年,选择参加了学院的法国图卢兹一大保研项目。经过一年的法语学习,今年8月,我如愿以偿地和法国见了第三面。为期三年的留学生活就此拉开了帷幕,踏上了从"经济人"走向"程序猿"的道路。

然而一切并没有想象得那么浪漫,交流的不顺畅,满满的课程和生活的茶米油盐,每天的任务比在国内上学时要繁重得多。虽然很累,但每天都充满新鲜感,并且过得很充实。

课堂上,法国的老师们大多都非常风趣幽默,可以说每一个都是不折不扣的"戏精"。几乎每节课的内容都非常的丰富,加上自己的法语理解能力还不是那么强,每一分钟都不能走神儿。对比国内的上课方式,这边的老师更喜欢让同学们多说多表达,课堂互动非常多。在课上,我变得比以前主动了很多,只要是自己知道的知识,哪怕知道的并不多,也会不断尝试去表达,这是与老师交流的最好机会。记得有一周,本来课程就已经很满了,但是有三个老师同时留了小组和个人的展示作业。几乎所有的空余时间都用来找资料、做问卷,以及进行小组讨论,一度都觉得自己要活不过那一周了。但当全部完成以后,你会发现在查找和讨论的过程中学习很多知识,并且对于知识的记忆要比课上老师单方面的灌输清楚得多。

预科课表

英语课小组杂志展示

　　在法国,课余生活也是丰富多彩,政府非常重视历史文化的保护和发展。在图卢兹,每周都会有很多不同主题的文化活动,并且还有很多针对青年学生的福利,比如去多媒体图书馆看一场电影并参与讨论观影感受,去看一场奥古斯汀之谜的演讲,去听一场教堂音乐会或者就在路边看一次乐队表演。虽然不是每一场活动都能完全契合我们的兴趣爱好,但每一次新的尝试都会让我们了解更多的当地文化与艺术。除了参加丰富的文化活动,我收获的当然还有迅猛增长的厨艺。在图卢兹,中国餐馆并不是非常多,为了满足自己的胃,就只能自己动手。由于跟着项目一起来的小伙伴们都住在一个楼里,大家不定期会举行聚餐活动。不论是嗨到"群魔乱舞"还是安静地聊天讲话,都会让身处地球另一端的我感到非常温暖。

　　短短三个月的留学生活,让我在学业和生活方面都成长了许多,并且留下了很多有趣的回忆:采访法国同学,万圣节挖南瓜灯,在波尔多雨中飞奔……未来的三年,我期待更多的改变。

管理课上与老师一起品鉴红酒奶酪

图卢兹圣诞市场

（申羽暄　经济学院 2013 级本科生）

留学在图卢兹

来法国已经有三个多月了。还记得,刚踏出图卢兹的机场,我内心激动而又忐忑。激动的是终于实现了自己来法国的梦想,忐忑的是对未知事物的恐惧。庆幸来的时候有接机老师带着我们"熟悉环境",当时真的什么都不懂,只知道跟着接机老师的车从这个商场到那个商场,我们去了银行,去了电讯营业厅……最后来到了自己的宿舍。宿舍对于一个人来说足够大了,有独立卫浴,整洁而舒适,地处学校旁边,很适合学习。

谈到学习,不得不说刚开始还是需要一段适应期的。虽然同学们都是中国人,但是老师都是法语授课,刚开始听还是有些困难。让我印象最深刻的是法语课(Fle)、经济学(Economie)和方法论(Méthodologie)的老师。法语课有两个老师,阿格尼丝(Agnes)要求严格,exope 的打分表就有一整页,密密麻麻都是要求,revue de press 虽然不打分,但是也要求条理清晰,与时俱进,并且注明资料来源。阿格尼丝上课有时会带我们听 3 ~ 5 分钟的录音,提一些问题并要求给出答案。虽然她严格但是却不严厉,经常会跟我们开一些玩笑,上课氛围轻松愉悦。梅(Mai)是另外一个法语课老师,上课会准备一些小游戏,比如猜词、情景演练等,每节课都跟聊天似的,上她的课总感觉时间过得很快。梅在课余时间会组织我们去咖啡厅或者游戏厅"座谈",几个人一个小桌,交流中法文化。经济学(Economie)的老师上课语速飞快,并且思维发散。可能是知识渊博的缘故,每次讲到一个重点都会联想到其他知识,然后绕一大圈之后回来再接着讲。我感觉自己只能明白大意,但是具体听到什么很难说出来,所以很多情况都需要自学。方法论课程很传统,老师也很传统,并且顺应了法国老师的传统——经常迟到。方法论课上基本就是阅读一篇文章,然后总结概括段落大意,提炼连词和承上启下的句子,最后再整合一下段落大意。总的来说,通过上课,感觉自己听力和经济学方面的词汇量都有所提高。

在法国,很重要的一件事就是课外活动,这能让你认识很多法国朋友。我最好的朋友应该就是珍妮(Jenny)了,她父母是英国人,但是她从小在法国长大,可以说,英语和法语都是她的母语。我们最开始认识,是在一个 soirée de tamdem 上,她想学习中文,我想提高法语,于是我们约定了每周一来我家一起学习。后来,她多次邀请我去她家一起过 soirée,我们一起探讨法国美食和中国美食的做法。尤其是在一起准备饭菜的时候,会一起交流厨具(碗筷、刀叉)用中文、法语、英语都怎么说,这个法国菜怎么说,有什么 ingrédients,等等。这样的学习方式非常实用,能了解到很多上课学不到的知识。

我平时会去一些网站看看法语的新闻或者法语电影,有时候也去 YouTube 上面搜搜搞笑法语节目,能够在一定程度上提高听力水平。

但是不管怎么说,最重要的还是自己课下下功夫,拿本单词书背是非常好的增加词汇量的方法。

来这边之后,除了学习,还需要考虑很多其他的事。比如升学问题,我想要转学校,所以需要考托业、delf、tage - mage 等,因此合理安排时间就显得尤为重要。还有长居、房补、EDF 等生活问题,需要自己去考虑和办理。这些需要很强的自觉性、独立性和执行力。来到法国除了接触国外文化,以及参加各种各样的活动,更重要的是可以锻炼你的学习能力和生活能力,这对很多人来说都是一个巨大的挑战。

都说"海龟"更有就业前途,我想并不是因为"海龟"的学历有多么重要,而是因为出国真的是对自身能力的考验和锻炼,一旦拥有了很强的能力,还愁不好找工作吗?

(熊睿　经济学院 2014 级本科生)

荏苒时光，法语同行

降落到法兰西共和国已有一周，心情从兴奋、期待和距离感到如今逐渐适应后的平静，法语则从刚落地时尴尬的"开口跪"到如今的日常沟通无障碍。由此感慨，欲学其语言，则必要融其文化。回顾一年以来的法语学习，需要的不仅是对外语的学习与吸收能力，更是对毅力的双重考验。

学无止境，如今我仍在路上。

溯源

法国图卢兹二大是本科二年级出现在待定列表里的选项，在那之前我的规划是完成本科学业而后攻读本专业的硕士学位。虽然计划有条不紊，但是潜意识里一个"选择国际贸易专业竟然不出国 ＝ 遗憾 ＋ 不专业"的声音一直回响。原本的计划在郎丽华老师和刘宏老师在课堂上传达的"出国建议"与忧国的情绪中进一步动摇……第一次接触到图卢兹二大是在专业介绍大会中，而后通过进一步的了解发现该保研项目的高性价比：首先，面向本科三年级和四年级的经济专业的学生，具体流程是在大四期间赴法读预科，毕业后可得中法双学位，其后可免试读专业研究生。这于我而言可以节约大四一年的时间，提前踏上攻硕长征。其次，学校的教学质量、历史声誉、文凭的价值在法国有较高的认可度。最后，法国公立大学的福利——学费减免。但其缺点也很明显，与本科专业的关联性不强。虽然经济与管理不分家，但是我的就业方向更偏向国际贸易而非企业管理。然而，最纠结的矛盾在得知"若有意申请其他大学可通过当地研究生入学考试后就学"后烟消云散，这就意味着我有机会继续国际贸易专业的学习，且其程序相较于在国内申请更为便利。如此，我与图卢兹第二大学结缘。

初学者的考验

法语对于初学者而言是巨大的考验。法国人曾自豪地说"如果把英语比作小学生的话，那法语就是博士后"，而对于学了 15 年英语的"小学生"而言，从 26 个字母开始，挑战已初露锋芒——因为面临的不仅是一种新的语言体系，还要将其相似的字形与思维模式与默认的英语区分开。其后，是繁杂的语法、众多且无规则的动词变位以及飘忽不定的单词阴阳性等，对比之下，开学第一课的音标反而是最简单的。这其中我发现一个有趣的现象，即中国人学习外语的音、形、意模式——音标标其声、字母合其形、定义传其意。我们学习语言的初始阶段都是在痛苦的啃音标中度过的，学习特定的字母组合发音、区分清浊辅音和不间断练习，英语如此、法语亦然。于是法语学习的前两周在略枯燥的记忆音标和单词组合中度过，达成了观其形知其音的成就。

听与说的练习贯穿学习的始终，由两位外教老师授课——来自喀麦隆的赫尔曼（Herman）以及来自法国巴黎的琳达（Lynda）。赫尔曼老师精通的英语以及略生涩的中文在学习的初期让我们倍感亲近，相比之下琳达老师则尽显法国人的严谨与刻板，六国语言伴身却从来只用法语授课，于是教室里常见的一幕就是"你画我猜"。值得一提的是，琳达老师的教学方式虽严厉得有些不近人情，但如今看来意义重大，她深知中国学生普遍存在的问题——不擅提问、不懂装懂。为此她要求我们遇到疑问点无论何时都一定要举手提问，当她发现她的方法对我们作用不大时，便会义正词严并伴随着有火气的批评。如此几次下来，琳达老师树立了极高的威严，而我们也养成了不会便举手提问的习惯。这种习惯在我到达法国后继续发扬，解决了不少生活中的问题，同时也因此结识到从商场保安到隔壁小哥等热情的法国朋友。

为期三个月 200 个学时的初级法语学习在 2016 年学期末结束，这个阶段的学习构建了一个大框架，内容包括句型的构建，现在、将来、过去时的基本时态以及普遍的日常交流用语。其中扩展的词汇量、不规则动词的记忆、时态运用的语境则是需要我们在课后与假期中通过练习不断巩固与加强的。

中期那段值得铭记的时光

选择大三学习法语是我仔细斟酌后的决定，以一学期的快节奏生活为代价换取节约大四一年的时间。虽然当时预想到大三下学期的生活会很充实，但落实到实践发现并没有那么容易，于是我又体验了一次高三生活的节奏与压力——在结束一天八个课时的专业课学习后，继续三个小时的法语学习，之后运动、夜宵、写作业，平均睡觉时间是 12 点。但也是在这个阶段，发现自己的学习效率与时间规划能力突飞猛进，私底下也曾暗戳戳地骄傲过。总而言之，我是在充实的生活中痛苦并快乐地坚持着。

进入 4 月份，语法内容的学习正式结束，针对图卢兹第二大学面试的培训拉开了序幕。表面上，培训涉及自我介绍、学习规划与职业规划三大板块，而隐藏的潜移默化的引导则有思路的严谨性、自身对规划可行性的认知与解释，以及最重要的——对自我能力肯定与认同下的自信表达。

思路修修改改两月余、模拟面试一轮接着一轮,伴随着胜利结束大学最后七门课程的号角,时光滑入 5 月末,开始面试。

5 月 26 日,对我来说是难忘的,如同 6 月 8 日的高考一般,后者决定我大学的去向,前者则检验一年的学习成果,影响读研方向及职业方向。因为意义重大,我以为我会紧张(传闻二大面试突发问题会很多),但当我坐在面试桌前看着对面两位笑容温和的教授时,一切都释然了:如果我对自己的能力与所付出的努力仍有怀疑,那我要用什么来说服他人选择自己呢?

面试过程顺利,突发问题并不刁钻,在简单的思辨后能做出有条理的回答。面试结果得偿所愿,也解锁了一段新的旅程。

拦路虎

家父自我收到录取通知书后忧色多于喜色,总是时常念叨"你从小到大走得太过顺遂,总能心想事成、少见磨难,这可不是好事"。每当这时我便一笑置之,是自己通过努力得到的,又不是偷的,有什么担心?但当挫折真的掉下来的时候,我发现我高估了自己的承受能力。

法国留学面签程序烦琐,由法国教育部下属机构——法国高等教育署进行留学面签,教育署根据面试情况对学生法语水平、留学计划的可行性及学习计划与职业规划的关联性等进行评价,而后交法国大使馆。大使馆根据教育署的意见决定是否派发签证。

6 月底,我进行了第一次面签,面签过程气氛友好(我以为),虽然存在没有完全理解的问题,但也能在确认问题后给出合理、有逻辑的回答。然而我被拒签了。一周后当我得知拒签消息时,我正在山东的家里愉快地准备行李,可想而知当时的情感冲击多大。而当我风尘仆仆回到北京联系到学校,老师对我安慰之余解释:"面签运气的成分也存在,可能这不是能力的问题,而是教育署有拒签的配额。你也别灰心,好好准备……"老师安慰的话我没听进去多少,但拒签原因书上大大的"法语水平不足"是真心打击到了自信。而后的培训仍然由琳达老师负责,而我的变化在于对自己能力的怀疑导致回答时常会表现出对答案的不确定。直到某次,一向直率的琳达中止面试,很严肃地说:"If you behave like you never believe yourself, I won't trust you and I don't think the interviewer will trust your answer. So show me your confidence, girl !"

法国留学面签过程中的挫折使我成为现在的我——追求完美,但不确定时也不怕犯错地说法语的我。

尾声:学无止境

把一门外语修炼成日常交流用语并不容易,需要日积月累的词汇、需要熟练的构句、更需要敢于开口与犯错的勇气,这是我顺利完成学业的前提、平稳度过三年异国生活的保证,也是我如今正在努力的方向。

学无止境,如今我仍在路上!

(焦韵晔　经济学院 2014 级本科生)

MIAGE 课程心得分享

我现在在法国图卢兹第一大学就读研究生一年级,专业是 MIAGE,如果要说学习感受,我觉得还是先要跟大家说一说 M1 的课程学习。

M1 课程大体分为两类:一类就是计算机技术/信息系统相关的课程;另一类是偏向于管理方面的课程。我把自己觉得比较重要的课程列了出来,大概说一下都学了什么。

- 计算机技术/信息系统

Architecture et réseau:这个课主要就是介绍计算机的基础知识和计算机原理。例如,计算机的硬件构成(处理器、存储器……)、计算机存储信息的方法、计算机的操作系统、计算机网络等。主要的目的就是让我们对计算机的概念和应用有一个清晰的认识。

Base de données:数据库这门课主要就是学习如何构建数据库,如何向数据库内植入数据,更新和删除数据;如何根据需求进行数据筛选(数据库,其实就是以"列表"的形式去存放结构化的数据)。我举个具体的例子。例如,我们建立一个关于酒店预订房间的数据库,那我们需要先创建几张表,这几张表可能包括:客房表(记录客房的种类)、顾客表(顾客的个人信息)、预定信息表(某客人在什么时间订了什么种类的客房)……建完表以后,我们就需要根据实际情况向数据库内输入数据,有了数据我们就可以根据需求做筛选,如果我想要筛选出 2017 年 1 月单人间客房的预订记录,我们就通过写编程语言筛选出结果……

这个课主要用到的软件是 Access,Oracle。

企业决策,有一部分就需要用到数据库作为工具,所以这门课还挺重要的。

Conception de sites Web:这个课就是学习静态和动态网页的设计和创建,也会学习一些网络相关的基础知识。学完这门课,可以掌握一些网页编程语言,例如 html,CSS,php,也能够自己试着做一些简单的网页。

Raisonnement et science à la décision:这个课我觉得就是一个培养逻辑思维的课,每节课都会围绕着计算机领域的一个相关问题展开讨论,分析问题的逻辑算法。比如说,网页浏览器的搜索引擎使用的算法、人工智能的原理、选举投票的算法,等等。

Programationstructuré:这个课主要就是用 Visuel Basic 软件学习编写程序。理

论课部分主要是学习程序设计的逻辑思维、算法以及代码的编写。实操课的时候，老师会给一些题目，自己去编程设计程序。例如，设计一个程序实现计算不同标准下打印的金额。这个课我们还做了一个作品展示（projet），就是两人一组，设计一个双人棋盘游戏的小程序。

Modèle et Méthode de SI：这个课主要是学习信息系统的设计方法和建模。举个例子，一个学校想要建立一个考试管理系统。首先我们必须要了解整个流程，如每个学期末前两个月，教务处就开始给各科老师发邮件，让老师出试题，老师出完试题以后需要把试题传给教务处，然后教务处再去安排教室和时间，打印纸质试卷；接着教务处会给学生发邮件通知学生考试时间、地点和科目。考完试后，教务处会将学生信息输入学生数据库，最后教务处会给学生发送学生的总成绩单。这些是我们在设计信息系统前需要了解的信息，也就是之前我们谈到的 Processus，我们必须清楚了整件事情的流程，才能着手设计。这个课上下学期都有，但是我们目前并没有真正地去用电脑设计编程什么的。现在课上主要就是老师给我们发不同的 sujet 背景（像上面举的这个例子），比如关于某个企业的订货和仓储流程的 sujet；或是一个电商企业接收网上订单，处理订单，再到发货配送的流程……然后我们做的就是理解和分析清楚这些流程，考虑不同的情况，分析每个具体任务该由谁来完成，然后画图把整个过程表现出来。我觉得这就是建立信息系统比较关键的地方，就是一定要清楚需求，搞清楚整个过程是怎么一回事，才能去着手设计，把这些过程的处理自动化。

Modèle et démarche de SI décisionnel：这个课就是决策课。老师跟我们反复强调，信息决策系统，不是系统能够为企业做决策，而是帮助企业的决策人提高决策的效率。课上的内容主要就是分析需求，然后找到与需求相关的信息数据，然后根据不同的需求选择不同的方式去分析数据。我还是举个例了，是我们最近做过的一个 projet。一个建筑公司的总经理 Directeur 和销售总负责人都分别提出了他们的需求，需要我们分析并解决。销售负责人（他对 Excel 有一定的了解，能够简单操作）想要分析公司工程的盈利情况（如每个工程的收入、总体工程的平均收入情况等）；想分析不同种类的工程的绩效情况（CA 销售额，预计完成与实际完成时间差额等）。那我们如何去满足他的需求呢？首先我们要分析出这些需求所涉及的数据有哪些（如我们需要每笔工程的信息，工程完成时间，预计时间，客户每小时所支付的金额等），然后我们从这个企业的数据库里把我们需要的这些信息都提取出来，放到 Excel 表里（因为决策人只对 Excel 比较熟悉），然后通过利用 Excel 的函数，进行计算—查找—筛选，或是做透视表和图表来解决决策人的需求。

再说总经理，他希望能够比较便利地追踪企业的工程情况。他需要一个可以轻松地实现需求的界面,输一个城市/大区/工程类型的名字,就能查询该公司在指定要求下所承包的工程数量、工程总金额情况等。我们通过对需求的分析,可以用Access 来满足客户需求,用数据库的知识进行筛选。

这个例子有点冗长也比较局限,总的来说就是根据具体的背景,分析客户的需求,然后根据具体的情况选择分析的工具 Excel,Access……然后提炼数据,分析数据……

- 管理相关的课程

Pilotage de la performance:这个课主要就是学习如何建立企业绩效表,分析和计算企业在成本、收益、费用方面实际和预期的差额,学习不同方法计算企业经营活动中的成本;通过计算和分析企业的绩效情况,辅助企业管理。

Gestion des processus:流程在前面信息系统那里也提到了,我的理解 comment l'entreprisetravaille？上课老师大概就是讲我们该如何去分析流程,怎样去优化流程……

Conduit de projet:这个课,就是讲我们在做 Projet,正式地去进行工作拿到一个项目的时候应该怎么去规划、组织、管理……比如我们要根据项目 livrer 的时间进行计划,需要规划具体的工作任务,还要把每项任务细分,考虑项目的预算等。

学习感受

就我自己的感受,我觉得这个专业还是有一定难度的。首先,计算机的编程我觉得需要很强的逻辑性,而且有的东西比较抽象,理解起来比较困难。但是我觉得这种困难也并不是不能克服的,如果自己平时多下功夫,把课上不懂的问题都研究明白,多做一些练习去巩固,就应该没太大问题。其次,除了学习的内容,难度还来源于课程的设置。这边的课程强度我觉得比较大,在国内大学一个学期也就六七门课,而且我们有四个月 18 周的时间,考试也有两周时间准备。相比之下,这边每个学期都比较短,课程会非常紧张,我们上个学期 9 门课,这个学期 11 门课,课程之间还会有 Projet 要做,所以时间很紧,压力还是比较大的。

因为 MIAGE 这个专业就是利用计算机技术去辅助企业的,相比之下经管类的学生可能对企业的经营活动有了相关知识,这样能够帮助他们更清楚地了解企业的需求;当然计算机专业的学生在国内有了计算机知识的底子,可能在计算机课程方面会更轻松一些。但是我们班里成绩特别好的,他们以前的专业都是经济。所以我觉得选拔的标准不是专业,而是成绩和综合素质。我们现在和法国人一起上课,考试测评的标准都是一样的,在这边上课不像是国内,考试前突击一下就能过,通过所有科目也是一个不小的考验,上个学期我们班大概有十几个人需要补考

(不是很确定),也有五六个人就中断不读了的,可见读 MIAGE 这个专业并不是很容易,但咱们项目的中国人都过了。所以建议大家来之前,还是要了解清楚所学的专业、自己的擅长和兴趣点在哪里,还有就是一定要好好学习法语,法语也是很重要的。

（王雪霏　经济学院 2011 级本科生）

再选一次,依旧法国

"如果你爱他,就把他送到纽约,因为那里是天堂。如果你恨他,就把他送到纽约,因为那里是地狱。"

——《北京人在纽约》

我不在美国的纽约,而在法国的图卢兹。这里既不是天堂,也不是地狱。然而当我回忆在这里一年多的生活时,却不自觉地想起了这句话。因为我在这里感受到了生活在异国他乡的美好与艰难。

问我当初为什么出国,我会说因为异国的风景与人文,以及我不安分的好奇心和对冒险的渴望。问我为什么选择法国,我会说法国给我的印象有着一种独特的气质,尽管那时我不是那么具体地了解法国,并且还能有机会再学习一门在世界范围广泛使用的语言——法语。于是,怀着憧憬与好奇,我第一次踏上异国的土地,来到了这里。

这里的一切都是新的。我有了自己独立的学生公寓,自己做饭,自己打点一切。自己生活的优点在于我有了更多的选择权,我拿出一副要好好生活的模样,从购置锅碗瓢盆等琐碎的生活用品到摆设衣橱书桌,都按着自己的心意。一开始,我对这一切都充满了新鲜感和满足感。

开学了,每天穿过市中心的红砖老街去上学,被法式建筑围绕(图卢兹的老建筑又有不同于典型法式建筑的特色),看着周围形形色色的人们,不同的肤色面貌,不同的穿着打扮,游走在风格古典又充满活力的校园里,穿过那些走廊与草地,落座于那些长椅与咖啡厅,这些点点滴滴着实满足了一把我对留学生活的期待。

这里的课堂跟国内大学也有所不同。法语课上,老师非常注重我们的主动性和互动性。我们会有很多的口答、情景对话和展示。目的是让我们在学习语言的时候更多地开口去交流和主动地思考。然而一次两次也许不是难事,但是高频率地进行这样的练习,并且难度逐步加大时,会感觉压力重重,甚至脑力枯竭,一方面是因为积累不够,另一方面是反应力不够,以至于有时不知如何作答。再想想自己将来在法国的生活,这样的对话不应该是最基本的要求吗? 这着实让我一度觉得很有压力,差点没有了继续学习的信心和动力。而在一些基础的专业课上,老师更多的是跳跃式讲解以及只是答疑解惑。语言的困难和对上课方式的不适应让我更加沮丧。

几个月之后,初来乍到的新鲜感渐渐被一些烦琐的小事给消磨光了。各种行政手续的预约以及办理,与当地人交流的不畅,生活习惯的改变,以及没有了原来大学宿舍的喧闹,增加了自己独处的孤单和烦恼。于是就想到处走走,也许会让自己心情变好。

到了法国,当然按捺不住激动的心情,随时准备带着好奇心踏上探索新世界的旅程。利用大大小小的假期和周末,我去了法国不少地方,有小镇,有著名的大城市,也有小乡村。在旅途中,那些我来留学之前的期待一项一项地得到了满足。固然在异国的旅行是不可言喻地美好,然而那些喜悦却没有在心里停留很久。来法国留学和曾来法国旅行过的同学不少,其实我看过的风景和他们看过的没有什么不同,我尝试过的法餐和法式甜点也没有更美味,我留下的惊叹和内心的欣喜也不比他们的多。我只是借着假期旅游了,拍照了,打卡了。不知不觉我陷入了迷茫。我开始问自己到底在这些旅途中得到了什么。我在法国的生活中又得到了什么。为什么有一种前所未有的,手足无措的感觉……

时间过得很快,第一年的学习在5月初就结束了,我顺利地进入了下一年度的学习。然而我很清楚自己这一年的学习成果并未达到自己所预期的那样,至少在说法语时我依旧磕磕巴巴,于是我决定为了学习法语再留两个月,虽然没有什么具体计划但是至少可以跟法国朋友们多交流,避免回国只说中文。

两个月的时间也很快就过去了,终于回国了。回到中国后,又看到了熟悉的面孔和城市街道,觉得一切都没变却又觉得一切又都不一样了。直到有一天,我问一个一年没见的朋友有没有觉得我有什么变化,他说外貌还好,没怎么变,倒是明显地更成熟更有自信了。这时我才意识到为什么我要去留学,我要去法国。

原来,经历过说着磕巴法语去交流和解决各种手续问题后,我多了一份在陌生环境下的从容和定力。面对法国人不同的生活习惯时,我渐渐生出一种对陌生文化的理解心和包容心,并且从中习得其优秀之处,例如,人与人之间的和蔼有礼的相处模式,独具法式特点的惬意和精致的生活以及他们自信优雅又乐观的心态。同时,我也会将一些细节之处与自己的习惯和文化进行对比与反思,认清其间的不同而从中权衡,做到保持自我的同时又能自然地融入当地的生活。这两者的平衡可以消除我们内心的被隔绝感,也能使我们得以遵从自己本来的心性,获得认同感,并拓宽我们的心境和眼界,于是,由内而生的自信和坦然自然会散发出来。每每看见法国的自然风景和无处不在的生活艺术时,我的感官和心灵都会被唤醒,也许这些风景和艺术作品不会永远地留在我的记忆里,但是由此被唤醒的"生活其实可以很丰富、很可爱"的感受会赋予我心灵和眼睛更多的感知力。

原来,留学时独自生活的各种苦难、难受与辛酸,其实基本上每一个留学生都逃不过。来法国之前并不是不知道这个事实,只是当自己真的去经历一切的时候却真的无法那么轻松地看待。原来,这一年的生活会像炼金炉一般将我的所见所感熔炼成我的言语、我的面貌、我的姿态。这些都是读再多的留学经验的文章也无法赋予我的。我在法国的生活不是最精彩的,也不需要是最精彩的,但却是让我无憾的也无法被替代的。如果让我再选一次,我依旧会选择来到法国,不为其他,只为经历。

地中海小镇 Narbonne 海滩

里昂

从艾菲尔铁塔俯瞰巴黎

图卢兹一大校园

Montbel 湖上划皮艇

与各国同学在中餐馆聚餐

（李路　经济学院 2012 级本科生）